JN410735

박중호 두번째 기행수필집

대한민국 한바퀴 걸었다 1

도서출판 필통

한마디

대한민국 내가 사는 땅!
어찌 생겼는지 보고 싶었다.

그래서 한 바퀴 걸어서 둘러보았다.
정말, 금수강산이다.

인간이 자연을 앞서겠다고
상처를 낸 곳에서 신음하는 것이 흠이다.

내가 살고,
자식들이 살고,
후손들이 영원히 살아야 할 땅이다.
잘 가꾸고 보존해야 한다.

한반도 북쪽 땅도 꼭 걸어보고 싶다.

[일러두기]

대한민국 한 바퀴 걸어서 돌기는 해안선을 시작으로 6년 전 1월 21일부터 5년 전 6월 30일까지 주말을 이용하여 걸었다. 그때마다 휴대폰에 일기를 써서 저장하고 SNS에 올렸다. 5년여 세월이 흐른 후 그 글을 읽어보니 다시 가보고 싶었다. 2023년 10월 3일부터 틈나는 주말에 재방문해서 해당 고을의 시내버스나 군내버스, 농어촌버스를 이용하여 버스 여행을 하고 있다. 한곳으로 모으고 싶었다. 걸어서 돌았던 일기에 세월의 흐름에 변하고 바뀐 내용을 추가했다. 대부분 그대로다.

여행 일기는 사진이 꽤 많다. 이 기행수필집에는 사진을 올리는 게 제한이 크다. 걸으며 본 모든 내용이 내 블로그 '편안하게 사는 세상(https://blog.naver.com/pojooho)'에 있다. 필요하다면 참고하면 된다. 여기에는 대한민국 일주와 국도 걷기, 서울 한강 걷기와 다른 걷기 여행 사진 등으로 하루 일기에 50~100여 컷이 들어있다.

2024. 06.

도보 여행가 박중호

박중호의 발자취 (4,198+2,572)km

목 차

대한민국

한 바퀴 걸었다 ❶

우리 국토 해안선 걸어서 돌기

우리 국토 해안선 걸어서 돌기

(1회, 2018.1.21. 일요일), (재방문, 2023.10.7.)

우리 국토 해안선을 따라 걷는 첫 번째일

우리 국토 해안선을 따라 걸어서 살피고 풍광을 즐기면서 도대체 우리나라 바닷가의 둘레는 어떻게 생겼을까? 하는 의구심을 풀어보려 한다. 그러면서 우리 국토를 사랑하는 마음을 다지고 싶다.

미리 경험한 사람의 이야기를 들으면 우리나라 해안선의 총 길이가 4,000km 이상이라 한다. 걱정은 되지만 한 바퀴를 꼭 돌아보겠다. 토요일과 일요일 그리고 휴일을 이용하겠다고 스스로 결정하고 다짐한다. 그래서 대장정을 시작했다. 나는 어려서부터 지리에 관심이 많았다. 고교 시절 지리 수업시간에 교과서에 '자연을 사랑하자'라는 낙서를 하다가 '지경래' 선생님에게 핀잔을 들으며 혼난 적이 있는데 지금 떠오른다. 요즘 생각해 보면 참으로 좋은 생각이었는데! 자연을 사랑하며 살아왔을까?

1월 21일! 오늘 첫날은 새벽에 지하철을 몇 번 갈아타고 김포공항 옆 송정역에서 김포시 하성면 쪽으로 가는 경기도 버스 2번을 타고 1시간쯤 달려 종점인 하성면 소재지에서 내렸다. 목적지에 가는 버스 편을 몰라 택시를 타고 서해와 한강 물이 만나는 한강 변인 전류리 포구에 도착했다. 오전 10시가 조금 지난 시간이다. 날씨는 아주 맑다. 포구 기분은 없고 군 초소가 있고 철책이 한강을 막고 있다. 시커멓고 음산하다. 좁은 가슴에 긴장감을 불러일으킨다. 이것저것을 살펴보니 경기도 평화누리길 제3코스인 한강 철책 길의 끝나는 지점이다. 나는 이 코스를 반대로 북쪽으로 걸어 올라 서해를 만나고 다시 남쪽으로 내려가서 목포, 부산, 강원도 고성통일전망대까지 걸어가야 한다. 편의점에서 구운 달걀 한 봉지를 사서 배낭에 넣고 힘차게 자~아!! 출발이다.

오른쪽은 군 철책으로 무장(?)되어 있고 왼쪽은 김포 땅이고 농경지와 산이다. 길은 그런대로 평평하고 곧게 뻗어 있다. 초조와 긴장감을 가슴에 안고 한참을 걸어가니 길가에 군 소초 건물이 있고 누런색으로 변한 논들이 황망하게 자리하고 있다. 황사인지 미세먼지인지가 함께해서 그런지 유난히 누렇게 보인다. 물이 고여 있는 곳들은 얼음으로 변해서 햇빛에 반사되어 반짝거리는 모습도 보인다. 지도를 보니 '하성면 후평리'라는 곳이고 길 오른쪽에는 안보의 현장인 경기도 '평화누리길'에 대한 커다란 간판과 리본도 보인다.

국민이 많이 이용하라는 뜻으로 외지 사람들에게 홍보용으로 세운 것일진대 오늘은 이용객이 별로 없는 것 같다. 넓은 빈 들판에는 겨울 철새들이 모여서 논에 떨어진 먹이를 찾아 먹는 것인지 아니면 일광욕을 즐기는 것인지 그 숫자가 꽤 많다. 노란 논바닥 일부가 새들로 새까맣다.

계속 앞으로 걷는다. 사방을 둘러보아도 사람 하나 보이지 않는다. 민가 집 한 채도 보이지 않는다. 바짝 마른 풀들과 떨어진 낙엽을 벗 삼아 걷는 길이 외롭다. 오른쪽 한강이 매우 아름다울 텐데 철책과 까만 차장 막이 쳐져 강물도 보이지 않는 풍경이 첫날부터 겁을 준다. 구멍 뚫린 철책 사이로 한강 건너편에 멀리 오두산 통일 전망대가 보인다. '사임리'라는 지역을 통과하는데 확성기 소리가 들린다. 무슨 소리인지는 구분을 할 수 없다.

옛날에 강원도 전방지역에서 듣던 대남방송이나 대북방송 소리를 서울에서 시내버스를 타고 와서 듣는다는 사실을 경험하니 지척에 북한 땅이 있구나! 라고 실감한다. 정말 가깝게 있구나! 를 느끼면서 이 길 저 길을 머리를 쓰며 찾아 걸었다. 저 확성기 소리가 언제 끝나고 북한지역도 마음대로 걷는 날이 생전에 오려나? 하는 생각을 하나 답은 모르겠다. 생후 처음 걷는 길이다.

겨울 해는 짧다. 그림자가 길어진다. 어느새 애기봉 입구를 지나고 조강리를 통과하는데 얼음이 꽁꽁 언 저수지 안에서 얼음 구멍을 만들어 완전무장을 한 강태공이 낚시를 즐기고 있다. 저 사람도 나만큼이나 할 일이 없는 사람이라고 생각하고 웃으며 말을 붙여 인사와 이야기를 나누었다. 서울에서 혼자 내려와서 추위에 세월을 낚는다고 한다. 겨울이라 해가 기우니 날씨가 몹시 춥다. 고기 많이 잡기를 바란다는 작별 인사를 하고 계속 걸었다.

다음은 평화누리길 2코스인 '조강 철책길'을 따라 문수산의 동남부 자락을 통과하고 문수산 남문에 도착하니 해가 진다. 민통선이 지척이라 정해진 길만을 따라 걸어야 한다. 문수산 북쪽을 연하는 안쪽은 한강이 동에서 서로 흐르고 강 건너는 북한 땅이다. 애기봉 전망대나 문수산 정상에 오르면 모든 게 지척이고 남북 대치의 현장이라는 실감이 나는 동네다. 애기봉 전망대는 공사 중이라고 한다(※ 애기봉 전망대는 5년 가까이 공사 후 2021년 9월에 '김포평화생태공원'으로 준공하여 운용 중이다.).

문수산 남쪽 자락의 몇 개 마을을 지나 문수산 남문에서 오늘의 일정을 마치며 또한 대장정의 시작으로 첫걸음을 완료하였다. 멋모르고 걸었다. 앞으로 이런 일을 얼마나 해야 하며 얼마나 많이 남아 있을까? 염려된다. 그러나 오늘은 기분이 좋고 무언가 해냈다는 느낌을 받는다. 앞으로 끼니 식사는 사 먹어야 하는데 오늘은 사 먹을 곳이 없었다. 가지고 있던 단팥빵과 편의점에서 산 구운 달걀, 과일, 견과류 등을 어느 야산 양지쪽에 앉아서 먹었다.

여러 동네를 지났는데 낚시꾼 외에 주민들이나 사람 구경은 전혀 못 했다. 겨울이라 추워서 그런가? 확실한 겨울을 실감한다. 즉시 김포에서 강화를 연결하는 도로를 찾아 성동검문소 정류소에서 서울 가는 버스를 타고 송정역으로 향하는데 그 거리가 멀다. 1시간이 더 걸린다. 김포와 강화도를 걸으려면 자주 오고 가는 길이고 버스다. 잘 봐둬야겠다. 졸린다.

오늘은

김포시 하성면 전유리 포구 - 후평리 - 사임리 - 마조리 - 마근포리 - 가금리 가좌동 - 애기봉 입구 - 월곶면 조강리 - 조강저수지 - 고읍동 - 문수산 자락 - 성동리 문수산 남문까지

오늘은 햇빛이 비치는 곳은 견딜만한 날씨였으나 그늘이나 석양에는 매우 추웠다. 며칠 전에 온 눈이 완전히 녹지 않았다. 그늘 길에는 빙판이 날카롭다. 위험한 걸음이 몇 번 있었다. 각별한 주의가 요망된다.

오늘은 3.3만여 보에 25km를 걸었다.

소·누계 : 3.3만 보. 25km.

출발지, 김포시 하성면 전류리 포구

김포쪽에서 본 한강 넘어 파주 오두산 통일전망대

우리 국토 해안선 걸어서 돌기

(2회, 2018.1.28. 일요일), (재방문, 2023.10.22.)

우리 국토 해안선을 따라 걷는 2일째

날씨가 너무 추워서 주말 2일 동안 걷겠다는 자신의 약속을 어겨 토요일은 못 나갔다. 날씨가 조금 풀린 일요일 한낮에 집을 나서 지하철을 몇 번 갈아타고 다시 송정역에서 강화도 가는 3000번 버스를 타고 강화대교 건너기 전 성동에서 내렸다. 오후 시간에 김포 쪽 강화대교로부터 대명항을 향해서 걸어 초지대교까지 평화누리길 1코스 '염하강 철책길'로 명명한 15km를 걸었다. 즉 대명항이 '평화누리길'의 시작점이다. 나는 북에서 남으로 표시점을 반대로 걸었다. 출발부터 도착지점 끝까지 해안가에 철책(철조망)이 쳐져 있어 긴장감이 앞서서 인도한다. 조마조마하며 걸었다.

문수산 아래 성동리의 남문을 출발하여 강화대교를 아래로 통과해 1~2km를 걸으니 논 들판이 나온다. 뒤를 돌아다보니 문수산의 우뚝 서 있는 모습이 참 아름답다. 강화해협 즉 김포와 강화도 사이의 물 있는 공간을 바다라고 알고 있었는데 염하라는 하천이라고 한다. 지금 이곳에는 강화대교와 초지대교라는 다리 두 개가 북쪽과 남쪽에 놓여 있어서 육지와 강화도를 연결하여 강화도가 섬이라는 기분이 전혀 나지 않는다. 염하에 한강 물이 얼었다가 떨어진 웅장한 유빙이 도도하게 떠다니는 모습이 장관이다.

여기에서 인간의 연약함과 자연의 강력한 힘을 볼 수 있고 느낀다. 나는 이렇게 크고 많은 유빙이 흐르는 모습을 처음 본다. TV 화면에서 북극의 유빙은 보았으나 실물은 처음이다. 매년 겨울이면 이렇게 얼음이 얼어 둥둥 떠다녔을 텐데 한 번도 보지 못하고 그동안 너무 무심히 살았다. 염하의 썰물과 밀물 때 유빙이 들고 나는 것을 알 수 있다. 하천 폭에 꽉 차고 흐르는 속도도 생각보다 무척 빠르다. 유빙을 이용한 관광프로젝트는 어떨까를 생각해 본다. 아무튼, 조그마한 나라라고, 말들 하지만 유빙도 볼 수 있는 나라, 멋있고 아름다운 나라임이 틀림없다.

걷는 길 오른쪽의 염하는 철조망이 없다면 경치가 끝내주게 좋을 것 같다. 염하 건너편이 강화도의 동쪽 면이다. 철책의 순찰로를 따라 걸으면서 철책의 차단막을 피하는 높은 지역에서 보는 건너편의 모습이 참 아름답다. 걷는 길목에 '김포 씨사이드'라는 골프장을 지나고 유서 깊은 '덕포진'과 '손돌목', 대명항 북쪽의 해상공원이 자리 잡고 사람들을 부른다.

내가 걷는 반대로 대명항에서 덕포진까지 산책길이 인상 깊게 깔끔하게 잘 닦아져 있어서 가볍게 산책하는 사람들이 많다. 내친김에 대명항과 해상공원 한 바퀴를 돌아보고 초지대교까지 걷고 다시 대명항 서쪽의 버스 정류소까지 걸어와서 서울행 버스를 기다린다. 오늘 한나절을 이용해서 잘 걸었다.(2023년 10월 21일 재방문해서 걸었는데 변한 게 없다.)

■ 김포의 이모저모

□ 관광

김포 아라마리나, 김포 아트빌리지와 한옥마을, 한강 야생

조류생태공원과 에코센터, 문수산성, 김포 국제조각공원, 애기봉 평화생태공원, 덕포진, 김포함상공원, 김포 장릉, 가현산, 우지서원, 김포성당, 대명항, 전류리포구, 후평리 철새도래지

□ 트래킹코스

김포 평화누리길(염하강 철책길, 조강 철책길, 한강 철책길)

□ 축제 즐기기

아라마린 페스티벌, 평화누리길 걷기, 김포예술제, 중봉 문화제

□ 체험

농촌체험, 화훼체험, 천연염색체험, 발효체험, 태산패밀리파크

□ 특산물과 음식

김포 금쌀, 김포 포도, 김포 배, 김포 인삼, 문배주, 장어구이, 새우구이, 밀크티, 추어탕

워밍업 했으니 날이 풀리면 1박 2일로 본격적으로 걸어야겠다.

오늘은

김포시 월곶면 성동리 문수산 남문 - 강화대교(김포) - 포네천 - 포네리 - 남정마을 – 김포 씨사이드 - 고양리 - 대곶면 신촌마을 - 쇄암리 - 손돌묘 - 덕포진(마을) - (대명항) - 약암리 초지대교 동단(김포 쪽)까지

오늘은 2.2만여 보에 16km를 걸었다. 이제 누계 40여km를

걸었다. 총 4,000여km의 1% 정도를 완수했다.

구 누계 : 3.3만 보. 25km.
신 누계 : 5.5만 보. 41km.

문수산성 남문

우리 국토 해안선 걸어서 돌기

(3회, 2018.2.3. 토요일), (재방문, 2023.10.21)

우리 국토 해안선을 따라 걷는 3일째

오늘은 바람맞은 날이다. 다리로 이어진 강화도도 걷는다. 겨울의 강화대교 모습을 보려고 김포시 쪽 성동교차로에서 출발하여 강화대교를 건너는데 바람이 장난이 아니다. 몸이 기울어질 정도로 북풍이 세다. 강화대교가 놓인 김포와 강화도 사이의 물길인 강화해협을 바다로 알고 있었는데 하천이다. '염하(鹽河)'라고 한다. 풍경이 끝내준다. 별천지의 신세계다. 염하의 김포시 쪽은 얼음이 얼어 있는데 강화도 쪽은 얼음이 하나도 없는 것이 특이하다. 다리를 건너자마자 인삼센터에서 염하(강화해협) 쪽으로 내려가 강화 나들길 1코스 표지 말뚝과 리본을 따라 좌회전해서 북으로 북으로 전진하는데 계속 철조망(철책)이다.

우리의 현실을 보고 있다. 근무하는 병사들이 고생이 많다. 고개를 하나 넘으니 보훈처에서 관리하는 6.25 참전 전적비와 공원이 조성돼 있다. 지금은 눈만 쌓여 있는데 여름에는 풍광이 좋은 곳이라 생각된다. 왼쪽으로 넓은 들판을 지나면서 바람이 너무 세게 불어 콧물을 줄줄 흘리면서 앞으로 계속 전진하니 월곶 돈대와 연미정(제비 꼬리 정자)이 나온다. 돈대 안에 있는 연미정에 오르니 임진강과 합류된 한강, 유도, 김포반도가 한눈에 들어온다. 참으로 아름다움을 갖춘 정자이다. 양옆에 500년 수령의 느티나무가 장관이다. (2년 뒤 왼쪽 나무는 태풍에 부러졌다). 울타리 넘어 염하와 왼쪽 한강 하류에 유빙이 몽땅 둥둥 떠다니는 모습이 꼭 북극에 와 있는 기분이다. 연미정 바로 앞의 물이 김포와 강화 사이에 있는 해협이 염하이고 조금 멀리 유도 오른쪽이 한강과 임진강이 합류해서 내려오는 한강이다. 한강에서 얼음이 얼어 밀물과 썰물 때 유빙이 생기고 떠 내려와 염하로 흐르는 것을 확인했다.

조금 북쪽으로 걸어가니 해병대초소가 나오는데 민간인 통제선이다. 자동차는 신분 확인 후 통과가 되는데 차 없는 맨몸인 사람은 갈 수가 없다고 한다. 방법이 없다. 병사의 말을 듣고 물러나는 수밖에. 그러나 오던 길을 되돌아갈 수는 없다. 해안가 길은 일단 포기하고 '강화 나들이 길' 표시를 따라 마을로 접어들었다. 야산을 올라가고 넘어 정상에 서니 엄청 넓은 들판이 보인다. 약 1시간 정도를 지나서 통과한 논 들판이다. 대단히 넓다. 들판 가운데 지점에서 행정구역이 바뀐다. 강화읍 대산리에서 송해면 솔정리로 바뀔 만큼 넓은 들판이다.

들판을 지나 도로에 올라서니 송해초등학교가 나온다. 근방에서 몸을 녹이고 식사를 하기 위해 식당을 찾으니 주위에 들어가서 쉴 만한 서비스 및 편의 시설이 전혀 없다. 날씨는 영하로 춥고 바람은 세고 덩덩거리면서 간이 버스 정류소에서 이정표를 보고 확인하니 면사무소가 두 정거장이라는 표시가 있어 무조건 걸었다. 10여 분 가니 제법 큰 건물과 농협마트가 보인다. 그러나 식당은 보이지 않아 마트에 들어가 물으니 조금 더 내려가면 식당이 있단다.

다시 나와서 두리번거리니 면사무소가 보여 화장실을 보고 나오는데 토요일인데도 인적이 보인다. 들어가니 공무원 구ㅇㅇ 씨가 당직 근무자로 일하고 있다. 지역에 관해서 몇 가지 물어보면서 지도를 이야기하니까 길 찾기에 아주 좋은 지도를 준다. 면사무소 내 휴게실 같은 공간에서 양해를 구하고 가지고 간 간식거리로 점심을 때웠다. 구ㅇㅇ 직원과 이런저런 이야기를 나누고 뜨거운 물과 커피까지 한 잔 주어서 마시니 몸이 풀린다. 봉지 커피 맛이 기가 막히게 맛있었고 몹시 고마웠다. 근무에 방해하지 않았나! 모르겠다.

다시 길을 걸어 강화읍 쪽으로 가다가 고인돌 체육관 근처에서 강화 읍내에 있는 강화산성이라는 이정표가 보인다. 해안가 걷기를 계획대로 못했으니 꿩 대신 닭이라고 강화산성을 오르기로 했다. 눈이 쌓여 있어 험준한 북쪽 능선으로 50여 분 걸려 정상에 올랐다. 강화 읍내는 물론 강화대교부터 오전에 걸었던 모든 지역이 한눈에 들어왔다. 염하, 한강, 유도, 김포, 멀리 북한지역에 있는 산들을 포함해 모든 것이 다 보였다.

둘레 7.5km의 강화산성은 고려 시대에 건설되어 관리해오다 조선 숙종 대에 증축하여 현재까지 이르고 있다고 한다. 특히 정상에 있는 '남장대'는 고려 시대에 몽고 사람들이 뜯어 없애라고 해서 해체하는 운명도 있었다는데 관측이 훌륭해 전 지역을 통제할 수가 있는 군사요충지의 산성루이다. 직접 올라와서 보기 전에는 도저히 알 수 없는 역사의 한 페이지를 공부했다. 강화 나들길 14코스 '철종 첫사랑 길'이 통과한다. 오르기 잘했다.

민통선이라 걸을 수 없는 강화도 북쪽 해변을 못 걸은 대신에 강화산성을 올라 속 시원한 경관을 본 것을 행운으로 간주하고,

오늘의 도보 답사를 마치기로 한다. 내일은 또 혹한이라 한다. 오늘 맞은 강한 바람이 걱정되고 건강을 생각해 발길을 돌려 강화버스터미널을 찾았다.

오늘은
김포시 월곶면 성동리 검문소 - 강화대교 - 강화군 강화읍 갑곶리 인삼센터 - 용정리 - 옥림리 - 월곶리 월곶돈대 · 연미정 - 대산리 - 송해면 솔정리 - 송해면사무소 - 강화읍 국화리 강화산성까지

오늘은 3.2만여 보에 24km를 걸었다.

구 누계 : 5.5만 보. 41km.
신 누계 : 8.7만 보. 65km.

연미정

우리 국토 해안선 걸어서 돌기

(4회, 2018.2.10. 토요일), (재방문, 2023.10.19.)

우리 국토 해안선을 따라 걷는 4일째

오늘은 일찍부터 서둘러 강화에 가서 코스를 정하려고 준비를 하고 있는데 다리가 아프다. 골반부터 장딴지 다리까지 저리는 것이 아닌가? 오늘은 걷기를 포기하고 병원이나 가자고 생각하고 시간 맞추어 병원에 가서 할배 주치의 김 원장에게 진료를 받으니 방사통 초기 같으니까 운동을 열심히 잘하라고 한다. 진통제 처방을 받아 약을 사 먹고 운동을 하라는 의사의 말을 실천하기 위해 10시쯤 집을 나왔다.

김포공항 쪽으로 가서 강화행 버스가 먼저 와서 그걸 탔다. 12시쯤 강화대교를 지나는데 염하에 유빙이 장관이다. 유빙을 자세히 보기 위해 다리를 건너자마자 버스에서 내려 반대편에서 버스를 갈아타고 김포시 성동검문소로 다시 돌아가 내리니 바로 앞에 해장국을 주는 식당이 보인다. 갑자기 시장기가 발동해서 식당에 들어가 주문하고 기다리는데 일각이 여삼추다. 매우 늦게 나오는 것 같아 독촉해서 허겁지겁 점심을 먹고 출발했다. 12시 40분이다. 마음은 날아갈 만큼 바쁘고 급하다.

강화대교를 지난번에 이어 두 번째 걸어서 건너는데 바람이 심각하다. 염하의 유빙을 카메라와 스마트폰으로 10여 컷 촬영하며 다리를 건너 인삼센터에서 우회전하고 염하에서 다시 우회전해서 강화대교 밑을 지나 남쪽의 갑곶으로 향한다. 바닷가는 철조망이 처져 있다. 조금 걸으니 천주교 순교성지가 나온다. 우리나라 천주교 초창기에 수많은 신자가 목숨 바쳐서 오늘의 한국 천주교가 있다고 생각하니, 마음이 울적해 순교한 선조들에게 머리 숙였다. 이 길은 강화도의 둘레길 중의 하나인 '호국성지길'로 17km다. 곶과 돈대와 보가 많다.

갑곶을 지나니 철조망이 없다. 마음 시원하게 염하를 보고 건너편 김포반도와 문수산이 아름답게 보인다. 경치가 참 좋다. 그쪽 길은 2주 전에 걸었는데 시작해서 끝날 때까지 철조망이었다. 벌써 추억으로 다가온다. 이런저런 돈대와 보 그리고 곶과 진들을 지나 초지진에 도착하니 오후 5시 20분경이다. 서울 갈 교통편을 알 수 없었다. 강화도에서 초지대교 통과해서 서울 가는 버스가 드물다. 날씨는 몹시 춥다. 주위에 물어볼 만한 사람들도 날씨가 추워서인지 보이지 않는다.

내가 알고 있는 김포 대명항으로 가기로 하고 초지대교를 김포 방향으로 건너는데 바람이 엄청나게 세다. 다리 길이는 720m라 하는데 무척 길게 느껴지고 몸이 날아갈 것 같았고 자동차들은 왜 그리 빨리 달리는지! 무서웠다. 해는 지고 어둠은 찾아오고 중앙으로 갈수록 후회막급이다. 그러나 방법이 없다. 앞으로 전진만 있다. 공포감을 말로 표현할 수 없었고 정신 육체 모두 힘들었다. 콧물과 눈물을 엄청나게 흘리고 그 와중에도 사진도 몇 컷 찍고 우여곡절 끝에 초지대교를 건넜다. 지옥을 지나서 온 기분이 이럴까? 무서워서 생각하기도 싫다.

대명항 버스 정류소까지 걸어가서 6시쯤 버스를 타고, 가지고 갔던 간식을 그때야 먹으니 졸음이 찾아온다. 개화역에서 지하철로 갈아타니 안도의 한숨이 나온다. 그때부터 스마트폰 사진을 정리하면서 하루를 되짚어 보면서 집에 도착해 시간을 보니 8시 20분이다. 오늘은 우여곡절이 많고 공포의 하루였다. 앞으로도 이런 환경들이 많을 것이다. 조심해야 한다.

오늘은

김포시 성동검문소 - 강화대교 – 강화군 강화읍 갑곶리 인삼센터 휴게소 - 갑곶돈대 - 선원면 신정리 더리미 포구 - 지산리 용진진 - 연리 용단 돈대 - 화도돈대 - 오두돈대 - 불온면 덕성리 광성보 - 용두돈대 - 덕진진 - 길상면 초지리 초지진 - 초지대교 – 김포시 대명항까지

오늘은 3.1만여 보에 24km를 걸었다.

구 누계: 8.7만 보. 65km.
신 누계: 11.8만 보. 89km.

염하의 유빙이 빙하 같다.

초지진의 소나무

우리 국토 해안선 걸어서 돌기

(5회, 2018.2.15. 목요일), (재방문, 2023.10.19.)

우리 국토 해안선을 따라 걷는 5일째

설 연휴 첫날. 설 준비한다고 모두 바쁘다는데 새벽에 집을 나섰다. 세상의 바뀐 분위기도 오늘 나가도록 만드는 한 요인이기도 하다. 어른이 안 보이게 하는 것도 조그마한 미덕(?)이 될 수도 있겠다고 판단한다. 그리고 강화도가 어른거려 휴일을 집에서만 보낼 수 없어 지하철로 이동하여 염창동 버스 정류소에서 강화 '화도' 가는 버스를 기다리는데 녹색 이층 버스가 보인다.

강화라는 행선지가 붙어 있어 무조건 탔다. 타고 가다 생각하니 아뿔싸? 강화도 남쪽 지역을 걷기 위해 초지대교 쪽으로 가기로 마음먹고 왔는데 이층 버스에 홀려 그 순간 강화도만 생각이 나서 타고 말았는데 강화대교 쪽으로 강화읍 가는 버스다. 2층에 올라가니 시야가 훤하다.

본전에서 손해는 아니라고 생각하고 기다려 강화 버스터미널에서 내려 '관광안내소'에 들러, 내 생각을 이야기하니 친절하게 최신 지도까지 챙겨주며 안내를 한다. 10시에 초지대교 쪽으로 가는 버스를 타고 이동하여 초지진에 도착하여 강화 나들길 8코스를 걷기로 하고 남쪽을 거쳐서 서쪽으로 걸었다.

이 길은 '철새 보러 가는 길'이란다. 초지진 - 황산도 - 섬암교

- 검도 입구 - 선두리 갯벌 - 분오리돈대를 지나며 본 물 빠진 갯벌에 햇빛이 쏟아지니 환상이다. 특히 황산도는 인공으로 만든 섬 같이 잘 다듬어져 즐길 거리와 볼거리들이 많다. 겨울이라 찾는 사람들이 별로 없어 한가하다. 날이 풀리면 많은 사람이 찾는 바다체험의 명소라고 한다. 가끔 만나는 늙은 겨울 갈대는 또 덤으로 매력 만점이었다.

강화도 남쪽은 철새가 많이 오는 동내라는데 입춘이 지나서인지 오늘은 별로 보이지 않아 아쉬웠다. 중간에 농경지가 인공적인 냄새가 났는데 알아보니 간척지란다. 선두리 간척지다. 섬에 엄청 넓은 논들이 인상적이다. 바다 옆에 큰 저수지가 있는데 '분오저수지'다. 저수지 둑을 지나 8코스 철새 보러 가는 길 종점에 오니 분오리돈대가 아주 좋은 위치에 덜렁하니 우뚝 솟아 앞과 옆이 속 시원하게 뚫려 관측과 사계가 좋은 군사적 요충지이다. 바로 옆이 유명한 동막해수욕장이다.

차 때문에 계속해서 전진해서 갯벌과 해수욕장과 여러 돈대를 지나서 미루지돈대까지 더 전진했다. 대중교통 사정을 몰라 도로에 나가서 확인하고 해안도로를 운행하는 버스를 타기 위해 중단하고 15분쯤 기다리다 강화읍에 가는 버스를 타고 오늘을 정리했다. 지방 대중교통 이용하기가 어렵고 힘들다. 뜸하게 다니고 예정된 시간을 알 수도 없고, 또 예정된 시간에서도 들쭉날쭉해서 무조건 인내가 필요하다. 추위도 큰 약점인데 입춘이 지났으니 봄기운이 앞서 오겠지.

오늘은
강화군 길상면 초지리 초지진 - 황산도 - 섬암교 - 장흥리 -

동검도 입구 - 선두리 택지돈대 - 선두리 갯벌 - 후예 돈대 - 선두리 포구 - 화도면 사기리 - 동막리 분오리돈대 - 동막해수욕장 - 흥왕낚시터 - 여차리 미루지돈대까지

오늘은 3.5만여 보에 27km를 걸었다.

구 누계: 11.8만 보. 89km.
신 누계: 15.3만 보. 116km.

초지대교 남쪽 갯벌

우리 국토 해안선 걸어서 돌기

(6회, 2018.2.17. 토요일), (재방문, 2023.10.21.)

우리 국토 해안선을 따라 걷는 6일째

설 지나고 연휴 3일째. 강화도 북쪽 지역 민통선 지역을 자동차와 도보로 돌아보았다. 도보는 안 된다고 한 지역은 자동차로 돈대(墩臺)와 내륙은 도보로 하루를 보냈다. 15km 정도를 한강과 서해로 연결된 교동대교까지 돌아보고 교동도 남쪽 해안 15km를 도보로 답사했다. 민통선 지역에서는 평화전망대가 압권이다. 북한의 헐벗은 산하들이 한눈에 들어온다.

강화 평화전망대는 고성과 오두산에 있는 통일 전망대와 비슷한 상황인데 이곳은 전망대 바로 아래가 한강과 서해의 합류 지점으로 6.25 전에는 아주 중요한 물길인데 지금은 전혀 물길 역할을 못 하고 있다. 유빙도 많이 움직이고 있다. 빨리 상황이 좋아져서 그 물길을 이용해서 국가 경제 발전에 이바지할 기회가 주어져 자연이 주신 제값을 하도록 하며 남과 북에 화합의 물길이 되도록 하면 좋을 것 같다.

교동도에는 간척지가 많은데 그 면적이 매우 넓어 놀라움을 갖기에 충분하다. 끝이 보이지 않을 만큼 넓은 논이 매우 인상적이다. 바닷가에 저수지가 있다. 또한, 엄청 넓다. 사람의 힘이 대단함을 느끼게 한다. 북쪽 해안은 민통선으로 갈 수가 없고, 또 철책이다. 우리 해병대가 육지의 DMZ의 남방한계선처럼 경계근무 및 최전방 활동을 하는 곳이고 확성기 소리가 귀를 쨍쨍하게 울리게 하고 있다. 무슨 말인지는 확실하지 않아 기술의 차이인지 거리가 멀어서 그런지 모르겠다. 아주 기분 나쁜 소리다. 빨리 걷어내고 경치 구경을 하는 날이 언제나 올는지 원…….

교동도는 조그마한 섬인데 고려 시대부터 유명한 향교가 있다. 중국과 가까운 탓인가. 또 교동도는 조선 시대부터 왕족의 유배지로 유명했다. 연산군과 광해군을 비롯해 세종의 3남 안평대군, 선조의 첫째 서자 임해군, 인조의 동생 능창대군, 인조의 5남 숭선군, 철종의 사촌 익평군, 흥선대원군의 손자 이준용 등이 교동도로 유배당했다가 풀려나거나 사사되었다.

교동도에는 이런 역사의 흔적 외에도 우리의 발걸음을 부르는 곳이 있다. '대룡 시장' 골목이다. 마치 1960년대의 영화세트장을 그대로 옮겨 놓은 듯한 분위기다. 나에게는 시장통의 모든 것이 추억을 불러일으키고 관심을 두게 하지 않는 게 없다. 시간 때문에 좀 오래 머물지 못한 것이 안타깝다. 후손을 위해 유산을 남긴 조상들에게 감사하다. 실버들의 추억을 되새김할 수 있도록 오래오래 잘 보존되기를 갈망한다. 우리도 후손을 위해 아끼고 보살펴야 할 것이다.

※ 화개정원이 2023년 4월 24일 인천 최초로 지방정원으로 등록 개장됐다. 화개산 자락에 약 18만 본의 다양한 수목과 관목류, 초화류가 식재되어 있으며, 물의 정원, 역사·문화의 정원, 추억의 정원, 평화의 정원, 치유의 정원의 5색 테마정원이 조성되어 있으며, [오랜 시간 켜켜이 쌓인 교동도의 역사와 자연을 담은 정원]이라는 컨셉을 갖고 있다. 스카이 전망대도 있다.

☆ 오늘은 강화도 민통선 지역과 평화전망대 그리고 교동도 민통선 지역을 포함하여 걸을 수 있는 지역을 걸었다.

오늘은

강화군 강화읍 월곶리 연미정 - 강화군 민통선 지역(양사면 철산리 평화전망대, 교산리, 인화리) - 교동대교 - 교동도 민통선 지역(인사리, 지석리) - 난정저수지 - 동산리 - 대룡시장 - 교동읍성 - 상용리 - 교동대교까지

오늘은 2.4만여 보에 20km를 걸었다.

구 누계: 15.3만 보. 116km.
신 누계: 17.7만 보. 136km.

교동도의 평야 지대 논 들판

우리 국토 해안선 걸어서 돌기

(7회, 2018.2.24. 토요일), (재방문, 2023.10.19.)

우리 국토 해안선을 따라 걷는 7일째

강화도 남서쪽 '분오리돈데'에서 출발하여 동막해수욕장을 거쳐 후포항까지 약 23km 행군이다. 집에서 당일치기로 결론 없는 길을 걷는다는 게 어렵다. 하루 수십km 즉 많이 걸으면 걸을수록 좋은 결과라 할 수 있는 지금은 힘이 든다. 이동 시간이 많이 소요된다. 집에서 오고 돌아가는 시간이 하루에 5~6시간이 걸린다. 그래서 부지런해야 한다. 일찍 나와서 늦게 돌아가는 길밖에 없다.

오늘도 지난번 마감한 지점에 도착시각이 10시가 넘은 시간이다. 해가 머리 위에 있어서 물 빠진 갯벌이 환상이다. 물기 있는 진흙 갯벌에 해가 비춰서 보는 반영이 참 아름답다. 과연 이래서 세계적인 대한민국 서해안 갯벌이라고 말들을 하는구나! 하는 생각과 이해가 된다. 바람이 세차게 불긴 부는데 부드럽다. 가는 세월은 어쩔 수가 없다. 우수가 지나니 평지를 걸어도 땀이 난다. 분오리돈대에서 갯벌센터(갯벌을 관리하고 체험을 할 수 있는 시설이 산 위에 커다랗게 지어져 있다)까지 약 10여km는 '동막해변 가는 길'이라는 이름이 붙은 일종의 둘레길인 강화도 나들잇길이다.

또 갯벌센터에서 후포항까지 약 15km는 '갯벌 보러 가는 길'로 이름이 붙어 있다. 우리나라 서해안 갯벌의 진수를 볼 수 있고 날씨가 풀리면 갯벌에 나가서 직접 체험도 할 수 있는 시설들도 갖추고 있다. 언제 시간 여유가 되면 꼭 와서 갯벌 체험을 해보고 싶다. 또 이 지역은 문화제 지역이다. 갯벌 보존지역과 저어새 보호지역이다. 오솔길 중간마다 철새들을 부담 없이 관찰할 수 있는 막사(?)들이 여러 곳에 있다. 산업화의 명목으로 개발되어 없어지는 일이 없도록 잘 가꾸어 후세에 남겨지기를 기원한다.

그리고 오늘, 걸어온 길은 이곳에서 보면 강화도 내륙에 있는 마니산 남서쪽 자락이다. 그 유명한 우리나라의 하늘을 열고 나라의 존재를 세상에 공포하고 알린 '마니산'의 위치를 확실하게 알았다. 그렇게 높게만 느끼며 올랐던 강화 마니산도 한쪽에 끼고 걷는데 그렇게 크고 높게 보이지 않는다. 강화도 남쪽의 서쪽 끝자락까지 걷기를 마치고 서쪽 지역에 들어서 북쪽으로 걸으니 건너편에 석모도가 같이 누워있다. 끝없는 갯벌 지역이 아름답게 펼쳐져 있다. 바로 갯벌을 걸어서 석모도에 들어갈 수도 있을 것 같은 착각을 하도록 한다.

길가에는 갈대들이 노랗게 물들어 하늘거리고 어느 지역은 해초들이 추워서 노랗게 말라 있다. 봄이 되면 녹색 싹이 돋아나겠지! 생각하면서 발을 재촉한다. 강화도 3개도(강화도, 석모도, 교동도) 해안선은 약 200km쯤이라고 한다. 마음이 급하다. 그러나 천 리 길도 한 걸음부터라는 말이 있듯이 이미 시작되었다. 역사의 땅 강화도를 엉겁결에 반절쯤 걸은 것 같다. 기왕 걸은 발자국 후회 없이 둘러봐야 할 것이다.

오늘은

강화군 화도면 동막리 분오리돈대 - 동막해수욕장 - 흥왕낚시터 - 여차리 미루지돈대 - 여차리 새우양식장 - 장화리 북일 곶 돈대 - 장화리 일몰 조망지 - 장곶 돈대 - 내리 - 내리 후포항까지

오늘은 2.9만여 보에 23km를 걸었다.

구 누계: 17.7만 보. 136km.
신 누계: 20.6만 보. 159km.

여차리 양식장에서 본 마니산

우리 국토 해안선 걸어서 돌기

(8-1회, 2018.3.10. 토요일), (재방문, 2023.10.8.)

우리 국토 해안선을 따라 걷는 8일째

오늘은 석모도를 걸음으로 모시기로 했다. 행정구역명은 인천광역시 강화군 삼산면이다. 강화도의 부속 섬인 석모도의 둘레는 42km가 넘는다. 지난해 여름에 다리가 완공되어 육지나 마찬가지로 내 답사 대상으로 포함한다. 집 떠난 지 3시간 만에 또는 강화터미널에서 갈아탄 후 30분 만에 석모대교를 건너자마자 버스에서 내려 석포항 쪽으로 전진이다.

낮 시간대는 대부분 바다가 갯벌만 보이고 물이 귀한 것이 서해다. 반대편 강화도가 눈에 들어오는데 새삼스럽다. 석포항은 석모도의 동남쪽에 있으며 석모대교가 건설되기 전에는 강화도 외포항에서 배를 타고 도착하는 석모도의 관문이었다. 지금은 다리 덕분(?)에 옛날의 번창을 반납하고 한가로운 포구가 되었다. 동네 경기가 별로 좋지 않게 되었다고 한다. 개발과 교통 여건을 편리하게 만들어 좋은 면이 있는 반면에 석포항처럼 나쁘게 변한 곳도 있다는 사실을 알아야 할 것 같다.

강화도에서 만든 둘레길인 강화 나들잇길 11코스의 시작점이 석포항이기도 하다. 잘 표식 된 코스를 따라 걸어가는데 보문 선착장이 나온다. 조금 더 전진하니까 갈대밭처럼 생긴 넓은 들판이 나와 살펴보니 삼량염전이다. 지금은 염전 역할을 못 하고 묵혀서 폐허를 방불케 하고 있어 안타깝기 그지없다. 여러 가지를 따져봐서 수익성이 맞지 않아서 소금을 만들지 않고 빈 땅이 되었으리라!?

염전 뚝도 갈대밭이 되어서 한겨울이 지난시기인데도 잘 걸을 수 없이 빽빽한 갈대밭이다. 춘향전의 쑥대밭이 머리를 스친다. 염전 갈대밭(?)을 지나니 민머루 해변이 나온다. 펜션도 많고 가족 단위로 즐길 수 있는 시설이 있어서인지 아직 쌀쌀한 시기인데도 사람들이 꽤 많다. 대부분 가족 단위로 차량을 가지고 온 사람들이다.

꼬불꼬불한 산길을 지나 어류장 낚시터를 지나니 매음리라는 간판에 이어 방조제 같은 곧게 뻗은 바닷가 둑길이 나와 갯벌인 바다를 구경하며 지루하게 걸었다. 보문사 들어가는 입구 바닷가에 온천이라는 간판이 보이는데 별 관심이 없어 보문사로 직행이다. 온천 주차장에 자동차가 꽤 많다. 사람들이 많이 찾는 이유가 있는 것 같다. 그리고 꽤 유명한 온천이라고 주민들에게서 들었다. 이렇게 5시간여를 걸으니까 보문사가 보인다. 오늘은 보문사에서 1박하기로 하고 들어가 숙박을 예약하는데 받아줘서 고맙다.

경내를 몇 바퀴 돌며 구경하고 마애불상을 뵙기 위해 낙가산 중턱을 오르는데 계단이 419(?)개인지 헤아리다가 잊어버렸다. 기억력과 집중력이 시원찮다. 마애불 앞에서 서해안을 바라보니 가슴이 뻥 뚫리는 기분이다. 갯벌이 환상이다. 그동안 보문사에 몇 번 와 보았으나 산의 마애불상은 오늘이 처음이다. 올라간 김에 은근히 서해안 일몰 모습을 기대하며 주시하였으나 구름이 많아 결국 허탕이다. 바람이 많이 불긴 부는데 부드럽다. 가는 세월은 어쩔 수가 없다.

경칩이 지났다고 의식적으로 옷을 가볍게 입었는데, 추위를 느낀다. 아직 겨울의 끝자락임을 실감한다. 절의 숙소에 들어가니 옛날 군대 내무반보다 개인당 면적이 좁다. 어깨가 부딪힐 정도이다. 토요일이라 '철야기도' 하는 사람들이 많아 밀도가 높단다. 하룻밤 지날 일이 약간 걱정이다. 코골이나 없어야 할 텐데…. 사진 정리도 제대로 못 하고 자리를 깔아야겠다.

오늘도 부지런히 집을 나와 길을 걸었다. 강화도의 3개도(강화도, 석모도, 교동도) 해안선은 약 200km가 넘는다고 한다. 내일과 다음 하루면 끝날까? 일단 마음이 느긋해진다. 그러나 김포지역까지 더하여도 전체의 5%도 안 되는데 아직 까마득하다. 그러나 해야지 다짐하며!

오늘은
강화군 삼산면 석모대교 - 석포리 - 석포 선착장 - 매음리 보문 선착장 - 삼량염전 - 어류정항 - 민머루 해변 - 어루정 낚시터 - 매음 방조제 - 보문사 - 낙가산까지

오늘은 3.2만여 보에 25km를 걸었다.

구 누계: 20.6만 보. 159km.
신 누계: 23.8만 보. 184km.

보문사 극락보전

보문사 낙가산에서 본 서해바다 풍경

우리 국토 해안선 걸어서 돌기

(8-2회, 2018.3.11. 일요일), (재방문, 2023.10.8.)

우리 국토 해안선을 따라 걷는 9일째

어제저녁(3.10)은 편안한 휴식과는 맞지 않은 기억을 하게 하는 산사에서의 하룻밤이었다. 절에서 하룻밤 묶은 이유는 철야 기도하는 신도들을 위한 쉬는 공간의 제공이다. 방의 공간은 8명이면 적당할 크기인데 무려 13명이 채워져서 매트가 없는 사람도 있었다. 게다가 들랑날랑하는 일상이 10여 분 간격으로 이루어지고 또한 염려했던 코골이는 피할 수 없었고, 화장실은 방에서 나와 수십m 밖에 있는 계단을 여러 개 내려가면 그 아래에 있다.

평상시에는 잠이 들면 아침이나 화장실에 가는데 오늘은 중간에 갈 일이 생겼다. 엎친 데 덮친다는 말이 이것인가? 쌀쌀한 이른 봄의 심야에 잠자다가 볼일 보려고 산속을 걸으니 잠이 멀리 달아나고 으스스한 기분은 가히 수양을 많이 해야 견딜 수 있는 환경이다. 철야기도는 밤 9시부터 새벽 3시까지란다. 산사에서의 좋은 체험이었다. 매일 수양과 수행하는 스님들을 조금은 이해한 기회였다.

밤 9시에 철야기도 장소에 잠시 참여하였는데 기도 인원이 엄청나게 많다. 기도하는 사람이 이렇게 많은 것을 보니 앞으로 우리나라는 틀림없이 잘 될 것으로 생각한다. 본인과 가족 그리고 사화와 국가를 위해 기도하는 사람들이 많으니 반드시 잘 될 것이라 믿음을 갖게 한다. 고맙다.

우여곡절 끝에 한밤을 세우고 새벽 5시 반에 조식 공양을 하고 6시쯤 절을 나서는데 물에 젖은 운무인지 안개인지가 매우 심해서 10여m 앞이 구분이 힘들었다. 그리고 순식간에 옷이 우중충하게 젖는 기분이다. 석모도의 잔여 구간을 걷기 위해 찾아 나서는 꼴이 비 맞은 수탉 모습이다.

안개 때문에 처음은 도로를 따라 걷기로 하고 1시간 반쯤 걸으니 서서히 동이 튼다. 앞에 길고 약간 높게 뻗은 뚝 제방이 보여 올라가 보니 엄청나게 큰 저수지가 보인다. 삼산저수지다. 석모도는 행정구역상 강화군 삼산면이다. 바닷가에 저수지가 있는 것이 희한하다. 지난번 교동도에도 난정 · 고구저수지가 있었는데 석모도에는 1시간 뒤에 볼 상하저수지와 역시 큰 저수지가 바닷가에 연해서 2개가 있다. 그리고 주변에 논들이 끝없이 펼쳐져 있다.

드디어 바닷가 둑길로 접어들어서 하리 포구에 도달해 안개 속에서 바다를 보니 앞에 미법도가 그림자처럼 희미하게 보인다. 상하 저수지를 지나니 산자락이 보이는데 길이 없다. 자세히 살펴보니 군(軍)이 만들어 놓은 교통호가 보여서 무조건 올라가 1시간여를 길을 만들어 걸었다. 수풀을 헤치고 헤매면서 걸었다. 건너편 교동도가 어렴풋이 보이고 대북방송인지 대남방송인지 확성기 소리가 크게 들리는데 걸으면서 들으니 무슨 말인지 정확하게 들리지 않는다. 옛날 DMZ에서의 추억이 생각난다. 계속 걷는데 상주산이 보이고 바다에는 우리의 해경선인지 하는 배들이 보인다.

산속을 헤치며 걷기 시작한 지 한참 만에 산 반대편이 나오고 별장 같은 집들이 보인다. 확성기 소리는 계속되고 포장된 길이 나와 안도의 한숨을 쉬고 어제 가져온 사과와 깨강정과 사탕으로 간식을 들고 주위를 살펴보니 바로 옆에 캠핑장이 있다. 지난해 말에 준공하였다는 '부자(父子) 캠핑장'인데 부친은 이곳에 오자마자 늙어 힘이 없어 못 하겠다고 집으로 돌아가 없고, 대신 엄마가 와서 같이 있고 자식의 식구들도 수원에서 지낸단다. 이곳에서 1박을 한 캠핑 가족들이 아침을 준비한다. 어젯밤과 이 시간까지 대북 대남 확성기 방송을 듣고 지낸 감회가 어떠했을까? 궁금했다.

유자차를 한 잔 주어서 맛있게 마시고 주변 이야기를 하다가 다시 출발하여 상주산 중턱 둘레 길을 돌아 1시간쯤 걸으니 상주산 남쪽에 도달하여 물 건너 강화도가 다시 보인다. 석모 대교까지는 6km 정도 남았는데 모두 사람이 간척을 위해 쌓아 만든 인공 방조제 같은 둑길이다.

탄탄대로와 왼쪽에는 여러 가지 새들이 한가롭게 놀고, 오른쪽에는 한없이 펼쳐진 논들이 가지런하게 봄에 벼들을 품을 준비를 하고 있다. 보문사 출발 후 6시간여만인 12시에 석모 대교 회전 교차로에 도착해서 갈등이 생긴다. 석모 대교를 도보로 건널까 말까. 다리 길이는 1,410m. 얼마 전 바람이 몹시 불던 날 초지대교를 건넜던 기억이 살아나고 다리를 살펴보니 다리가 2차선으로 폭이 좁고 인도도 50~60cm 정도로 좁다. 또 너무 높아 피로가 극도로 몰려온 현재 자신감이 약해지고 공포감이 매우 크다. 모험보다는 안전을 택해 다리 입구에서 버스를 기다렸다. 이렇게 해서 석모도 해안 길 42km+알파(상주산 군 교통호)를 완보했다. 우연인가? 표시된 길의 거리가 마라톤 풀~코스 거리다. 내 걸은 길은 더 멀다.

오늘은
강화군 삼산면 매음리 보문사 - 석모리 삼산저수지 - 하리 선착장 - 상하 저수지 - 상주 산자락 - 상리 - 석모리 - 삼산면사무소 – 석모 대교까지

오늘은 3.1만여 보에 24km를 걸었다.

구 누계 : 23.8만 보. 184km.
신 누계 : 26.9만 보. 208km.

삼산면(석모도) 상리에서 본 상주산 전경

우리 국토 해안선 걸어서 돌기

(9회, 2018.3.18. 일요일), (재방문, 2023.10.8.)

우리 국토 해안선을 따라 걷는 10일째

사람이 챙겨야 할 것이 많다. 이번 주말에 또 1박 2일을 계획하였는데 어제 토요일에 친구 딸 노처녀의 결혼식에 참석하느라 일요일인 오늘 하루만 강화도 해안가 마지막 구간을 돌았다.

날씨가 흐려서 해안의 갯벌에 비치는 햇살의 반사하는 아름다운 모습을 보지 못하는 안타까운 가운데 홀로 걸어가는 모습을 생각하면 애처롭다며 동행해 준 '김광봉' 대학 친구가 있어 한결 든든한 가운데 양서면 인화리의 교동대교 아래에서 후포항까지 20여km의 황홀한 자연을 나누었다. 처음 산길을 따라 1시간쯤 걸으니 강화 둘레길인 강화 나들길 16코스다. 코스 이름은 '서해 황금 들녘 길'이다. 강화도 서쪽 바다와 해안가는 단조롭다. 창후리 버스정류장을 지나 제방 길로 들어서니 길 이름에서 보듯 걸어가는 방향에서 왼쪽은 들판이고 오른쪽은 바다이다. 들판이 생각보다 엄청나게 넓다.

망월돈대와 계룡돈대를 지나 농촌 마을들의 소담스러운 풍경을 감상하며 친구와 도란도란 이야기를 주고받는다. 걷다 보니 석모대교 동단을 지나 조금 내려가니 외포리 선착장이다. 외포리 항은 석모도 가는 배가 바쁠 때는 10여 분 간격으로 있을 만큼 번잡한 곳이었는데 석모 대교가 건설되는 바람에 몇 곳 도서에 가는 배만 있어서 역시 한가한 포구가 되었다. 외포리 항에서 다시 남하하는데 강화 나들잇길 제4코스인 '해가 저무는 길'이다. 건평 항까지 제방 둑 같은 평탄한 길이다. 역시 왼쪽에 논 들판이고 오른쪽은 갯벌이다.

서해에서 만수위가 된 바다는 언제쯤 볼 수 있는지? 해님도 멀리서 비추는 오후 시간 걷고 또 걷는다. 이쪽에도 돈대가 많다. 굴암돈대, 송강돈대를 지나는데 바다와 어우러진 우리 두 나그네의 그림자가 가냘프다. 건평 돈대로부터 후포항까지 반달 모양의 해변은 참으로 아름답다. 백사장이 많지 않은 것이 한이지만 물 들어오는 만조 시에 넘실대는 모습이 정말 아름답다고 한다. 강화도 서해안의 아름다움을 간직하면서 강화 한 바퀴 걷기를 마치고 후평 항에서 강화읍에 가는 차를 기다린다.

무작정 걷다 보니 갖춰진 식사도 못 하고 가지고 있던 몇 가지 간식만 먹고 하루를 보내게 되었던 광봉 씨에게 미안하고 감사함을 다시 한번 표한다. 후포항 버스 정류장에서 1시간 20분이나 기다려서 기진맥진하게 만든 것은 매우 유감스러웠다. 버스가 한 번 결행된 것 같은데 운전기사는 아니란다. 약자는 할 말이 없는 거지 뭐. 이것만도 고맙다고 생각해야 한다.

아무리 생각하고 되짚어 보아도 우리나라는 아름답다. 가끔 보이는 쓰레기만 없었다면 더 좋았을 텐데! 하는 아쉬움은 있었지만 말이다. 이리하여 강화도 지역, 석모도, 교동도를 가장자리 해안가로 모두 걸어 돌았다. 강화대교(780m), 초지대교(720m), 교동대교(2,110m), 석모대교(1,410m)도 걷고 보는 재미가 쏠쏠하였다. 이젠 강화도 관광 지도는 접어서 보관하고 다른 지도를 찾아야겠다.

다음은 김포시 초지대교에서 인천 쪽으로 남하할 것이다. 스스로 화이팅을 외치며 다짐한다. 아름다운 한반도의 외곽을 마음에 담기 위해 애를 써야겠다.

■ 강화군(도) 이모저모

□ 관광

o 강화도 : 전등사, 참성단, 고인돌, 평화전망대, 강화산성, 초지진, 대한성공회 강화성당, 고려궁지, 광성보, 용흥궁, 연미정, 갑곶돈대, 함허동천, 마니산

o 교동도 : 교동향교, 교동 화개사, 교동읍성, 대룡시장, 교동 제비집, 망향대, 화개정원

o 석모도 : 석모도자연휴양림, 보문사(눈썹바위, 마애석불 좌상), 석모도 미네랄 온천, 석모도 수목원, 유니 아일랜드, 하리 선착장, 석포리선착장, 상주산

□ 체험

강화 관광플랫폼, 소창체험관, 강화 씨사이드 리조트, 강화 역사 · 자연사박물관, 옥토끼우주센터. 농경 문화관, 더리미 미술관, 갯벌 체험

□ 해변

뒷장술해변, 민머루해변, 동막해변, 해든뮤지엄

□ 축제

고려산 진달래 축제, 강화 새우젓 축제, 강화 고려인삼 축제, 개천 축제

□ 먹거리

특화 마을 : 외포리 꽃게마을, 더리미 장어 마을, 선수 밴댕이 마을

□ 특산물

강화 쌀, 강화 순무, 속노랑 고구마, 강화 인삼, 강화사자발 약쑥, 강화화문석, 강화소창(옷감), 밴댕이, 황복

오늘은

강화군 양사면 인화리 교동대교 강화 쪽 - 하점면 창후리 무태 돈대 – 창후리 항 - 망월리 망월 돈대 - 내가면 황청리 계룡돈대 - 황청포구 - 석모대교 아래 - 황청리 삼암 돈대 - 외포리 망양돈대 - 외포항 - 건평 돈대 - 건평 항 - 굴암돈대 - 송강 돈대 - 후포항까지

오늘은 2.8만여 보에 22km를 걸었다.

구 누계: 26.9만 보. 208km.
신 누계: 29.7만 보. 230km.

강화도 외포리 쪽에서 본 석모대교

우리 국토 해안선 걸어서 돌기

(10회, 2018.3.24. 토요일), (재방문, 2023.10.22.)

우리 국토 해안선을 따라 걷는 11일째

오늘은 김포 대명항에서 출발해 인천 쪽으로 걸었다. 지금까지 걸어온 길 중에서 다시 가고 싶지 않은 최악의 길이다. 무진장 힘든 걸음이었다. 초지대교 김포 쪽에서 남쪽으로 접어들자 토목공사를 하는 현장이다. 공사장이 5km 이상 이어져 먼지가 일어서 심하게 날린다. 대기의 미세먼지와 합해져 숨을 쉬기도, 눈을 뜨기도 어려운 최악의 지역이고 도로는 공포의 현장이었다. 수도권 쓰레기 매립장인가? 뭐 하는 공사 현장인지도 알 수가 없다. 온통 먼지뿐이다.

왕복 2차선 도로인데 인도가 전혀 없다. 갓길의 여유도 없다. 그 도로 왼쪽은 공사장이고 오른쪽에 레미콘 공장과 바닷모래 집하장이 있어서 레미콘 차량, 대형 덤프트럭과 시멘트 수송 차량이 질주하였다. 장비형 차들이 이렇게 큰지도, 또 이런 차들이 우리나라에 그렇게 많은지도 처음 보았다. 한 번에 수십 대가 꼬리를 물고 왕복으로 다녀서 무서웠다. 걷기 중 가다 서기를 반복하며 약 5km를 공포에 질리면서 1시간 이상 뛰면서 걸었다. 쌀쌀한 날씨인데도 온몸이 땀으로 범벅이 되었다. 지옥의 길이라고 말하고 싶다.

약암양식장을 지난다. 넓고 큰 양식장이다. 다시 내려가니 두 갈래 길이 나온다. 나는 무조건 바다에 가까운 길을 선택해 걷는데 또 지옥의 길이다. 앞에서 걸었던 길의 연속이다. 방조제 같은 길이 나온다. 도로 같은 길이다. 한참을 걸어 내려가니 경기도와 인천시의 경계 이정표가 보인다.

인천과 경기도의 도로가 꼭 이렇게 차이가 나야 하는지 궁금하다. '세어도(정서진)' 선착장이라는데 철책이 있어 잘 보이지도 않는다. 인천시 서구 오류동이다. 조그마한 사무소 건물 같은 게 있는데 세어도 어촌체험 마을을 들고 나는데 선착장을 관리하고 출입을 통제하는 곳이다. 날씨가 풀리는 철이 되면 사람들이 많이 찾는다고 한다. 한참 떨어진 바다 가운데 세어도가 보인다.

세어도 선착장이라는 여기서부터 길이 넓다. 4차선 차도와 인도도 있다. 한숨을 쉬고 남쪽으로 걷는다. 조금 더 내려가는데 공단 같다. 인천 도심의 해안가는 길을 찾기가 몹시 어려웠다. 또 갈래 길에서 무조건 오른쪽 바다가 가깝다고 생각한 길로 500여 m 들어가니 모래 상·하치장이 나와 길 여부를 물으니 다시 나가는 길이 유일하다고 한다. 허탈한 마음으로 되돌아 나오는 기분이 편찮다. 인천지역은 모든 해안가가 공장과 창고시설이 줄지어 들어서 있다.

또 오른쪽으로 들어가는데 발전소(oo 엔지니어)가 있다. 골목으로 들어가 4.5km의 미로를 긴장과 공포 속에서 돌고 빠져나오면서 매우 힘이 들었다. 공장들의 규모에 놀랐다. 엄청나게 큰 시설들을 많이 봤다. 우리나라를 잘 살게 하는 시설이라는 생각으로 위안을 하고 마음을 다스린다.

영종도 들어가는 고속도로가 보인다. 청라국제도시 지역의 광활함에 기가 죽는다. 말로만 듣던 청라국제도시다. 깨끗하고 개운한 마음이 드는 시가지다. 편법과 반칙이 없는 개발과 산업화가 계획대로 된다면 우리나라 번영의 한 축을 담당할 여러 산업시설이 눈에 보인다. 기대된다. 갑자기 기분이 좋다.

청정지역으로 깨끗하게 보이는 청라지역을 꽤 오랜 시간 걸어 통과하고 인천항이라는 간판들을 수없이 많이 보면서 창고와 하역시설을 보고 공장 같은 거대한 구축물들을 보면서 걸었다. 내가 생각한 인천항의 바닷가는 볼 수가 없고 회색빛 시멘트의 높고 낮은 건물 벽들과 그 사이를 쉼 없이 오가는 대형 화물차들만 구경했다.

우여곡절 끝에 시내 중심에서는 길을 찾을 수가 없어 대로를 통해서 걷고 또 걸어 월미도 유원지를 돌아 걸어 올라 해발 160m 월미산 정상에 올라섰다. 사방을 둘러보는데 아무것도 보이지 않는다. 미세먼지와 갑자기 안개인지 운해인지까지 끼어 깜깜해진 날씨로 10여m 앞도 보이지 않는다. 거기에 물기가 만져지는 듯한 짙은 연무로 얼룩진 대기 환경이다. 갑자기 옷이 후줄근해진다.

먼지로 시작해서 마지막엔 먼지와 연무가 합쳐져 숨쉬기조차 어려운 엉망의 하루를 보냈다. 도시는 정말 살기 힘든 곳인가!? DSLR 카메라는 꺼내지도 못하고 스마트폰만으로 오늘의 기록을 끝냈다.

다음부터는 좋은 날씨와 길을 만났으면!? 하고 원하면서. 인천역으로 지하철을 만나러 간다.

오늘은

김포시 대곶면 약암리 초지대교 김포 쪽 - 대벽리 - 약암양식장 - 경기 · 인천시 도계 - 인천 서구 오류동 세어도 선착장 - 경인 아라뱃길 인천항 - 정서진 - 영종대교 아래 - 청라지구 - 경서동 - 원창동 - 인천 북항 - 인천 동구 만석부두 - 중구 월미도 - 인천역까지

오늘은 4.5만여 보에 34km를 걸었다.

구 누계: 29.7만 보. 230km.
신 누계: 34.2만 보. 264km.

정서진 경인 운하 아라뱃길 관문

우리 국토 해안선 걸어서 돌기

(11회, 2018.3.25. 일요일), (재방문, 2023.10.29.)

우리 국토 해안선을 따라 걷는 12일째

어제 김포 대명항에서 출발해 인천 쪽으로 걸을 때 정서진을 지나 영종대교 밑을 지나다 생각해 보니 영종·용유도도 고속도로지만 다리로 연결되어 있다. 다른 육지나 마찬가지로 생각돼 내 걷는 일정에 포함하기로 하고 인천공항 가는 공항 철도편을 이용해서 운서역에서 내렸다. 수도권은 지하철이나 공항철도가 이동하기 좋다.

교통편이 자주 있고, 시간을 예정하기 쉽고, 우리는 또 공짜가 아닌가? 기차 안에서 지도를 보고 정보를 파악해 보니 영종도에 자전거길이 잘 조성돼 있다고 한다. 오늘 걷기는 영종도 인천공항을 가운데 두고 자전거도로 표시를 찾아 걷기로 하고 운서역에서 내려 가까운 쪽에 있는 북쪽 해안도로를 찾아 걷기 시작했다.

조그마한 섬이기에 웬만하면 걸어서 해안에 연결될 것으로 무조건 길을 걷는데 만만치 않다. 안이하게 생각하고 걷는데 후회를 한다. 택시나 다른 차편을 알아볼걸!? 고속화도로가 최근 완성되어 해안가 둑에 진입이 무척 어려웠다. 총 둘레가 자전거 길로 54km라 하는데 해안가 둑길은 더 길지 않겠냐고 생각하며 해안도로 운서 IC 쪽으로 가는데 도로가 무척 넓고 자동차들 속도도 너무 빨라 걱정을 하는데 자전거 행렬들이 지나간다. 옳다구나! 생각하며 30여 분을 투자하여 운서 IC 근방에 왔는데 해안가로 들어갈 길이 보이지 않는다. 걱정이 크다.

입체교차로에 자전거가 진입하기에 나도 따라 올라가는데 무섭다. 육교로 된 도로가 너무 높고, 길고, 지나는 자동차는 과속하고, 사람이 나가는 길은 없고 공포감이 말이 아니다. 10여 분을 IC 길만 따라 걸어서 자동차처럼 북쪽 해안도로에 다다랐다. 본 도로가 나오니 차들은 속도가 더 높아 도로에 같이 있는 나는 더 무섭다. 조그마한 다리를 지나고 가드레일을 넘어갔다. 교각 아래에 내려서니 사람이 건널 수 있는 작은 인도가 보인다. 무슨 다리인지도 모르고 무조건 건너서 길도 아닌 둑을 이용해 동쪽으로 나가니 낚시도구와 재료들과 음료수를 파는 차량이 있다. 어찌나 반가운지!?

커피 한 잔을 사서 마시면서 자초지종을 이야기하고 알아보는데 사람이 걸어갈 수 있는 길은 없고 이 길은 최근에 완공해 아직 이정표도 갖춰지지 않은 신생 도로라고 한다. 후에 알았는데 인천공항 제2터미널이 생기면서 서울 쪽에서 빠른 진입을 위해 만들어진 길이었다. 자동차 전용도로다. 즉 영종도에 진입해서 왼쪽 길은 옛 인천공항인 제1 공항터미널로 가는 길이고 오른쪽 길은 새로 생기는 제2 공항터미널로 가는 길이다.

자동차는 잘 닦아진 길이라서 좋지만, 나에게는 무서운 흉기였다. 가드레일 밖에 둑을 만든 돌로 된 길 즉 길도 아닌 길을 따라서 3km쯤 걸으니 운복 IC와 운수·교통 관련 시설들과 출입국 관리 일을 보는 사무시설들이 있는 운복동이 나온다. '예단포' 선착장을 둘러보고 나오니 미단시티라는 신도시가 나온다. 그리고 미단시티 공원이라는 곳도 아직 미완이지만 있고, 아파트와 레저 시설단지도 공사 중에 있다. 몇 년 뒤면 좋은 동네가 될 것 같다. 조금 더 걸으니 인천공항고속도로가 보이고 만정 레저 캠핑장을 지나 한참을 더 걸으니 인천 행복마을과 하늘도시를 만난다. 중산동 '영종 하늘도시 단지'를 지나는데 중산동 방파제가 꽤 길다.

중산동 방파제를 지나고 옆에 있는 씨-사이드 공원을 지나고 인천대교 영종도 쪽 아래를 지나는데 경관이 매우 좋다. 또 다른 방파제를 걷는데 비행기가 내리는 코스라서 머리 위로 커다란 비행기들이 1~2분 간격으로 낮게 떠서 날아가는 소리가 요란하다. 대단히 많이 내리는 비행장이다. 비행기 소리를 들으며 공항 남쪽 방조제를 계속 걸어 자기부상열차가 인천공항역까지 운행하는 용유역에서 오늘을 마감한다. 영종도 해안가의 60% 이상을 걸은 것 같다.

잔여 구간은 다음 주말인 31일 마시안 해변 사진 촬영대회에 맞춰 일찍 출발해야겠다. 영종·용유도는 자동차도로가 매우 잘 되어 있다. 모두가 제한속도 60~80km의 준고속도로이다. 도보는 매우 힘들었다. 또 영종도는 북동쪽에 '미단시티'라는 레저를 겸하는 공원과 남쪽에는 '씨-사이드 파크'라는 공원이 무진장 넓게 조성되어 있어 앞으로 여름에는 힐~링 장소로 좋을 것 같다.

넓은 공원길이 지루하였다. 끝없는 직선도로에 질린 하루였다. 오후 3시쯤 영종도 동남쪽을 걸을 때 허리가 내려앉으며 압축되는 아픔과 느낌을 받아 맨땅에 큰 대(大)자로 10여 분 이상 누워서 쉬기도 했다. 제발 괜찮아야 할 텐데 걱정이다. 용유역에서 자기부상열차를 타고 인천공항 제1터미널로 이동해서 영종 공항철도로 귀가하였다. 지하철이 시간도 단축되고 애도 덜 써도 되는 것이 편리하다.

오늘은

영종도 운서역 - 영종도 운서IC - 운복동IC - 인천 소방항공 - 예단포 항 - 미단시티 공원 - 수약끝 산 - 운복 복합레저단지 - 중산동 - 하늘도시 - 씨사이드 공원 - 인천대교 - 인천국제공항 하늘공원 - 용유역(모노네일)까지

오늘은 4.4만여 보에 34km를 걸었다.

구 누계 : 34.2만 보. 264km.
신 누계 : 38.6만 보. 298km.

영종도 북동쪽에 있는 예단포항

우리 국토 해안선 걸어서 돌기

(12회, 2018.3.31. 토요일), (재방문, 2023.10.29.)

우리 국토 해안선을 따라 걷는 13일째

오늘 다시 영종도에 가서 지난 3월 25일 돌았던 반대 방향으로 돌았다. 오후에 사진 촬영 행사 때문에 집에서 새벽에 첫 지하철로 출발했다. 지난주 경험을 토대로 고집스럽게, 또 다른 차량을 이용하지 않고 능수능란하게 길을 찾아 나섰다. 운서역에서 운서 IC의 위험한 곡예 전진을 하여 일단 본 도로에 들어가서 가드레일을 넘어서 돌로 둑을 만들어 도로를 만든 길 같지도 않은 갓길을 따라 서쪽으로 고-고다. 한참을 걸어서 처음 맞는 포구가 삼목항 · 포구다.

'삼목항'은 옛날 용유도에 속하는 섬인 삼목도 땅이다. 옛날에는 이곳에서 장봉도, 볼음도, 신도, 시도, 모도를 가는 배를 타는 꽤 큰 선착장이었는데 지금은 한산하다고 한다. 낚시꾼들의 낚싯배가 가끔 운용된다고 한다. 현재 영종도는 공항이 지어지면서 원래 영종도와 용유도를 연결하여 메운 것으로 알려졌는데 그사이에 '신불도'와 '삼목도'가 용유도에 가깝게 위치하였다. 4개의 섬이 같이 연결하여 매립되어 현재의 영종도 용유도와 인천공항이 되었다. 삼목항에서 물고기와 배를 구경하고 비행기 소리를 벗 삼아서 돌 제방길 직선도로를 지겹도록 걸었다. 삼목도에는 삼목산이라는 산 두 개와 조막산이란 해발 높이 113m, 143m, 69m인 산이 있었다 한다. 비행장의 장애물이 염려되어 그 산들을 평지로 깎아서 흙은 바다를 메워 비행장 활주로를 만들고 돌은 두 섬의 제방을 만드는 데 사용하였다고 한다.

주민 162세대 714명은 이주를 했다는 글을 새긴 비석이 넓은 삼목항 광장 같은 들판에 외롭게 서 있다. 국가 산업 정책에 의하여 조상 대대로 살아온 고향 땅을 그대로 두고 뿔뿔이 흩어지듯이 헤어져, 낯 설은 타향에서 또 다른 고향을 만드는 사람들은 바다가 옆에 있는 이곳 고향이 얼마나 그리울까? 주변은 바닷모래를 채취해서 야적하고 있었다.

영종도 동남쪽에만 비행기가 내리는 줄 알았는데 북서쪽인 이곳에도 2~3분 간격으로 비행기가 내린다. 남쪽은 1터미널 쪽 비행기이고 이곳은 2터미널 쪽 비행기인지는 모르겠으나 많이 내린다. 비행기 구경이 심심찮다. 인천공항이 엄청나게 바쁘다는 것을 오늘 알았다. 비행기가 3곳으로 내린다는 사실이다. 몇 군데서 뜨는지는 모르겠고. 남쪽에서 좌우로 두 군데, 북서쪽에서 한 군데로 뜨고 내리는데 얼마나 바쁠까? 라는 생각을 하며 걷는다. 삼목항을 조금 지난 후부터 방조제가 길게 만들어져 있고 그 안에 즉 용유도 북서쪽에 바다를 막아 커다란 호수가 있는데 용도는 모르겠다.

동남쪽은 지난주 걸었던 '파크'라는 이름의 공원이 매우 넓게 여러 곳에 조성되어 있었다. 서쪽 해안에는 왕산 해변, 을왕리 해변, 선녀바위 해변, 용유 해변, 마시안 해변 등의 해수욕장이 집중적으로 연달아 발달 돼 있다. 해변마다 사람들이 많다. 서울에서 가깝고 교통이 편리해서 그럴 것이란 생각이 된다.

열심히 걸어 오후 2시 반쯤에 마시안 해변에 도착하여 사진 촬영대회에 참가하였으나 2시간만 참여하여 촬영에 임하고 너무 힘들어서 낙조 사진 촬영을 포기하고 용유역의 모노레일 열차를 타고 출발하고 말았다.

■ **영종도 보고 즐길 거리**

용궁사, 영종도 BMW 드라이빙센터, 을왕리 해수욕장, 왕산해수욕장 · 마리나, 마시안 해변 · 카페거리, 영종대교휴게소, 인천국제공항, 미단시티 공원, 운복 복합레저단지, 씨-사이드 공원 · 레일바이크, 인천국제공항 하늘공원

오늘은

영종도 운서역 – 영종도 운서IC – 삼목항 · 포구 – 용유IC – 국제업무 지역 – 왕산 해변 – 을왕리 해변 – 선녀바위 해변 – 용유해변 – 마시안 해변 – 용유역까지

오늘은 3.5만여 보에 25km를 걸었다.

구 누계 : 38.6만 보. 298km.
신 누계 : 42.1만 보. 323km.

영종도 을왕리 해변

영종도 북방에서 인천공항에 착륙하는 항공기 모습

우리 국토 해안선 걸어서 돌기

(13회, 2018.4.1. 일요일), (재방문, 2023.10.28.)

우리 국토 해안선을 따라 걷는 14일째

오늘은 인천역에서 남쪽으로 가는 코스다.

인천! 하면 연안부두라는 생각에 인천역 앞에 있는 차이나타운을 눈으로만 살피고 대로변을 따라 인천항의 국제여객선 터미널과 복잡하게 여기저기 자리한 부두 몇 개를 지나 1시간 반 만에 인천항 연안여객터미널을 통과하고 연안부두에 도착해서 한 바퀴 돌았는데 연안부두 지역이 그렇게 크고 복잡한지 처음 알았다. 월미도의 바로 남쪽에 자리하고 있다.

국내선 터미널에 들러서 알아보니 제주도 가는 여객선은 다니지 않고, 화물선만 다니고 근해 섬에 다니는 배만 다닌다고 한다. 좋은 배로 제주도에 다니는 항로가 다시 생겼으면 좋겠다고 생각한다. 인천항 제1국제여객터미널이 연안부두에 있다. 관광객이 즐길 수 있는 시설들이 많다. 세월호와 같이 다닌 다른 배를 몇 번 타고 다닌 적이 있었다. 금요일 저녁에 한라산 등산을 위해 제주 가는 배를 탔던 추억을 새기면서 돌아보았다.

옛 추억을 더듬어 살피고 30분 정도 쉬었다가 다시 출발하여 계속 남하한다. 도심지에 고속도로가 많아서 걷는 길 찾기가 복잡하고 힘이 든다. 어렵게 길을 찾아 옹진군청 쪽에서 지루한 직선

해안도로를 따라가다가 아암도 해안공원을 거쳐서 송도국제도시에 들어간다. 송도를 한 바퀴 돌면서 첨단건물들과 공장들을 보았다. 천지개벽한 느낌이다. 아직 빈 땅이 많다.

잭 니클라우스 골프장은 전체가 사각형 한 블록으로 조성된 특이한 것도 구경했다. 삼성바이오로직스를 포함한 우리나라 대기업의 굴뚝 없는 공장들도 많다. 인천대학교 송도캠퍼스도 바닷가 공원 같은 동네에 있고, 서울의 연세대학교도 국제캠퍼스라는 이름으로 자리하고 있다. 고층 아파트들도 위용을 과시하고 있다. 잘 관리되고 운영되어 좋은 도시가 되었으면 좋겠다.

송도 신도시를 구경하고 가장 남쪽 연결 도로의 다리를 건너 나와서 남쪽으로 해안가를 걷는데 고속도로인지 고속화도로인지 알 수 없는 도로에 자동차들이 무섭게 달리는 갓길을 따라 걸었다. 제3경인고속도로 고잔 영업소를 비켜서 왼쪽으로 난 남동구 해안도로로 나와 소래포구로 가는 길을 찾는 데 애를 먹었다. 우여곡절 끝에 소래포구로 가는 공원길을 찾아 연결하였다. 공원길을 걸으면서 왼쪽의 언덕을 바라보니 모두가 고층 아파트로 가득하다. 좁은 해협의 바다 건너편은 시흥 월곶 땅이다. 소래포구 시장에 들러 한 바퀴 돌며 구경을 하였다.

날씨는 오늘도 최악이다. 오후 늦게까지 연무가 뿌옇게 껴서 바다는 잿빛으로 보인다. 인천 해안을 도는 내내 북쪽의 청라국제도시와 남쪽의 송도국제도시가 무언가 우리에게 많은 혜택을 줄 것 같은 생각을 했다. 송도는 '바이오대로'가 말해 주듯이 바이오 관련 시설들과 기업들이 무진장 많이 들어서 있고 앞으로도 들어선다고 한다.

소래포구의 새롭게 변모한 모습을 보고 천지개벽한 주변 동네를 30분 정도 구경하면서 깜짝 놀랐다. 과연 인간의 힘과 돈이 무섭다는 느낌이 들었다. 여기에서 마감하고 소래포구역에서 인천지하철을 이용하여 4호선 오이도역을 거쳐 오늘 아침에 집 나온 지 10시간 만에 다시 집으로 출발한다. 처음 맞은 인천이란 대형 도시 하나를 비켜서 간다.

■ 인천 이모저모

□ 월미도 공원 : 공원 전망대, 전통정원, 자연생태, 산책로
□ 개항장 : 월미문화의 거리, 개항장, 차이나타운, 송월동 동화마을
□ 인천상륙작전 코스 : 자유공원, 팔미도, 상륙작전 기념관, 월미 평화의 거리 나무 7그루
□ 송도 : 트라이블, 컴팩스마트시티, 커넬워크
□ 경인 아라뱃길 : 정서진 광장 · 전망대, 아라빛섬, 아라폭포, 아라마루
□ 종교테마 코스 : 한국기독교 백 주년 기념관, 인천제일교회, 대한성공회인천내동교회, 제물포웨슬리예배당, 답동성당
□ 드라마 촬영장소 : 인천대학교 송도캠퍼스, 송도 석산, 송도 달콤커피, 스튜디오 발로, G타워
□ 근대문화 골목
□ 섬여행 : 백령도, 대청도, 이작도, 승봉도, 영흥도, 선재도
□ 축제 : 중국의 날 문화축제, 펜타포트 록 페스티벌, 소래포구 축제, 부평풍물축제

오늘은

인천 중구 인천역 - 인천항 국제여객터미널 - 인천 남항 - 연안부두 - 인천항 아암 물류단지 체육공원 - 송도신도시 - 잭 니클라우스 골프클럽 - 인하대 송도캠퍼스 - 남동구 해안도로 - 소래포구까지

오늘은 4.1만여 보 32km를 걸었다.

구 누계 : 42.1만 보. 323km.
신 누계 : 46.2만 보. 355km.

인천 남동항 모습

우리 국토 해안선 걸어서 돌기

(14회, 2018.4.7. 토요일), (재방문, 2023.11.4.)

우리 국토 해안선을 따라 걷는 15일째

오늘은 오이도역에서 남쪽으로 가는 코스다. 오이도역 근방에 시화방조제로 연결된 대부도와 선제도 영흥도를 답사하기로 했다. 방조제와 다리가 놓여서 걸어서 갈 수가 있는 곳은 모두 가기로 하고 길을 나섰다. 지하철 9호선 첫차를 타고 4호선으로 갈아타고 안산을 거쳐 오이도역에서 인천 790번 버스를 1시간 기다려 타고 영흥도로 가서 영흥도, 선제도 대부도를 거쳐서 시화방조제를 역 행군을 해 오이도역으로 오기로 하고 버스를 탔다. 영흥도는 해안선 길이가 42km 정도라고 한다.

영흥도 버스터미널에서 내려 서쪽과 남쪽 지역은 급경사 지역으로 멀리 걷지 못하고 십리포 해수욕장, 장경리 해변, 한국 남동발전소인 영흥화력발전소를 둘러보고 버스터미널에서 용담리 해변 등을 걸었는데 매우 아름다운 해변과 해수욕장이다. 그런데 낮에는 썰물로 모두 갯벌만 보여서 안타깝다. 석양이 되면 물찬 바다가 좋고 낙조도 좋다고 한다. 발전소 근방에서 건설공사 현장 식당인 '함바'에서 한식 뷔페로 점심도 먹었다. 영흥도는 포도가 유명하다고 한다.

나중에 시간을 내서 일박하면서 즐기기로 영흥도 땅과 약속을 하고 서둘러 영흥대교 1,250m를 도보로 건너는데 오금이 저린다. 바다를 가로질러 건설한 다리가 왜 이리도 높고 바닷물은 시커먼지!? 무섭다. 멀리서 보니까 예쁘기는 하다. 될 수 있으면 바닷물은 쳐다보지도 않고 등에 진땀을 흘리고 조마조마하며 종종거리며 새끼걸음으로 걸어서 15분을 길고 길게 느끼면서 선제도에 도착하여 계속 동진하였다.

선제도는 좁고 고구마처럼 길어 외길이나 마찬가지고 양쪽에 바다가 보이는 곳도 있다. 약 4km를 걸으니 선제 대교가 또 사람을 긴장시키는데 길이는 550m로 짧고 높이도 그렇게 높아 보이지 않아서 자신 있게 건넜다. 그렇게 도착한 곳이 대부도다. 대부도는 '해솔 길'이라는 해안선 둘레길이 약 75km가 7개 코스로 나누어 잘 조성되고 안내되었다는 사실을 알게 되었다. 후일에 별도로 세부적으로 걷기로 하고 시화방조제로 빨리 가기 위해 아일랜드CC와 대부 고교를 거쳐 방아머리를 거쳐 직행하였는데 대부도 서쪽지역을 횡단하였다. 시화방조제에서 대부도로 들어가면 음식점 거리가 나오는데 바지락 칼국수가 유명하다. 먹어봐야 하는데 오늘도 혼자라서 생략하였다. 대부도에는 최근에 포도밭이 많고 맛있다고 수도권에서 알아준다고 한다.

조력발전소 휴게소까지 걸은 시화방조제 3km는 지난 2월에 건넜던 초지대교보다 바람이 훨씬 강해서 태풍급이었다. 오후 낮인데도 바람의 세기가 말이 아니다. 바람에 몸의 지탱이 어려워 쓰러지는 등 진짜 걷기가 힘들었다. 바닷가의 센 바람을 실감했다. 몸과 배낭이 분리될 정도이고 목에 멘 카메라가 날린다. 방조제 둑 양쪽에 풍력발전소를 지으면 좋겠다. 사진 찍을 때 조정이 안 될 정도이고 실제로 집에 와서 확인해 보니 초점이 안 맞는 사진이 대부분이다.

시화방조제는 안산시 대부도 방아머리와 시흥시 정왕동을 잇는 11.2km의 거리이다. 시화방조제는 10여 년 전보다 엄청나게 변화가 크다고 할 정도로 발전되어 있다. 조력발전소 건설을 시작할 때 한번 가 보았는데 지금은 전력을 생산하고 휴게소도 엄청나게 크고 멋있게 잘 가꿔져 있다. 한편 3개 섬에서 본 것 중에서도 펜션이 너무나 많아서 장사가 잘될까? 라는 의문을 품게 한다. 시화방조제조력발전소 휴게소 정류장에서 집에서 떠난 지 11시간 만에 버스를 타고 안산역을 거쳐서 지하철 4호선을 타고 귀가하였다.

오늘은

오이도역 ⇒ 인천 옹진군 영흥도 반 일주(영흥 버스터미널 - 영흥면사무소 - 영흥초등학교 - 발전소 - 장경리 해변 - 진여부리 해변 - 내리 영흥중학교) - 영흥대교 - 선제도 - 선재대교 - 안산시 단원구 대부도 서쪽 지역 - 대부도 아일랜드CC - 대부 고교 - 방아머리 – 시화방조제조력발전소 휴게소까지

오늘은 4.5만여 보에 36km를 걸었다.

구 누계 : 46.2만 보. 355km.

신 누계 : 50.7만 보. 391km.

영흥도 풍경

시화방조제

우리 국토 해안선 걸어서 돌기

(15회, 2018.4.8. 일요일), (재방문, 2023.11.4.)

우리 국토 해안선을 따라 걷는 16일째

오늘은 어제의 잔여 코스로 시화방조제의 조력발전소에서 동북으로 방조제, 오이도, 배곧 신시가지, 월곶항·포구, 소래포구역까지 연결하는 역 행군으로 거리는 어제보다 짧게 걷고 저녁에 친구들 모임에 참여해야 한다. 첫 지하철을 타고 4호선 안산역에서 대부도 가는 시내버스를 타고 1시간여를 달려 '시화 방조제 조력발전소 휴게소'에서 내려 방조제 길을 따라 방조제, 오이도 입구란 동네를 거쳐 오이도 쪽으로 걸었다.

시화방조제는 안산시 대부도 방아머리와 시흥시 정왕동을 잇는 11.2km의 거리다. 방조제 서쪽 부분에 조력발전소가 있고 대부도에서 3km쯤에 휴게소가 있다. 휴게소에는 전망대가 있는데 25층, 75m 높이다. 발전소는 밀물 때 물의 평균 낙차 5.6m를 이용하여 25만 2천kW 시설용량으로 연간 5억 5,200만kWh의 전기를 생산한다고 한다. 대형 화력발전소 하나의 시설용량을 친환경으로 생산하는 시설이다.

방조제는 일요일이라 그런지 낚시꾼들이 꽤 많이 자리 잡고 있다. 중간중간에 낚시 금지라는 간판들이 있는데 인과관계는 모르겠고 차량 행렬이 적어서 그런지 모두가 과속해서 걷는 처지에서는 매우 불안하고 무서웠다. 아무튼, 방조제를 차곡차곡 걸어서 한반도 육지를 향했다.

방조제 왼쪽에 보이는 인천항이 아련하고 예쁘다. 방조제 끝 우측 시흥 쪽에는 매립으로 엄청난 땅이 조성되어 구역 나누기와 도시기초공사가 한창이다. 곧 공장들이 들어서 우리에게 살찌우는 일을 하게 되는 풍요로운 땅이 되리라 기대한다(2023.11.4. 재방문 시 빈 땅이 없이 건물이 가득하다). 나는 농부 아들이라 그런지 땅만 보면 기분이 좋다.

오이도 입구 즉 방조제 끝부분을 200여m를 남겨 놓고는 무슨 공사를 하고 있는데 인도를 막아버려 애를 먹었다. 오이도 해안가에는 인도가 잘 닦아져 있고 도시가 아주 깨끗하고 볼거리도 많고 특히 해양경찰이 썼던 '폐 경비선'을 개조해 만든 함상 전망대도 볼만한 것들이 있어 재미있게 보았다. 특히 빨강 등대는 오이도 항의 '랜드마크'라고 한다. 참 예쁘게(?)도 생겼다.

계속 올라가는데 배곧 신시가지는 큰 공원같이 닦아져 있다. 이런 동네에서 살고 싶은 생각이 들도록 인공적 아름다움이 물씬 풍긴다. 어떻게 도시를 이렇게 만들 수 있을까 감탄이 절로 나온다. 지난주에 걸었던 건너편 인천이 잘 보인다. 정작 그날 인천 남동부를 걸을 때는 가까운 곳을 잘 못 보았는데 물 건너 멀리서 보는 매력을 주기도 하고 기억을 돋아나도록 해주었다. 인천항의 무수히 많은 크레인은 장엄하게 보인다. 수출입물량을 크레인을 거쳐야 육지에서 배로 또는 배에서 육지로 오르내릴 것이다.

오이도 항 신시가지를 한 시간 이상 지나니 월곶 포구의 활기찬 모습이 눈에 들어오고 소래포구를 가다가 바라본 바다 건너 모습을 직접 걸으니 기분이 좋았다. 오늘 방조제를 걸을 때 즉 처음부터 바다 건너 인천항의 웅장한 바닷가 모습이 모두 눈에 들어왔다. 참 일을 많이 하는 항이구나! 하는 생각도 가지게 한다.

소래포구 뒤편의 고층 아파트가 대단하다. 어느 곳이나 고층 아파트는 우리의 단골이 되어 있다. 소래포구에 다시 들려서 시장을 한 바퀴 도는데 글자 그대로 시장 통이다. 왁자지껄 시끄럽다. 모임에 맞추기 위해 소래포구역에서 지하철을 타고 오이도역으로 행하여 강남에서 하는 모임에 참석하기 위해 서둘렀다.

오늘은

안산 단원구 시화방조제휴게소 - 시흥시 시화방조제 - 오이 선착장 - 오이도 빨강 등대 - 하늘공원 - 배곧 신시가지 - 월곶 포구 - 인천 남동구 소래포구까지

오늘은 3.2만여 보에 23km를 걸었다.

구 누계 : 50.7만 보. 391km.

신 누계 : 53.9만 보. 414km.

오이도 선창·해변

배곧에서 바라본 앞바다와 인천 소래포구 전경

우리 국토 해안선 걸어서 돌기

(16회, 2018.4.14. 토요일), (재방문, 2023.11.4.)

우리 국토 해안선을 따라 걷는 17일째

오늘은 대부도 남쪽과 동쪽을 걸어야 하는데 새벽부터 비가 내린다. 예보를 종합해 보니 오후에는 서쪽부터 갠다고 한다. 시간을 계산해서 9시 30분에 출발해서 12시부터 시작하기로 마음을 먹고 우중에 집을 나갔다. 역시 지하철을 이용하여 안산역에서 대부도 탄도까지 가는 버스를 타고 이동하여 펜션 마을에서 내렸다. 12시쯤이다.

이곳에서 대부도 남쪽 선감 선착장을 거쳐서 탄도 쪽으로 가는데 비가 아직 내리고 바람도 거세게 분다. 우산을 받쳐 들고 계속 행군을 한다. 비바람이 세차다. 우산이 바람에 뒤집히고 옆에서 비는 사람을 때리고 우중에 걷는 것 할 일이 아니다. 1시간쯤 가니까 탄도항이 나온다. 여러 가지 볼거리와 즐길 거리가 많은데 비 때문에 모두가 황량하기만 하다. 탄도 앞바다의 풍력발전소가 외롭게 서 있으나 오늘은 수지가 맞겠다. 바람이 강하게 부니까 말이지.

전곡항 가는 방조제를 옆으로 지나 북진 또 북진이다. 탄도 방조제에서 왼쪽으로 북행을 하는데 오른쪽은 시화호다. 시화호 건너편 땅은 화성시다. 대부도는 안산시다. 보이는 것은 왼쪽 대부도 땅은 엄청나게 넓은 갈대밭이고 오른쪽은 시화호 자락으로 지루한 길이다. 사람이 보이지 않는다. 시화호 부근에 농어촌공사에서 닦아 놓은 땅이 엄청 넓은데 아직 갈대밭으로 형성되어 있는데 붉은색이 장관이다. 붉은색을 띤 갈대가 비를 맞아 더 선명하다. 아름다운 금수강산 확인에 일조하는 것 같다. 앞으로 농경지가 되어 쌀을 생산할 것이다.

걸어서 계속 북진하는데 방조제 중간에 길을 막아버렸다. 이런 저런 궁리 끝에 갈대가 작은 지역을 골라 마을 쪽으로 나아갔다. 막아버린 길은 자동차 길이다. 자동차는 돌아서 금방 나가지만 10여km 이상을 걸어온 나는 쉬운 일이 아니다. 앞으로 전진이 쉬운 일이다. 차단 철책의 옆 조그마한 공간을 이용하여 들어갔다. 개구멍을 통과한 강아지 신세다.

마을 앞의 옛날 논에는 못자리가 한창이다. 논에는 일하던 소는 없고, 트랙터가 요란하고 시원하게 활발하게 움직인다. 계속 올라와 시화방조제가 가까워지자 아주 넓은 공원이 나오는데 '대부바다향기테마파크'라는 간판이 보인다. 아주 아름다운 주변 환경이다. 우리나라 방방곡곡이 깨끗한 공원들이 즐비하게 많아 살기 좋은 곳임이 분명하다. 관리까지 잘 되고 사용하는 사람들도 잘 사용해야 할 것이다.

온종일 궂은 날씨가 4시가 넘으니 대부도는 하늘이 밝아진다. 서쪽 하늘에 무지개가 보인다. 산책 나온 주민과 함께 걸으며 이야기를 나누며 대부도의 정보를 많이 얻었다. 공원에 많은 투자가 계획되어 있다고 한다. 몇 년 뒤에 많은 관광객을 맞을 준비를 한다고 한다. 부디 잘 되어서 대부도 주민들 모두가 살기도 좋고 부자 되었으면 좋겠다.

공원 끝에 제1주차장이 나오는데 대부도 방아머리 지역을 관광할 때 이용하는 공용 주차장이다. 그 옆이 바로 버스정류장이다. 정류장 전광판의 버스 도착하는 시간이 멀어서 낙담하고 기다린 지 5분여 후에 갑자기 300번 버스가 뜨더니 곧 온단다. 잠시 후 2층 관광 시내버스가 온다. 주말과 휴일만 다니는 버스란다. 횡재를 한 기분이다. 생각보다 1시간 정도 빠르게 안산역에 도착하여 지하철 4호선에 몸을 실었다. 이렇게 해서 대부도도 거의 한 바퀴를 걸어서 돌았다.

오늘은
안산시 단원구 대부도 선감동 펜션타운 - 대부도 선감 선착장 - 불도방조제 - 탄도항 - 선감동(대부도 동쪽 방조제) - 대부북동 바다 향기 테마파크 - 제1주차장(시화방조제 입구)까지

오늘은 2.6만여 보에 20km를 걸었다.

구 누계 : 53.9만 보. 414km.
신 누계 : 56.5만 보. 434km.

대부도 동쪽의 시화호 서쪽 지역 갈대밭

대부도 북동쪽 바다향기 테마파크

우리 국토 해안선 걸어서 돌기

(17회, 2018.4.15. 일요일), (재방문, 2023.10.28.)

우리 국토 해안선을 따라 걷는 18일째

오늘은 다시 육지로 돌아와 시흥시 시화방조제와 오이도 입구가 만나는 지점에서 시작하여 시화공단 해안가를 거쳐 남쪽으로 내려가야 한다. 오늘도 지하철 첫차를 이용하여 안산역에서 버스를 갈아타고 오이도 입구에서 내렸다. 몇 번 다니다 보니 익숙한 길이 되었다. 시화방조제 입구 바로 아래쪽에 나 있는 도로를 찾아 매립지에 들어서서 서쪽으로 2~3km 나가서 가장자리를 따라 바닷길을 따라서 좌회전을 반복해서 걸어가는데 모두가 공단이다. 매립지에는 도로와 다리와 기반시설 및 토목공사를 하는 게 매립지에 대한 마무리 공사가 진행되고 있는 것으로 보인다(2023년 현재는 각종 건물이 빽빽하게 들어차 있다).

여기서부터 안산호수공원까지 약 17km가 시화공단, 반월공단, 안산공단 등으로 이어지는 어마어마하게 큰 공장 단지들이 있는데 '한국산업단지공단'이라고 한다. 이곳에서 우리가 사는데 필요한 제품을 생산하고 또한 수출을 담당한다고 생각하니 이곳에서 일하는 노동자들이 존경스럽고 공단을 향해 머리가 숙어진다. 모두의 목표를 달성하고 행복한 삶을 살기를 바라면서 계속 걸어나간다. 그런데 걸으면서 특이한 현상을 본다. 옛날에 본 시화·

반월공단의 모습이 아니다. 무슨 공원에 온 것처럼 깨끗하고 아름다운 풍광들을 많이 만들어 놓아서 참 좋아 보인다. 굴뚝도, 연기도, 길가에 기름 묻은 흔적도, 쓰레기도 전혀 보이지 않았다. 일류공원이다.

여기가 공단이란 말인가? 기절초풍할 일이다. 공단에 대한 나의 인식을 완전히 바꿔준다. 중간중간에 주택지와 상가들은 완전 공원의 한 자락으로 보인다. 휴일을 맞아서 외국 근로자들인지 이국의 젊은이들이 자전거를 타면서 놀고 있고 한쪽에선 자기 나라 음식들을 맛있게 즐기고 있었다.

세상이 많이 바뀐 것을 알게 되었다. 사람들이 와서 보면 이곳에서 일하고 싶은 충동이 일어날 것 같다. 좋은 세상이 되어 누구를 막론하고 감사를 하고 싶다. 깨끗한 동네를 걸으니 힘든 줄도 모르고 발걸음도 가볍다. 휴식공간에서 놀고 있는 사람들과 이야기도 나누고 나도 즐겁다. 30여 년 전에 반월공단을 와 본 나는 사람들이 마음먹기에 따라 이렇게 세상을 바꾸기도 하는구나!! 라고 감탄을 한다.

공단 같지 않은 공단 길을 헤아리며 걷다 보니 시화호 동쪽으로 연결되는 가는 줄기의 하천 같은 곳으로 접어드니 서해안고속도로 밑을 지나고 안산공단 끝에 시화교가 보이는데 앞으로 건너서 남쪽 화성 쪽으로 나아가야 할 길이다.

오늘은 그동안 나의 걷는 일 때문에 일정을 맞추기 힘들어 같이 못 했던 고교 동창들의 둘레길 모임 친구들이 인천 원미지역 둘레길을 걷는데 회원들과 합류를 하기로 했다. 그래서 화성 쪽으로의 발길을 멈추고 북쪽으로 돌려 안산 '초지역' 쪽으로 바꿔서 걷는데 교통편도 몰라서 계속 걷자고 생각해서 끝까지 걸었다. 그 거리가 생각보다 멀어 결국 지각해서 약속장소인 인천지하철 선학역 지역에서 만나 오랜만에 같이 시간을 보냈다. 꽤 긴 시간을 내 얼굴 보겠다며 기다려 준 친구들이 참으로 고맙고도 또 감사하다.

이렇게 해서 시화호 안산 구간까지 마치고 다음엔 초지(시화)교를 지나서 화성지역 시화호 공원을 만나야겠다.

■ 안산시 이모저모

□ 안산 9경 +
시화호 조력발전소, 대부도 해솔길, 구봉도 낙조, 탄도 비단길, 풍도, 동주염전, 안산 갈대습지, 다문화 거리, 노적봉 공원, 대부도

□ 안산체험 : 스쿠버다이빙, 도예, 승마, 썰매, 유리제조, 갯벌, 메주 만들기

□ 음식 거리 : 탄도 수산물, 신도시 일번가 타운, 중앙동 곱창·전 골목, 원곡동 다문화 거리, 방아머리 음식문화 거리, 댕이골 특화 거리

□ 특산물 : 삼두 밥상, 천일염, 본오 으뜸 쌀, 상록수 된장마을, 그랑꼬또 와이너리, 대부도 포도

오늘은
시흥시 오이도 입구 - 거북섬 - 시화호 매립지 공단 - 정황천 - 시화공단 - 서해안고속도로 시화대교 북단 - 반월공단 - 안산시 안산공단 초지교(시화교) - 초지역까지

여유 있는 길을 약속 시각에 맞추려고 막바지에 엄청나게 뛴 하루였다.

오늘은 평소보다 짧은 시간에 2.8만여 보에 20km를 걸었다.

구 누계 : 56.5만 보. 434km.
신 누계 : 59.3만 보. 454km.

반월 국가산업공단 해변 공원

영흥화력발전소에서 반월공단으로 바다 건너오는 전력선

우리 국토 해안선 걸어서 돌기

(18회, 2018.4.21. 토요일), (재방문, 2023.11.4.)

우리 국토 해안선을 따라 걷는 19일째

오늘은 지난번 마감하고 정지된 안산시 '시화교'에서 연결하여 화성 쪽으로 내려 걸어가야 한다. 오늘도 새벽 지하철 첫차를 타고 안산으로 가서 7시 반쯤에 시화교를 건너서 우측을 보니 빨간(?, 진한 갈색)색 갈대가 장관이다. 갈대밭 사이로 비포장 길이 보여 무조건 들어갔다. 1시간쯤 들어가니 공사 현장이 눈에 들어와서 살펴보는데 무슨 철도 노반공사란다.

나중에 알아보니 서해선 복선전철 공사로 화성에서 충남 홍성까지 전철을 새로 건설한다고 한다. 허허벌판에 공사 현장이 너무 넓어서 망설이며 돌며 걷고 있는데 관리자가 와서 위험하니 빨리 나가란다. 잘 됐다 싶어 나가는 길을 물어보니 직진해서 농로를 따라가라고 한다. 그게 잘 못 가르쳐준 것이다. 송산그린시티 신도시를 조성하고 있는 곳을 지나 대부도 건너편 '어섬'과 해안도로를 이용하여 남쪽으로 내려가 전곡항까지 30여km를 계획했는데 오른쪽으로 가야 하는데 직진으로 가는 바람에 자동차안전시험소(케이시티)를 거쳐 남서쪽 내륙으로 내려와 궁평항 가는 길을 먼저 만나서 걷고 말았다. 할 수 없이 궁평을 먼저 가서 보고 후에 해안으로 올라가기로 하고 계속 전진했다.

잘 못 들어간 길은 지루하고 더 힘들 수밖에 없다. 무척 힘든 사막 길을 걸은 것 같이 어려운 발걸음을 한끝에 오후 2시 반쯤 궁평항에 도착했다. 길을 잘못 들어 하루 일찍 들른 것이다. 여기저기 구경한 궁평은 엄청나게 큰 항구였다. 나는 잘 모르는 곳인데 이렇게 큰 항이 화성에 있었구나! 라는 탄성을 지르며 한 바퀴 둘러보았다.

그런데 바로 연결된 방조제가 앞에 가야 할 길로 버티고 있다. 9.8km의 화성 방조제를 바라보니 건너보고 싶어 생각을 바꿔서 무조건 들어서서 걸었다. 화성방조제는 화성시 서신면 궁평리에서 우정읍 매향리까지다. 방조제 오른쪽 바다 건너편에 화력발전소가 있는 것 같다. 거리는 멀리 보이지만 하얀 연기가 보인다. 아마 당진 땅으로 생각되는데 바닷가에 있으면 앞으로 가까이에서 보고 걸을 수 있겠다는 생각을 한다. 방조제를 걸으면서 생각한다. 내가 우리나라 해안선 한 바퀴 돌기 시작을 잘했다고 스스로 칭찬하며 웃었다. 이렇게 모르는 곳이 많구나! 꼭 성공하리라고 다짐을 한다.

이 방조제 역시 과속의 연속이었다. 대단한 자동차 과속의 굉음을 들으며 방조제 2/3쯤 걸어가니 매향 포구라는 지역에 휴게소와 버스 정류소가 있다. 방조제 오른쪽의 바다가 광활하다. 왼쪽의 호수 같은 물 밭(?)도 넓어 다리를 걷는 기분이다. 버스를 기다리며 15분쯤 휴식을 취하고 있는데 버스가 온다.

버스를 타고 '조암'으로 이동해서 방을 구하려고 버스정유소에 내리니 서울 사당역으로 가는 8155번 버스가 있어서 무조건 몸을 싣고 잠을 청하고 사당동에서 내려 집에 오니 밤 8시가 다 됐다. 밖에서 자고 걷는 계획은 한 번 더 연기가 되었다. 머리를 잘 못 쓰고 순간의 선택을 잘 못 해서 많이 걷고 몸이 엄청나게 고생했다. 내 계획과 걷는 원칙(?)에 의하면 걷지 않아도 될 길들을 쓸데없이 많이 걸었다. 지도를 다시 보니 거리는 비슷하다. 다리와 허리에 미안하다.

오늘은
경기도 안산시 초지동 초지(시화)교 - 화성시 송산면 문호리 - 고정리 자동차시험소(케이시티) - 마도 산업공단 - 송산면 삼존리 - 육일리 - 서신면 전곡리 - 매화리 서신면사무소 - 궁평리 - 궁평항 - 화성 방조제 - 우정읍 매향리 선착장까지

오늘은 5만 보가 넘었다. 5.4만여 보에 43km를 걸었다. 내일은 궁평항에서 전곡항으로 역 행군을 해야 한다.

구 누계 : 59.3만 보. 454km.
신 누계 : 64.7만 보. 497km.

화성방조제

우리 국토 해안선 걸어서 돌기

(19회, 2018.4.22. 일요일), (재방문, 2023.11.4.)

우리 국토 해안선을 따라 걷는 20일째

어제 길을 잘못 들어 화성 방조제까지 답사해서 해안가 답사 구간이 빠진 구간을 오늘 걷기 위해 새벽에 지하철을 타고 대부도의 탄도항을 생각하고 안산역에서 123번 버스를 갈아타고 가는데 비가 내리기 시작한다. 마음이 급하다. 어제 계획은 어제 도착했던 궁평항에서 북으로 역 행군을 하려 했는데 지도를 다시 보니 지난번 걸어 통과한 길옆의 탄도항에서 방조제를 통과하고 전곡을 지나서 궁평으로 가는 길이 접근이 쉬워서 어제 생각을 바꿨다.

우리나라 한 바퀴만 생각한다면 시화방조제-대부도-탄도-전곡항-궁평항으로 연결했으면 간단하게 할 수 있는데 처음 하는 일이고 지형을 모르다 보니 시화호 주변과 화성시 지역을 덤으로 더 걷고 있는 것으로 판명되었다. 탄도와 전곡항의 방조제를 전혀 생각하지 못했다. 670m의 방조제를 몰라 3일 동안 걸은 거리가 100여km가 넘는다. 사전 파악과 공부가 중요함을 알게 하는 일이었다. 그러나 대부도 한 바퀴와 산업공단 구경을 잘했다는 생각으로 억울함을 상쇄시킨다.

8시 30분경에 도착해서 바다에 있는 풍력발전기를 보니 바다에 물이 있다. 통상 낮에 서해안을 보면 갯벌밖에 본 것이 없는데 물이 있어 보기가 좋았다. 탄도 방조제를 건너 전곡으로 가면서 살펴보니 탄도나 전곡이나 같은 항구로 보였다. 전곡에는 요트 항이라더니 정말 많은 요트와 보트들이 정렬해 있었다. 남프랑스와 호주에서 많은 요트를 보았는데 그보다는 못해도 상상외로 많았다. 요트가 생각보다 가격이 비싸다던데 말이지. 우리나라가 부자가 되었다는 증거인가. 모두가 부자가 되었으면 정말 좋겠다.

전곡항을 한 바퀴를 돌고 전곡해양일반산업단지를 지나 계속 걷는다. 멈추었던 비가 조금씩 내려 모두 맞으면서 자그마한 고개를 넘어 어느 동네에 들어서니 자동차들이 엄청나게 많이 서 있다. 알아보니 제부도 들어가는 입구인데 아직 물이 덜 빠져 기다리는 중이란다. 제부도 들어가는 길은 갯벌 바닥에 시멘트로 포장해서 만든 길이라 물이 빠진 시간에만 들락날락할 수 있게 되었다. 11시에나 들어갈 수 있다는데 40여 분 이상 남았다. 물이 찬 제부도를 머리에 기억시키고 다음을 향했다. (지금은 전곡항에서 제부도까지 2.12km 케이블카가 이어져 〈2021년 12월 23일 개통〉 있다.)

계속 걸어 내려간다. 물이 빠지기 시작하니 또 갯벌이 올라와 있다. 화남일반산업단지와 궁평 바다 낚시터를 통과하는 등 10여 km를 걸어가니 백미리에 어촌체험 마을이 나오는데 아직 시기가 일러서 그런지 체험자는 보이지 않고 캠핑장에서 늦은 아침의 끼니를 해결하는 캠핑족들만 보인다. 항·포구마다 캠핑장과 펜션이 매우 많다.

궁평유원지와 궁평 해수욕장을 지나 어제 보았던 궁평항을 돌아 다시 한번 더 둘러보고 버스를 기다리는데 수원 가는 버스가 먼저 온다. 비를 피하는 게 급해서 무조건 수원 가는 버스를 타고 귀가했다. 많은 비는 맞지 않아 다행이다.

■ 화성시 이모저모
□ 생태환경 : 공룡알화석산지, 우리 꽃 식물원, 송산그린시티 전망대, 시화호, 비봉 습지 공원, 화성호
□ 섬과 바다 : 제부도, 국화도, 입파도, 제부항, 궁평항, 전곡항
□ 역사 : 융릉 · 건릉, 용주사, 제암리 3 · 1운동 순국기념관, 남양성모성지, 당성, 매향리 평화 역사관
□ 문화체험 : 엄 미술관, 향토박물관, 노작 홍사용 문학관, 소다 미술관, 반석산 에코스쿨, 창문 아트센터, 샌드리버
□ 체험 마을 : 전곡리, 제부리, 국화리, 송산 청미르마을, 백미리, 궁평리, 매향리, 장전 노루마을, 가시리 정보화마을, 금당 엄나무마을, 민들레 연극마을, 물꽃 정보화 마을, 송리마을, 상두리, 정남마을
□ 재래시장 : 조암 재래시장, 사강재래시장, 발안만 재래시장, 마도 재래시장, 남양 재래시장

오늘은
안산시 단원구 대부도 탄도항 - 탄도방조제 - 화성시 서신면 전곡리 · 항 - 전곡산업단지 - 제부도 입구 - 송교리 - 화남일반산업단지 - 장외산업단지 - 광평리 - 매화리 - 백미리 · 항 - 궁평리 · 궁평유원지 - 궁평항까지

오늘은 2.7만여 보에 21km를 걸었다.

구 누계 : 64.7만 보. 497km.
신 누계 : 67.4만 보. 518km.

전곡항에 정박 중인 요트들

궁평항 해변과 유원지

우리 국토 해안선 걸어서 돌기

(20-1회, 2018.4.28. 토요일), (재방문, 2023.11.11.)

우리 국토 해안선을 따라 걷는 21일째

이제 주말이 되면 새벽부터 나올 준비가 된다. 그러나 우리나라 해안가 답사를 위해 나가면서 수도권 광역교통을 이용하기는 오늘이 마지막일 것 같다. 사당역에서 8155번 좌석버스로 화성시 우정읍 조암까지 이동했다. 묵직한 미세먼지를 마시며 4번 버스로 화성 방조제에 있는 매향리 선착장으로 이동하여 동쪽으로 걸었다. 화성 '드림 야구장'을 지나고 기아자동차 공장 쪽으로 이동한다.

기아자동차 공장 서쪽에서 남동 쪽으로 오른쪽 바다 쪽을 따라 걸어 공장을 지나서 '남양방조제'를 건너서 평택시에 들어간다. 남양방조제는 경기도 화성시 우정읍 이화리와 평택시 포승읍 원정리를 잇는 2,065m의 둑이다. 남양방조제는 걷기에 위험하기 짝이 없는 길이다. 좁고 수문이 있는 다리가 옆으로 보인다. 물살이 몹시 빠르다.

이때 문제가 발생한다. 걸어서 방조제는 건넜는데 평택시 포승면 원정지구 국가산업단지로 국가주요시설들로 꽉 차 있어서 마음대로 들어갈 수가 없다. 어떻게 길을 잡아가야 할지 답답했다. 길은 있는데 갈 수가 없다. 몇 발자국 걸음을 옮기니까 사이렌도 울리고 굉음이 계속 들리고, 위압적이다. 다시 길을 나와 뺑뺑 돌고 돌았다. 해안가는 국가산업단지로 보안 시설이라 갈 수가 없고 육로 쪽 일반

국도로 길을 잡아 걸은 끝에 평택항 북쪽 끝을 발견하여 걸었다.

평택항이라는 글자를 확인하고 걷는데 부두 규모가 엄청나게 넓고 크다. 수출하는 자동차가 끝이 안 보일 정도로 많이 주차돼 있다. 이런 걸 보면 괜히 기분이 좋다. 싱글벙글 기분 좋게 걸어가는데 자동차 수출 부두가 보여 스마트폰으로 촬영을 하며 걷는데 길 건너서 누가 나를 부른다. 쫓아와서 사진을 못 찍는 곳이니 찍은 사진을 지우란다. 부끄럽고 창피해서 전화기를 주고 확인해서 다 지우라고 했다. 휴대폰을 돌려받고 오른쪽은 화물 집화장, 왼쪽은 창고 같은 시설을 끼고 계속 서쪽으로 걸었다. 미세먼지는 하늘을 가리고 우중충한 회색 시멘트 색깔의 건물들만 즐비하다. 부두와 창고가 양쪽으로 늘어선 도로가 끝이 없다.

평택항은 길이가 10km가 넘는 것 같고 공사 중이다. 서해대교 밑의 평택국제여객터미널은 무척 한산했고 자동차와 컨테이너부두는 바쁘게 움직이고 있다. 평택항 중간지점에 관광안내소가 있다. 안내소에서 '배옥희' 문화해설사에게서 차 대접과 평택항에 대한 고사를 소개받았다. 혜초와 원효에 대해 매우 유익한 상식을 해설해 주었고 한편으로 평택의 자랑이 대단했다.

평택항은 아직도 공사가 계속되고 있다. 완공되면 대 중국 무역이 대단할 것을 예감한다(2023년 재방문 시는 공사는 끝났다.). 관광안내소에서 2시간을 더 걸으니까 아산방조제가 눈앞에 있다. 아산방조제는 충청남도와 경기도 이정표 간판이 중간에 서 있다. 아산방조제는 경기도 평택시 현덕면 권관리와 충청남도 아산시 인주면 공세리 사이를 잇는 길이 2,564m이며 도로가 나 있다. 인도가 충분하지 않아 사람이 걷는 것은 매우 위험하다. 특히 수문 지역은 물 흐르는 소리가 무섭고 걷기에 공간이 부족해서 위험하여 조심조심하며 걸었다.

방조제를 건너니 아산이다. 고속화 국도 IC를 나와 우측으로 계속 걸어 아산시 인주면 공세리의 북쪽 바다를 따라 서쪽으로 걸어가니 걸매리의 인주 산업공단이다. 계속 나가면 삽교천 방조제인데 길이가 길다. 그래서 이 근방에서 숙소를 구하기로 하고 자리를 잡았다. 숙소 근방에서 오랜만에 일몰을 맞아 30분여에 걸쳐 촬영하며 걷기를 마쳤다. 내일 조영남이 노래(?)한 삽교천을 궁금하게 생각하며 쉰다.

■ 평택의 이모저모

□ 남부 관광명소

팽성 객사, 대동법 시행비, 평택향교, 통복시장 청년 숲

※ 축제 : 원평 나루 억세 축제, 노을 동요제, 토마토 축제

□ 북부 관광명소

정도전 사당, 진위향교, 만기사, 웃다리문화촌, 소풍정원, 진위천 유원지, 송탄관광특구, 원균 사당, 안재홍 생가, 바람새마을, 부락산 문화공원, 무봉산 천문대

※ 축제 : 건강 걷기대회, 록 밴드 페스티벌, 송탄관광특구, 한미 친선축제

□ 서부 관광명소

농업박물관 자연 태마 식물원, 수도사-원효대사 깨달음 체험관, 평택호 해양자연사 표본전시실, 평택항 · 전망대, 해군 2함대 · 천안함, 심복사, 이대원 장군 유적, 신숙주 사당

※ 축제 : 평택 꽃 나들이 축제, 평택호 불빛 축제, 대한민국 무형문화재 축제

□ 평택 특산물(농수산물)
　슈퍼오님 쌀, 배, 애호박, 토마토, 오이, 마, 한우

오늘은
화성시 화성 방조제 - 우정읍 매향리 선착장 - 화성 기아자동차 공장 - 남양방조제 - 평택시 포승공단 - 평택항 - 평택항 국제여객터미널 - 서해대교 북단 아래 - 평택호 관광단지 - 아산만 방조제 - 충남 아산시 인주면 갈매리 - 인주 산업공단 - 밀두리 인주면사무소까지

오늘은 4.3만여 보에 34km를 걸었다.

구 누계 : 67.4만 보. 518km.
신 누계 : 71.7만 보. 552km.

평택항 전경

우리 국토 해안선 걸어서 돌기

(20-2회, 2018.4.29. 일요일), (재방문, 2023.11.11.)

우리 국토 해안선을 따라 걷는 22일째

아침 일찍 6시쯤 간단하게 식사를 약식으로 마치고 길을 나섰다. 인주면 소재지에서 '삽교천 방조제'에 도달할 때까지 고속화 국도 옆에 자전거 길과 둑이 잘 닦아져 있고 길 양쪽에 진달래, 철쭉, 라일락꽃이 만발하여 안전하고 아름다운 꽃길이어서 상쾌하게 산책하듯 걸었다. 30여 분 걸으니 삽교천 방조제가 나온다.

삽교천 방조제는 충남 아산시 인주면 문방리와 당진시 신평면 운정리 사이에 축조된 것으로 길이 3,360m, 최대너비 168m, 높이 12~18m이다. 삽교천 하구를 가로막은 인공담수호는 충남 당진·아산·예산·홍성의 4개 시군 지역을 전천후 농토로 개발하기 위하여 건설되었다고 한다. 이 방조제 준공식을 마치고 상경하여 서거한 박정희 전 대통령을 떠 올리게 하는 바로 그 방조제다.

처음 출발한 지 2시간이 안 된 행군 끝에 당진 땅에 도착했다. 그곳은 유원지가 발달해서 8시쯤인데 외부에서 온 관광객들이 많이 보인다. 우측으로 해안가를 계속 전진해서 당진 해양캠핑공원과 석화산 자락을 통과하고 3시간여를 걸어서 도착한 곳이 매산 해양공원이다. 인공적으로 잘 닦아져 있고 자전거 길이 훌륭했다. 계속 걸어서 서해안고속도로와 서해대교 당진 쪽 교각 아래까지 오는데 꽃길과 가시 덤플 둑길도 밟았다. 어제는 서해대교 평택 쪽을 지나왔고 오늘은 당진 쪽 서해대교를 반대로 지나야 나의 목표가 완성된다.

서해대교 서남쪽 길을 가려는데 부곡 국가산업단지가 조성되어 있어 사람들에게 물어보니 출입이 곤란하단다. 어제 평택항의 환경이 생각나서 들어가는 것을 생략하였다. 서해안고속도로에서 서쪽으로 14km가량 길쭉하게 모든 바닷가는 공단이나 주요 시설이 들어서 있다. 공단 입구에서 어차피 해안가는 못 걷고 오늘의 거리를 고려하여 걷기 위해 상록수의 심훈 선생 기념관인 필경사를 가기로 하고 발을 재촉했다. 공단 서쪽 들판 길을 걸어가니 도로 건너편에는 발전소 등 엄청난 공단이 있는데 도로 다른 쪽 건너편 오솔길을 걸어서 가는 이곳은 어릴 때 시골 냄새가 희미하게 나면서 추억을 떠올리게 했다.

감자가 싹이 나서 싱싱한 밭의 색깔도 보여주었다. 역시 나는 촌놈이구나! 생각하며 필경사에 도착해서 해설사의 설명을 듣고 심훈과 상록수를 공부하고 나오면서 오늘 일정을 마치기로 하고 상록수 초등학교를 둘러보았다. 이어서 당진항만 둘러보고 다시 학교 옆 식당에서 자장면 한 그릇을 사 먹는 것이 오늘의 제대로 된 식사다. 늦은 시간의 자장면 점심은 꿀맛이 아닐 수가 없다.

상록수 초등학교에서 오늘을 마감하고 학교 옆 정류장에서 버스를 기다리는데, 결과는 1시간마다 다니는 버스를 반대 방향에서 기다리다가 버스를 놓치는 바보짓을 했다. 죽을 때까지 배우라는 의미를 이해하면서 하늘을 쳐다보는 일도 있는 하루였다. 앞으로는 양쪽에서 버스 기사에게 물어봐야겠다는 학습을 했다. 1시간을 더 기다리는 우여곡절 후에 당진 기지시라는 동네에서 서울행 버스를 타고 웃음 짓는 오늘이다. 숙박을 처음 하면서 걸은 오늘의 운행(?)이 어설프다. 다음부터는 본격적이다.

오늘은

충남 아산시 인주면 밀두리(면사무소) - 인주산업단지 - 삽교천 방조제 - 당진시 신평면 운정리 삽교호 함상 공원 - 부수리 맷돌 포구 - 매산리 매산 공원 - 음섬 포구 - 송악읍 복운리 - 서해대교 남단 - 부곡리 필경사 - 상록수공원까지

오늘은 2.8만여 보에 22km를 걸었다.

구 누계 : 71.7만 보. 552km.

신 누계 : 74.5만 보. 574km.

삽교천 방조제

우리 국토 해안선 걸어서 돌기

(21-1회, 2018.5.5. 토요일), (재방문, 2023.11.11.)

우리 국토 해안선을 따라 걷는 23일째

오늘은 바람맞은 날이다. 첫 지하철을 타고 남부터미널에서 당진행 첫차를 타고 당진에 08시 30분에 도착하여 당진항으로 가서 구경 후 공단 해변은 진입이 곤란하다고 한다. 바닷가로 걸을 수가 없다. 서해안고속도로부터 서쪽으로 14km가량이 공단이다. 부곡 · 고대 · 당진 공단과 현대제철 일반산업단지로 공단이 연결되어 있다. 당진항도 근방 공단에서 생산하는 원자재와 완성 물품이 들고 나는 항이다. 그래서 이어서 걸을 수는 없다.

그래서 생략하고 택시로 이동하여 현대제철 서쪽 끝에서 서쪽 울타리를 따라서 북진하고 석문방조제 입구에서 방조제로 걷기 시작했다. 서풍 바람이 엄청나게 세게 불어 몸을 가누기 힘들었다. 석문방조제는 당진시 송산면 가곡리에서 석문면 장고항리의 바닷길을 연결하는 방조제다. 길이는 10.6km이다. 방조제 바닥에 500m 간격으로 거리 표시 숫자가 쓰여 있는데 9.5km까지 쓰여 있다. 또 방조제 석문면 쪽 왼쪽 끝부분 4km 정도는 석문국가산업단지인데 아직 분양 중인지 많이 비어있는 것 같다. 네모반듯하고 평평하게 잘 닦아져 있다.

석문방조제 서쪽 끝에 장고항 초입이라는 포구다. 낚시하는 사람들이 많다. 3km 정도 서진을 하니 진짜 장고항이다. 장고항에는 '실치'가 유명하다고 한다. 지금이 실치 축제 기간이라고 한다. 실치회가 먹고는 싶은데 혼자라서 말도 꺼내지 못하고 구경만 했다. 실치를 김처럼 펴서 말리면 뱅어포라고 한다. 뱅어포도 맛있다. 미련을 남기고 걸으니 이어서 용무치항이다. 또 한참을 서쪽으로 이동하면 왜목항 · 해수욕장이다. 아직 이른 시기인데도 해수욕장에 사람들이 많고 성수기처럼 활기차고 시끌벅적 야단이다.

특히 왜목항은 엄청나게 넓고 유원지시설이 잘 발달해 있으며 벌써 여름의 모습으로 무척 혼잡하다. 왜목항을 구경하고 끝 지점에 도달하니 갑자기 해안가의 작은 길이 없어지고 큰 도로로 연결된다. 길 따라 전진하니 커다란 굴뚝이 보인다. 나에게는 상당히 유명한 당진화력발전소다.

발전소 굴뚝을 구경(?)하고 곧바로 연결되는 방조제에 올랐다. 대호 방조제다. 태안반도 대호만 부근의 충청남도 당진시 석문면 교로리와 서산시 대산읍 삼길포리의 바닷길을 잇는 방조제이다. 길이는 7,807m이다. 대호방조제는 커브 2개를 지나는 3개로 연결되어 있다. 순서대로 지나니 서산시 삼길포항이다. 각 항 · 포구마다 특색을 갖추고 있다. 삼길포항에서 오른쪽으로 바다를 두고 대산항으로 조용한 오솔길 기분으로 걸어서 이동했다. 앞바다에는 크고 작은 섬들이 많이 보인다.

거리도 웬만큼 걸었고 시간도 석양이 달려오니 부근에 자리를 잡고 쉬면서 서해안 낙조를 기대하는데 판단 착오와 사고다. 웬걸, 대산항은 그 주변이 모두 대산공단의 원자재와 완성품 수출 · 입항이었다. 거기에 숙소를 정하고 해넘이를 찍고자 계획하고 갔는데 황당하기 그지없다. 속된 말로 아무것도 없다. 컨테이너만 왕창 있다. 민간인 시설은 전혀 없다. 심란한 마음으로 매우 넓은 공단을 돌고 있는데 버스가 보인다. 대산읍까지 가는 버스다. 놓치면 또 언제 올지 모르는 게 시골 버스다. 무조건 버스에 올라타고 내일을 위해 대산읍 내에서 숙소를 구하고 식사 후 휴식을 하면서 오늘을 정리하고 내일을 기대한다. 내일은 비가 많이 온다는데….

■ **당진의 이모저모**

□ 명소(놓치지 말아야 할)

삽교호 관광지 · 함상 공원 · 해양 테마 과학관, 당진 해양캠핑공원, 삽교 바다공원, 월드 아트서커스 공연장, 해가 뜨고 지는 왜목마을 · 해변, 서해대교, 도비도, 난지섬 관광지

□ 역사 공간(이야기가 있는)

당진 안국사지, 솔뫼성지, 신리성지, 충장사, 면천읍성, 영탑사, 신암사

□ 예술공간(고전과 현대가 공존하는)

기지시 줄다리기 박물관, 필경사, 합덕수리민속박물관, 한국도량형 박물관, 아미미술관

□ 체험(온 가족이 즐기는)

아그로랜드, 차브민 허브체험, 대마 청삼 삼배 직조 체험, 황토 연전 염색체험, 은석 도예 도자기체험, 짚토 전통문화체험관, 초락도 푸래기 마을, 당나루 물꽃 승마 마을, 왕 매실 녹색체험 마을

□ 축제(감동과 볼거리가 가득한)

왜목 해돋이 축제, 기지시 줄다리기 축제, 상록문화제, 삽교호 조개구이 축제

□ 특미

면천두견주, 실치회, 간자미회, 우렁쌈밥

오늘은

당진시 송악읍 부곡리 상록수공원 - 현대제철 앞 - 당곡리 - 가곡리 - 석문방조제 - 석문면 장고항리 장고항 - 장고항리 용무치항 - 교로리 왜목항 · 해수욕장 - 당진화력발전소 - 3개 대호방조제 - 서산시 대산읍 화곡리 삼길포항 - 대죽리 대산항 · 대산공단까지

서산 땅은 복잡하다. 해안가가 연결이 안 된다. 묘안을 찾아야 한다. 5.0만여 보에 약 39km를 걸었다.

구 누계 : 74.5만 보. 574km.

신 누계 : 79.5만 보. 613km.

석문 방조제

왜목 해변

우리 국토 해안선 걸어서 돌기

(21-2회, 2018.5.6. 일요일), (재방문, 2023.11.19.)

우리 국토 해안선을 따라 걷는 24일째

오늘은 비 맞은 날이다. 새벽에 눈 뜨고 밖을 확인하니 비가 온다. 수시로 확인해 봐도 계속 내린다. 9시 넘어 무작정 나가서 버스정유소에서 기다리기를 1시간 이상. 황금산 가는 버스를 타고 20분 지나니 종점이라며 내리란다. 비가 많이는 아닌데 꾸준히 내리고 바람이 아주 세고 강하다.

서산 북쪽 해안가는 어제 간 대산항으로부터 서쪽으로 '국가산업 대산공단'이다. 모두가 공장 지역으로 동쪽으로부터 큰 회사는 KCC, 현대오일, LG화학, 롯데케미칼, ~~ 이어지고, 그리고 한화토탈이 황금산과 닿아있다. 직선거리 10여km쯤은 될 것이다. 대산항에서 서쪽으로 걸어도 공장 벽만 바라보고 걸어야 한다. 이전 걸은 당진항 쪽 공단이나 마찬가지다. 그래서 서쪽 끝에 있는 황금산으로 바로 가서 산자락을 둘러보고 해안가를 따라 동쪽으로 걷기로 했다.

안개비 속의 황금산을 둘러보고 서산 '아나메길' 3코스에 올라 걷기 시작했다. 서산시에서 선정한 둘레길이다. 총 10개 노선이 표식 돼 있다. 3코스는 황금산으로부터 삼길포항까지 18km라는 안내 지도를 보고 걷기 시작했다.

현장에 표식이 전혀 없어 방파제와 산을 넘고 물 빠진 바다를 걸으면서 욕을 실컷 했다. 어느 지점을 가니 황금산까지 6km 이상 온 것 같은데 4km라는 말뚝 이정표가 나온다. 이정표가 바뀌어 뒤죽박죽 엉망이다. 앞뒤 표지판의 숫자가 다르다. 숫자가 늘었다, 줄었다 즉 거리가 가까워졌다가 멀어졌다가!? 어이없어서 한탄하면서 표식대로 2km 정도 방조제를 따라가는데 길이 아니다.

서산시청에서 정해서 홍보한 둘레길이 손질과 정리가 전혀 되지 않았다. 방조제 둑에 풀과 가시가 있는 잡목이 자라 무릎과 허리를 덮고 넘는다. 거기다가 비가 내려서 곧장 신발 속으로 물이 들어가 밟으면 신발 안에서 물이 나온다. 가슴 부분 아래는 모두가 비바람에 젖어 비 맞은 생쥐다. 비와 눈물에 젖은 걸음은 계속된다. 풀과 잡목으로 숲이 우거진 힘든 길을 비를 맞으며 헤쳐나가는 걸음을 계속했다.

걷기 정말 힘든 길을 우여곡절 끝에 걷고 걸어 큰길로 나와서 걷는데 한식뷔페 식당이 앞에 보인다. 반갑다. 아점을 챙겨 먹고 다시 출발한 시간은 송해 아저씨의 전국노래자랑을 보다가 오후 1시가 넘은 시간이다. 다음은 '벌말포구'를 향해 고고다. 안개가 자욱한 껌껌한 낮(?)의 길을 찾아간다. '대산'에서 벌말포구로 들어가는 큰 도로까지 걷기로 하고 기은리 마을을 가로질러 오지리 분줄 저수지 대로변까지 이동했다. 비는 계속 내린다. 신발을 비롯하여 모든 복장의 상태가 말이 아니다. 미꾸라지가 따로 없다. 오늘은 여기서 마치고 돌아가기로 마음을 달래며 끝내기로 했다.

비 오는 도로변 버스 정류장에서 처량한 모습으로 1시간여 기다린 끝에 서산행 버스를 탔다. 기다린 끝에 버스를 타는 이때는 큰일이라도 성취한 양 기분이 좋아 살았다! 싶다. 서산터미널이 매우 복잡하다. 서울 강남 고속버스터미널행 버스를 타는데도 굉장히 어렵다. 정원을 다 채운 버스 안에서 체면 불고하고 염치없이 양말을 바꿔 신고 잠을 청한다. 벌써 행락철이 된 것 같다. 비는 내리는데도 도로에 차가 많아 막힌다.

오늘은
서산시 대산읍 대죽리 대산항 - 대죽 산단 단지 - 황금산 입구(버스로 이동) - 대산읍 독곶 해변길 - 독곶리 - 아나메길 3코스 중 독곶 해변길 · 방조제 - 기은리 - 오지리 - 오지리 벌말포구 입구까지

오늘은 5시간여의 시간에 2.1만여 보에 15km를 걸었다.

구 누계 : 79.5만 보. 613km.
신 누계 : 81.6만 보. 628km.

황금산 서쪽 독곶 해변

우리 국토 해안선 걸어서 돌기

(22-1회, 2018.5.12. 토요일), (재방문, 2023.11.19.)

우리 국토 해안선을 따라 걷는 25일째

오늘은 비 맞은 날이다. 서산의 길을 걷는 지난주 일요일에 이어 이번 토요일부터 비가 많이 내린다는 예보다. 망설이다가 부딪혀 보기로 하고 강남 센트럴시티터미널에 나가 07시 30분 버스를 탔다. 버스는 한가로운데 창밖에 비는 계속 내려 조바심이 들게 한다. 2시간 10분 만에 서산 공용버스터미널에 도착해 지난번과 연결 지인 '벌천포 해변 · 벌말포구'로 가는 버스를 찾으니 5분 전에 출발해 버리고 다음 버스까지는 1시간 20분이 남아 있다.

머리를 쓴다고 써서 대산읍 내까지 가서 택시를 이용하기로 하고 대산 방향으로 가는 버스를 이용하여 대산에서 내리니 비는 계속 내리고 택시도 잡히지 않는다. 지난번 끝낸 황금산이나 오지리 벌말포구도 걷는 길은 일 방향밖에 없다. 들어간 길로 다시 나와야 한다. 그래서 자동차로 벌말포구까지 가서 걸어 나오기로 했다. 콜택시를 불러 타고 목표 해변에 내리니 11시가 다 됐다.

비 오는 해변 진짜 황량하기 짝이 없다. 해수욕장인 벌천포 해변은 모래가 씻겨나가 외부에서 수백 차의 모래를 사다가 보충을 했단다. 반달 모양의 해변이 보기 좋다. 비만 오지 않으면 물속에 들어가 보고 싶도록 깨끗하고 예쁘다. 다음에 들어가 보겠다고 생각으로 다짐하고 정처 없이 남쪽으로 걷기 시작했다.

서산은 의외로 산이 많다. 해발이 높지는 않으나 험준한 산이 무척 많다. 그리고 산과 바다가 만나는 지역이 급경사가 많아 바닷가 길이 연결되어 있지 않다. 그래서 포구나 항구를 들어가면 반드시 그 길로 다시 나와야 하는 곳이 많다. 그래서 들락날락은 필수이며 반복해야 한다. 산새가 높진 않지만 지저분하다. 그래서 서산과 태안은 도둑이 없다고 한다. 들어가면 그 길로 다시 나와야 하니 붙잡히기 일쑤란다.

이 지역은 또 옛날부터 염전이 유명한데 면적이 많이 줄어들어 없어지고 일부 남아 있는데 오늘은 비가 와서 썰렁하다. 이 길목 오지리 고갯길에 얼마 전 교통사고로 유명을 달리 한 배우 김주혁 씨가 아버지 김무생 씨 옆에 잠들고 있는 땅이기도 하다. 보리밭도 보고 감자밭, 마늘밭, 양파밭이 싱싱하게 자라고 있으며 완두콩도 꽃을 피우고 있다.

이 동네는 노인 보호지역이라는 표지판이 도로 바닥과 가로수 사이에 서 있는 이정표 간판이 특이하게 보인다. 동네에 노인이 많다는 것을 의미한다. 우리나라의 고령화 사회가 분명해 보여 슬프기도 하고 쓸쓸해 보이는 비 오는 시골 풍경에 기분이 묘하다. 초등학교 근처에 보였던 '어린이 보호지역'의 간판은 없었다. 초등학교가 없다는 것을 증명한다.

벌천포해변을 출발하여 벌말포구, 대산읍, 진충사, 지곡면 소재지까지 닿았다. 대산읍부터는 해안가보다는 도로를 연결하는 옆길로 내륙을 통과하였다. 해안가는 길이 연결이 안 되기 때문이다. 해안가가 아니라 아주 지루한 길이다. 오후가 되니 비가 멎는다. 모텔에 숙소를 정하고 내일을 위해 비 맞았던 이런저런 복장을 말리고 준비를 한다. 신발을 말리는데 헌 신문을 얻어서 유용하게 썼다. 요즈음은 신문도 보지 않아 구하는 데 꽤 애를 먹었다.

오늘은
서산시 대산읍 오지리 벌천포 해변 - 벌말포구 - 오지리 - 웅도 입구 - 대로리 - 정자동 - 영탑리 - 지곡면 환성리 - 대요리(진충사) - 도성리 - 중왕리 중리 포구 - 화천리 지곡면사무소까지

오늘은 6시간 반을 비를 맞으며 3.6만여 보에 27km를 걸었다.

구 누계 : 81.6만 보. 628km.
신 누계 : 85.2만 보. 655km.

벌천포 해변

우리 국토 해안선 걸어서 돌기

(22-2회, 2018.5.13. 일요일), (재방문, 2023.11.19.)

우리 국토 해안선을 따라 걷는 26일째

어제 비에 젖은 옷과 배낭을 방바닥에 말리고 양말은 빨아서 한 번 쓴 수건으로 감아 짜서 말리고 신발은 헌 신문지를 구겨 넣어서 3시간 간격으로 두 번을 갈았더니 아침에 신을 수 있게 되었다. 06시에 기분 좋게 나가는데 세상이 온통 안개로 자욱하다.

우선 중왕리 포구를 들려서 보고 팔봉산으로 돌아 서산시에서 표식하고 선전한 둘레길인 '아라메길' 4코스인 서산에서 유일하게 장거리 바닷길인 양길리 주차장, 호리 종점, 전망대, 범머리길, 구도항, 팔봉면사무소 코스를 걷고 시간이 나면 태안 땅을 밟고 서울로 올라가는 것을 생각하고 걸었다. 즉 서산시 팔봉면의 북쪽 지역인 장화를 뒤집어 놓은 것 같은 덕송리와 호리가 있는 반도를 외곽으로 한 바퀴 도는 것이다.

그런데 양길리 주차장에서 호리 종점까지 9km의 바다 제방 둑이 특이하게 깬 자갈들이 깔려 있다. 또한, 자갈들 사이에 풀이 자라서 빗물이 아직 마르지 않아 신발이 다시 다 젖었고 발걸음을 잘못 밟았는지 발바닥이 물집이 생겨 통증을 느껴서 팔봉 반도(?)를 한 바퀴 돌고 팔봉면 소재지에서 마감하고 태안 땅은 생략하고 서산으로 직행했다. 다행히 버스가 금방 연결되었다. 교통 운이 좋다.

내가 다니는 시간은 주로 낮으로 서해안의 갯벌들만을 주로 보았는데 역시 아름답다. 이른 아침에 만조가 되고 물이 빠졌다가 저녁에 또 만조가 된다는데 다음 태안군을 답사할 때는 만조 상태를 잘 봐야겠다. 만조가 되면 더 아름답다는 주민의 설명을 들으니 관심이 간다.

지금 농촌은 모내기 준비로 모든 농기구가 총출동이다. 내가 모르는 농기계들도 많다. 그러나 논농사는 기계화가 완전하게 되었는데 밭농사는 사람의 힘이 50% 이상인데 사람 구하기가 매우 힘들다는 얘기를 걸으면서 만나 대화한 주민들에게서 들었다. 인력시장에 주문해도 대부분 외국인이란다. 나도 괜히 걱정을 같이 했다. 농사짓는데도 외국인이 많은데 대화가 힘들다는 어느 실버의 이야기가 가슴을 친다.

다른 고을에서 하는 사업인 둘레 길을 하려면 제대로 배우고 현장을 둘러보고 추후 확인도 해서 이용하는 사람이 불편 없도록 해야 하는데 이번 서산 아나메길 둘레 길은 지난주와 오늘에 걸쳐 2개 코스를 따라다녀 보았는데 취지는 좋은데 실용 면에서 낙제점이다. 길을 찾기가 몹시 힘들다.

호리에 들어갔다 나오는 길 중간에 도로 공사 중에 있는데 10여m 이상 깊고 넓게 파놓고 포크레인만을 남겨두고 사람은 사라져 길은 엉망이다. 도저히 지나갈 수 없고 공사 중이라는 안내표시도 없다. 황토가 어제 비로 죽이 되어 있어 장화 없이는 갈 수 없게 되어 있다. 신발 속으로 황토 죽이 들어가기도 했다. 길 표시도 확연히 구분되지 않고 우물우물 대충대충 시늉한 표지가 많다. 필요 없는 등산도 많이 하게 만들어졌다. 신발이 엉망이어서 버스를 탈 때 미안했다. 나와 반대 방향으로 가면서 하늘에 대고 욕을 하면서 가는 한 부부는 잘 갔는지 궁금하다.

오늘은 부정적으로 할 말이 좀 많은 것 같다. 이렇게 해서 서산을 마치는 것 같다. 매우 복잡한 동네가 되어 시간이 얼마나 결렸는지도 모르겠다. 조금만 서쪽으로 가면 일단 태안군이다. 태안을 한 바퀴 돌고 마치면 정주영 회장의 서산 간척지구와 간월도를 거쳐 홍성으로 넘어갈 때 서산 땅을 잠시 다시 거치게 된다.

서산 버스터미널에 도착하고 10분 후에 서울행 고속버스를 타고 생각보다 2시간 정도 이른 시간에 서울에 도착했다. 일찍 출발하니 도로도 1시간 정도 빠르게 잘 나간다.

■ 서산의 이모저모

□ 북부권

팔봉산, 안견기념관, 웅도, 고파도 해변, 별천포 해변, 황금산, 삼길포항

□ 동남부권

가야산, 해미읍성(해미순교성지), 서산 한우목장, 개심사, 일낙사, 마애여래삼존불상, 보원사지, 용현계곡, 문수사, 유기방 가옥, 김기헌 가옥

□ 서남부권

간월암, 서광사, 부석사, 도비산, 서산버드랜드, 동부시장, 류방택 천문기상과학관,

□ 축제

팔봉산 감자 축제, 서산뻘낙지 먹물 축제, 삼길포 우럭 독살 체험 축제, 서산국화축제, 해미읍성 축제, 서산 어리굴젓 축제, 류방택 별 축제

□ 서산 9품

6쪽 마늘, 생강, 뜸부기 쌀, 갯벌 낙지, 6년근 인삼, 달래, 황토 총각무, 팔봉산 감자, 감태

□ 9미

꽃게 장, 개국지, 어리굴젓, 밀국 낙지탕, 우럭젓국, 서산 한우, 생강 한과, 마늘 각시, 영양 굴밥

오늘은

서산시 지곡면 중왕리 중리 포구 - 흑석리 - 대황리 - 팔봉면 양길리 주차장 - 덕송리 - 호리 종점 - 범머리길 - 호리 구도항 - 팔봉면 어송리 팔봉면사무소 입구까지

오늘도 7시간 반 동안 3.5만여 보에 27km를 걸었다.

구 누계 : 85.2만 보. 655km.

신 누계 : 88.7만 보. 682km.

물 빠진 가로림만 동쪽 바다 갯벌

우리 국토 해안선 걸어서 돌기

(23-1회, 2018.5.19. 토요일), (재방문, 2023.11.18.)

우리 국토 해안선을 따라 걷는 27일째

오늘도 걷기에 나섰다. 지난주에 발바닥에 물집 상처가 나서 간신히 치료한 지 며칠밖에 안 돼 몹시 망설이다가 큰맘 먹고 무조건 강남고속버스터미널에 나가 서산행을 감행했다. 충청지역 고속버스 첫차는 예약은 필수다. 나는 버스 예약도 오프라인을 고집한다. 오프라인은 애착심과 부담이 생긴다. 그런데 시내버스 시간이 맞지 않는다. 하루 일정이 빡빡할 것 같아 좀 투자를 해서 택시를 이용하여 서산시 팔봉면 어송리로 이동해서 태안읍 도내리와 경계를 이루는 방조제를 지나 태안군의 해안을 따라 서쪽으로 걸었다.

태안군의 둘레길인 '솔향기 길' 5코스를 만나서 북으로 이동했다. 갈두천에서 솔향기 길 4코스를, 세섬 리조트에서 솔향기길 3코스를 만나서 볏가리 체험 마을까지 3개 코스를 완보하였다. 그런데 태안읍에서 시작해 갈두천까지 가는 5코스는 안내표시가 기가 막히게 잘 돼 있다. 길바닥과 막대 기둥표시까지! 도로와 농로와 천변 등 주로 들판에 만들어진 길인데 몇십 미터마다 타일 같은 안내판이 바닥에 박혀 있다. 4코스와 3코스는 인적이 드문 곳이고 산길이라 그런지 대충 대충이 확연하게 차이를 보인다. 높은 사람이 쉽게 갈 수 있는 곳은 과잉이라 생각될 정도로 흠잡을 때

없이 너무 완벽하다. 안 보이는 곳이 더 잘 됐다는 말이 나오도록 하는 행정은 기대하기 힘든 것인가?

시종 바닷가와 소나무가 많은 태안의 동쪽 지역 소나무 숲길을 걷고 또 걸었다. 다른 지방처럼 인공 조성된 공원도 공단도 없다. 자연이 잘 보존되어 있다고 생각한다. 포구도 귀엽게 작게 형성돼 있다. 자연적으로 생긴 그대로인 것 같다. 서산이나 태안이나 항·포구가 바닷가 길로 연결이 안 되고 들어가면 그 길로 다시 나와야 하는 지형 특성도 있다. 이웃 동네를 가려면 반드시 들어 왔던 길로 다시 나가서 큰길을 이용해야 한다. 그런 곳이 많다.

오늘은 날씨 컨디션이 아주 좋았다. 기온도, 미세먼지도 시계도 아주 좋은 하루였다. 계속 이랬으면 얼마나 좋을까 생각한다. 그런데 다른 곳에서 사달이 난다. 아침 8시 10분쯤 팔봉에서 출발할 때 가지고 간 간식거리로 요기를 한 이후 식당이나 가계를 찾았는데 오후 2시 30분쯤 '세섬리조트' 분기점에 갈 때까지 편의시설이 하나도 찾을 수 없다. 마을에 구멍가게도 포구라는 데도 먹을 것 파는 데가 하나도 없는 농어촌이다. 꼼짝없이 굶었다. 아침도 안 먹었는데 말이지. 물도 없었다.

오후 2시 반쯤 세섬리조트의 편의점에서 인스턴트 컵밥을 하나 사서 먹는데 그 기분이 얼마나 처량한지!? 그리고 그 컵밥을 노량진 학원가에서 유명한 식사라는 것을 뉴스로 들은 것이 새삼 떠오른다. 그러나 엄청 고맙고 또 감사했다. 그리고 오징어땅콩 과자도 몇 봉지와 물도 2병 샀다. 리조트에 식당 간판은 있는데 영업을 하지 않는다. 아직 비수기라 영업을 하지 않는다고 한다.

지난번까지 비상식량과 식수를 꽤 많이씩 가지고 다녔다. 그런데 그동안 편의시설이 웬만하면 1~2시간 거리에 있어서 돈만 있으면 별문제가 없다고 생각하고 배낭 무게를 줄인다는 생각으로 모든 것을 줄였다. 카메라와 배낭이 무거웠거든. 1~2시간만 지탱하면 될 수 있는 양만 가지고 있고 소지품을 대부분 줄이고 나온 첫날에 된통 당했다. 배낭이 무겁고 가벼운 것은 아무것도 아니다. 혼이 났다. 힘들어도 젊어지고 정상에 오르면 먹을 게 있다는 말이 실감 난다. 다음부터 다시 많이 가지고 다녀야지! 후회하며 다시 걷기 시작이다.

볏가리마을부터 북쪽 만대항까지는 폭이 좁고 길이 외길이다. 오늘은 굶어서 고생을 많이 했고 걸음도 꽤 많이 걸어서 내일을 생각해 오후 4시 반이 넘은 시간, 여기서 마감하기로 한다. 버스를 타고 북쪽 끝에 있는 만대항으로 가서 숙소를 정하고 저녁 식사를 좀 일찍 하고 산 위 전망대로 올라가 서해안 일몰을 40여 분 동안 구경도 하고 촬영하였다.

만대항 부두에서 동쪽과 북쪽이 바다 쪽인데 비 맞고 걸었던 서산의 벌천포구와 벌말포구 그리고 황금산과 대산공단의 위용이 확실하게 보인다. 가까이서 못 보았던 것들이 바다 건너 멀리서 보니까 일목요연하게 보인다. 두 번이나 비가 오는 날이었고 안개가 심한 날이어서 걸으면서 주변 풍광을 잘 보지 못했는데 엉뚱하게 먼 곳에서 구경했다. 세상이란 이런 것이구나 생각한다. 바다 건너 풍광들이 벌써 추억으로 아른거린다.

내일은 솔향기길 1코스와 2코스+알파를 걸을 예정이다. 오늘은 코스 때문에, 석양 사진 촬영 때문에 조정을 할 수 없어 55천여 보의 걸음을 걸었다. 과하게 걸은 것 같다. 길 갖지도 않는 길을 걸으며 엄청나게 힘들었다. 굶으면서 말이지. 팔자가 기구한가. 그러나 기분은 좋았다. 아~~ 그런데 이 동네는 편의점에 내가 좋아하고 아침마다 먹어야 하는 우유가 없다. 편의점이 현대식이 아닌 옛 구멍가게(?) 같은 곳이다. 재고 관리를 못 한다는 이유란다. 두유는 있다. 내일이 걱정된다.

오늘은

서산시 팔봉면 어송리(팔봉면사무소) - 팔봉면 어송리 - 태안군 태안읍 도내리 - 솔잎향기길 5코스(냉천골~선들 바위) - 원북면 청산리부터 4코스 갈두천(가로림만~새섬) - 이원면 당산리 3코스 새섬리조트 - 볏가리마을 - 내리(만대항)까지

오늘은 5.5만여 보에 42km를 걸었다.

구 누계 : 88.7만 보. 682km.
신 누계 : 94.2만 보. 724km.

태안군 이원면 내리 만대항

우리 국토 해안선 걸어서 돌기

(23-2회, 2018.5.20. 일요일), (재방문, 2023.11.18.)

우리 국토 해안선을 따라 걷는 28일째

오늘은 어제에 이어 '솔향기길' 1, 2코스와 +알파를 걷기로 마음의 결정을 했다. 우선 만대항에서 꾸지나무골 해변까지 1코스 10.2km는 소나무숲 길로 천하의 절경이었다. 바닷가가 절벽으로 이루어졌다. 이 길은 특히 지난번 기름유출 사건 때 기름 제거작업 시 절벽에 길이 없어 사람들이 출입할 수 없었다.

이것을 보고 안타깝게 생각한 태안 주민인 '차 윤천' 씨가 곡괭이만 가지고 길을 만들어 자원봉사자들이 들어가 바위들을 닦아내게 한 그 길을 많은 사람에게 보여주기 위해 군청에서 확장과 정비 후 지금의 둘레 길로 만든 길이란다. 사람만 다닐 수 있는 오솔길이다. 기름유출 사건이 없었다면 이 길은 없었을 길이다. 필요는 길을 만들어 낸다.

출발지는 만대항에서 출발시각에 따라 차이가 난다. 썰물 때는 북쪽 끝 갯벌 바닷가에서 출발할 수 있으나 밀물 때는 만대항 뒷산으로 올라가 산길을 이용하여 걸어야 한다. 아침에는 물이 만조에 가까워 나는 후자의 길을 택하여 걸었다. 거리는 1km 정도 차이가 난다. 짧다. 풍광도 좋고 안내표시도 아주 잘 된 코스다. 사람들에게 적극적으로 추천하고 싶은 곳이다. 해외여행 좋아하는 사람들도 걸으면 아주 좋은 곳이다. 머리 복잡한 사람들에게 힐~링에 좋은 트래킹 코스라고 생각한다. 툭 터진 바다를 한쪽에 끼고 소나무 밑의 오솔길을 걷는 기분이 그만이다. 공기도 좋다.

2코스는 꾸지나무골 해변을 시작해서 산과 도로를 넘나들며 지역 마을도 통과하게 돼 있다. 보통의 둘레 길로 보통 사람이 찾기 어려운 표식은 오늘도 여전했다. 그러나 해변의 해수욕장들을 거쳐서 들판이 있는 마을에 들어왔는데 길이 복잡하다. 동네를 잘 아는 사람들만 쉽게 찾을 수 있는 표식이다. 어떻게 어찌해서 농촌 마을 코스를 마치고 들판을 벗어나 도롯가에 있는 한정식 식당에서 아점을 해결하고 +알파로 이원방조제를 재미나게 걸어가 방조제 끝에 도달해보니 그 유명한 태안화력발전소가 버티고 있다.

이원방조제에는 2007년 기름유출사고의 아픔을 극복하고 희망을 되살린다는 뜻으로 그려진 2.7km의 벽화가 있다. 130만 명의 자원봉사자와 국민에게 감사의 뜻을 표하고 환경과 생명의 소중함을 일깨우기 위해 제작되었다. 이 벽화는 '에코, 그린에너지, 희망'이란 세 가지 주제로 2009년 6월 공모를 거쳐 선정된 47개 작품이 2km에 걸쳐 그려져 있다. 나머지 0.7km는 기름유출사고 당시 태안을 찾아 방제작업을 벌인 자원봉사자와 주민들의 손도장으로 채워져 있다.

발전소나 국가지정 산업단지는 행동에 자유스러운 지역이 아니다. 이원방조제만 건너가면 바로 대중교통을 이용해서 태안으로 갈 수 있다는 정보를 가지고 또 생각하고 건넜는데 큰일이다. 없다. 솔향기길 1, 2코스를 걸을 때 소변에 혈뇨가 아주 진하게 5시간 동안 5회의 소변에서 발견되어 걱정을 많이 했다. 시간이 지나도 소변의 색깔은 변화가 없다.

어제 굶으면서 너무 많이 걸었던 결과일 것이라고 이해를 하면서도 전문지식이 없는 나는 긴장과 공포가 엄습한다. 그런데 길이 안 보여 발전소 앞산의 거친 풀 섶을 헤치면서 30분 이상을 헤맸다. 지도 판독과 상황파악을 길고 멀게 해야 하는데 너무 미시적으로 보고 판단한 버릇이 있다. 고쳐야 한다.

발전소를 왼쪽으로 거의 한 바퀴를 돌아야 하는 상황이다. 힘없는 사람이 별수가 있나. 몸으로 때워야지. 발전소를 우측에 끼고 걷기 시작했다. 생각지도 않은 6.5km를 추가로 걸으니 화가 나기도 하지만 별수 없지 않은가! 몸 상태는 괜찮은지 답답하고 미칠 지경이다. 걸어서 자동차 다니는 도로를 지나 북행하여 태안항 옆에 도착했다. 태안항은 발전소 안에 있다. 그 후 40분을 길거리에서 지루하게 기다리다 농어촌버스를 타고 태안 버스터미널에서 내려 이것저것 따질 것 없이 서울행 버스를 알아봤다. 마침 10여 분 뒤에 서울 가는 차가 있다. 오늘의 일과를 마친다.

오늘은

태안군 이원면 내리 만대항(솔잎향기길 1코스 시작) - 용난굴 - 꾸지나무 해변 - 솔잎향기길 2코스 - 만대 체험마을 - 사목 해변 – 피꾸지 해변 - 음포 해변 - 관리리 볏가리마을 - 이원방조제 - 원북면 방갈리 태안화력발전소 - 634번 도로 - 태안항까지

오늘도 생각지 못한 일들로 컨디션(혈뇨 등)에 비해 생각보다 많이 걸었다. 후반부에 신경이 곤두서고 긴장되어 죽을 맛이었다.

오늘은 4.7만여 보에 33km를 걸었다.

구 누계 : 94.2만 보. 724km.
신 누계 : 98.9만 보. 757km.

용난굴과 서해

이원 방조제

우리 국토 해안선 걸어서 돌기

(24-1회, 2018.6.02. 토요일), (재방문, 2023.11.18.)

우리 국토 해안선을 따라 걷는 29일째

오늘까지 누계 100만 보를 넘게 걸었다.

오늘은 지난번 혈뇨 사건으로 병원 진료 후 상태 점검 차원과 모든 이들의 만류로 한 주 건너 쉬면서 공부를 더 하고 13일 만에 나온 날이다. 새벽에 택시를 타고 강남 고속버스터미널로 가서 5시 30분 태안 첫차를 찾으니 매진이란다. 06시 05분 서산행 버스로 바꿔 타고 태안까지 도착하니 08시 25분이다. 서산에서 태안행은 버스가 무척 많다. 시내버스도 시외버스도 있다. 곧장 학암포행 버스가 있어서 참으로 운이 좋은 날이다. 나를 마치 기다리고 있는 것처럼.

지난번 마감한 발전소 옆 서쪽 학암포에서 시작하는 태안의 둘레길 해변 길 1코스와 2코스를 내심 결심하고 만리포까지 30여 km를 걸어야 한다. 이 길은 '태안 해상국립공원'이다. 그래서인지 국립공원에서 하는 안내 표지판이 아주 잘 돼 있다. 하늘과 바다와 육지가 모두 아름답고 날씨까지 오랜만에 청명한 날씨로 보답하는 것 같다. 한마디로 최상의 트래킹-코스라고 이야기하고 싶다. 단지 능선 횡단과 계곡을 건너는 일이 여러 번 반복했다.

서해안이 그렇듯 급경사 지역을 가로질러 길을 내어 그런지

업~다운이 심하다. 등산하는 사람은 할 만한 코스라 하겠다. 온종일 계속 산악지역과 모래밭을 많이 걸었다. 특히 오늘 걸은 모래밭은 사막을 연상케 하는 특징을 가진 사구다. 해안사구 지역은 중국 서북부에 있는 사막과 흡사함을 느꼈다. 아주 인상 깊은 오늘의 걷기였다.

해안사구는 조류와 연안류에 실려 온 모래가 파랑에 밀려 모래 해안에 올라온 뒤, 바람에 날려 그 배후에 운반·퇴적되어 형성된 모래 언덕이다. 신두리에는 남북방향의 사빈(砂濱)과 그에 평행한 사구 지역이 발달하는데, 길이 3㎞, 폭은 최대 1㎞ 정도로 광활하게 펼쳐져 있다. 정부는 해안사구가 지닌 환경적 가치와 생태적 중요성을 인정하여 2001년 11월 신두리 해안사구의 북쪽 지역 일부를 천연기념물 제431호(태안 신두리 해안사구)로 지정했다. 또 이곳에는 해당화 군락지도 넓게 있다.

또 여러 해변의 아름다움을 보았다. 여름이 가까워서인지 해수욕장에는 사람들이 많다. 아직 물속에는 들어가지 않아도 마음으로 해수욕을 하는 것 같았다. 가족 단위 나들이객들이 많다. 유명한 천리포 수목원도 있었는데 여건상 들리지는 못하고 울타리 너머로 미목(美木)들과 아름답게 정돈된 자연의 모습을 눈으로 훔쳐오기만 했다.

오늘 걷는 지역은 대중가요에도 나오는 해변들이 많은데 새삼스러운 사실도 알았다. 북에서 남으로 1리포, 10리포, 100리포, 1000리포, 10000리포로 이름 지워진 해수욕장을 실제로 걸으면서 확인했다. 숫자와 꼭 맞는 것은 아니지만 숫자에 걸맞은 이름인 것 같다. 마을 이름들이 참 재미난다.

우리나라 동쪽에만 산악지역이 많다고 생각하는데 서해안 바닷가에도 산지가 이렇게 많은 줄을 이번에 걸으면서 경험하고 실감한다. 오늘 만난 산악지역은 그리 굵지 않은 소나무들로 가득 들어차 있었다. 아름다운 소나무 숲을 온종일 30여km를 걸었는데 기분이 아주 좋았다. 해변에도 소나무 그늘이다. 새벽잠을 설치고 나와서 저녁 늦게까지 무슨 고생이냐고 말하는 이들도 있다. 하지만 오늘도 하루를 잘 이겨냈다는 것에 만족하고 감사하며 만리포 해변에서 일몰을 바라보며 만리포사랑이라는 구성진 우리의 대중가요를 들으며 오늘을 마감한다. 또 내일이 있으므로…….

오늘도 46천여 보를 걸었다. 계산해 보니 오늘로 누적 걸음이 100만 보가 넘었구나! 잠시 자축을 한다. 이제 1/5쯤 걸은 것 같다. 좋다. 감사한다. 걸음에 주의하고 건강관리를 잘해 '꼭 완보한다.'라는 말에 강조를 준다.

오늘은

태안군 원북면 방갈리 학암포해수욕장 - 구례포해수욕장 - 먼동 해변 - 신두리 해변 · 사구 - 소원면 소근리 소근진성, - 의항리 개목항 – 태배 전망대 - 의항리 구름포 해변 · 일리포 - 의항리 해변 · 십리포 - 백리포 - 천리포 - 모항리 만리포해변까지

오늘은 새벽에 서울에서 출발했으나 부지런히 걸었다. 4.6만여 보에 33km를 걸었다.

구 누계 : 98.9만 보. 757km.

신 누계 :103.5만 보. 790km.

신두리 해변 · 사구

태안 천리포 해변 풍경

우리 국토 해안선 걸어서 돌기

(24-2회, 2018.6.3. 일요일), (재방문, 2023.11.18.)

우리 국토 해안선을 따라 걷는 30일째

아침 6시 전에 박경원 선생의 만리포사랑의 멜로디를 뒤로하고 '만리포 항'의 빨강 등대를 배경으로 한 컷을 담아서 남쪽으로 걸음을 걷는다. 노랫소리 때문인지 걸음이 가볍다.

꿈과 사랑의 만리포는 1km쯤 북쪽에 천리포가 있고, 천리포의 1km쯤 북쪽에 백리포가 있고, 백리포의 1km쯤 북쪽에 십리포가 있고, 십리포의 몇백 미터 북쪽에 일리포가 자리하고 있다는 사실을 어제 모두 들어가 걸어보고 확인을 했다. 분명 무슨 이유가 있을 거다. 다음에 알아보리라. 이름 순서대로 크기가 다르다. 일리보다 십 리가 크고, 백 리가 크고, 천 리가 그다음으로 크고, 만리가 제일 크고 넓다. 만리포해변은 엄청 넓고 깨끗하다. 서양 어느 비치보다도 좋다고 생각한다. 벌써 비치에서 즐기는 사람족들이 많다. 우리나라도 바캉스 계절이 따로 없는 것 같다.

해수욕장에서 언덕을 하나 넘으니 '모항'항이 있는데 고기 잡는 배들만 있는 수산물 항구이다. 산길을 계속 걸으니 모항리 저수지가 나오는데 대규모 공사를 하고 있었다. 기존의 도로도 막혀 길을 우회하여 농촌 마을 한가운데를 지나면서 모내기가 끝난 들판과 동네를 바라보니 어릴 때 살았던 우리 마을이 생각이 나서 추억을 되새겼다.

다시 산길을 넘어 어은돌항과 해변이 나오는데 만리포에 버금가는 크기였다. 낚싯배가 많고 해변 남쪽에는 소나무밭에 오토-캠핑장이 있는데 캠핑족이 엄청 많다. 빈자리가 없는 것 같다. 자동차들과 함께 즐기는 것이다.

다음은 파도리 해변이다. 해변이 돌과 바위가 많은데 바닷물이 부딪히는 소리가 파도 소리처럼 크게 들려 파도 해변이란다. 동네마다 마을마다 그 이름에는 어떤 의미들이 함축되어 있고 그 고을 사람들은 거기에 자부심과 명예와 존경심까지 갖고 있다.

여기까지가 태안의 북서쪽 태안해안국립공원 '해변 길' 3개 코스 43km의 종착지다. 서해안 해안가 특성상 업-다운이 심한 지형이지만 안내가 잘 되었고 임도를 잘 이용해서 걷기 좋게 만든 길이다. 소나무가 압권이다. 이렇게 많은 소나무를 본 적이 없다. 앞으로 보존과 관리를 잘해야 할 텐데 걱정이다. 몇 군데는 말라 죽은 소나무들도 보이기 때문이다. 그러나 아주 좋은 힐~링의 길이라고 생각한다. 어제 걸었던 첫 번째 해변 길은 바라길, 두 번째 해변 길은 소원길, 오늘 걸은 세 번째 해변 길은 파도길이다. 연결하여 소원면 남쪽 끝에 있는 통계 항까지 남진을 계속해 걸었고 다시 우측 길을 따라서 북진을 했다.

어은돌 해변 찻길 입구에 오니 우측으로 송현리 방조제가 1km 이상이 나 있어 이번엔 방조제 제방길을 따라 동진했다. 다음에 연결할 지점으로 소원면사무소 남쪽까지 걷고 오늘 일과를 마친다. 낮 12시 반이다. 태안 소원면 남쪽과 근흥면을 한 바퀴 돌아 남쪽으로 안면도에 진입해서 '태안해안국립공원 해변 길' 4개 코스 54km를 걸어야 한다.

지금 태안과 서산은 마늘 수확에 모든 인원이 총출동하고 있다. 휴일을 맞아 객지에서 거주하는 자식들이 손자 손녀들과 고향의 부모님이 지은 마늘 농사의 수확을 돕기 위해 고향에 나들이 와서 일손을 돕는 가족들이 많다.

염전도 엄청 많아 소금 만들기에 구슬땀을 흘리고 있다. 그러나 다른 한쪽 빈 염전이 눈에 많이 보인다. 염전 사업이 잘돼서 빈 염전도 활기를 찾아 모두 부자가 되기를 바란다. 오랜만에 아카시아 꽃도 보았다. 송현리를 통과하고 소원면 소재지에서 걷기를 마감하고 다음을 기약하며 서울 갈 길을 재촉한다.

버스 정류소에서 30여 분 기다리다가 버스를 만나 10여km 떨어진 태안 버스터미널에 가서 서울 남부터미널행 버스를 타고 3시간 걸려 서울에 도착이다.

오늘은

태안군 소원면 모항리 만리포해수욕장 - 모항리 모항항 - 모항저수지 - 어은돌 해변 - 파도리 해변 - 통계항 - 어은돌 해변 입구 - 송현리 염전방조제 - 송현리 – 신덕리(소원면 소재지 신덕교차로)까지

오늘은 3.4만여 보에 24km를 걸었다.

구 누계 : 103.5만 보. 790km.

신 누계 : 106.9만 보. 814km.

만리포 해변과 노래비

태안의 농·어촌 어느 복합마을 풍경

우리 국토 해안선 걸어서 돌기

(25-1회, 2018.6.9. 토요일), (재방문, 2023.11.18.)

우리 국토 해안선을 따라 걷는 31일째

오늘도 첫 지하철과 첫 고속버스로 서산에서 다시 태안 버스터미널에 도착하니 가야 할 곳의 버스가 30여 분 남아 있다. 화장실로 매점으로 돌아다니다가 막상 버스를 타려 하며 주머니를 뒤져보니 스마트폰이 없다.

동시에 갑자기 힘이 빠지고 세상이 깜깜하다. 아무것도 할 수가 없다. 2년여 전부터 스마트폰을 사용하기 시작해 마치 맛을 들인 상태인데 낙심천만이다. 걷기 하는 동안의 모든 자료가 저장되어 있다. 분실신고를 포함한 신용카드, 교통카드, 연락 등 아무것도 조치도 할 수가 없다.

연배가 비슷한 사람이 대합실(맞이방)에서 스마트폰으로 뭔가 하고 있어서 사정 이야기를 하고 전화기를 빌려 막내아들한테 전화하는데 통화음이 10여 차례 가도록 받지 않아서 끊고 다른 곳에 하려고 전화번호를 입력하는데 실수가 몇 번 반복되니 화를 내면서 전화기를 낚아채 가 버린다. 정말 야속했다. 조금 있다가 젊은 친구 2명이 있어서 가서 사정 이야기를 하니 빌려줘서 몇 군데 통화하고 일단 급한 불을 끄도록 집에 있는 식구들에게도 통보하고 다음은 동전 공중전화기를 2번을 이용하였다.

잃어버린 과정을 더듬으며 움직였던 길을 따라 몇 번을 들랑날랑하다가 40여 분 뒤 혹시나 하는 생각으로 터미널 구내방송이 생각이 났다. 사무실에 찾아가 얘기를 하니 2회 반복해서 방송하고, 다른 직원이 친절하게 전화를 빌려주면서, 연락할 곳에 전화하라고 해서, 다시 집에 연락하니 분실신고했다고 한다. 그리고 집으로 그냥 오란다. 그 사이 휴대폰을 나에게 내밀며 이거냐고 묻는 사람이 있다. 보니 내 전화기다. 얼마나 반가운지!? 화장실에서 주어서 갖고 있었단다. 화장실에서 볼일을 보면서 소변기 앞의 튀어나온 턱에 두고 나와 버린 모양이다. 고맙다고 인사를 하고 답례를 하려고 찻값 하라며 돈을 몇 푼 내미는데 극구 사양한다.

여기서 잠깐!! 내가 놔두었던 곳에 그대로 계속 놔두었더라면 내가 쉽게 찾을 수 있었을 텐데! 하는 아쉬운 생각을 해보았다. 이런 물건은 손을 안 대는 풍토를 그려본다. 오늘 하루는 지옥과 천당을 오가며 하루를 보냈다. 그리고 나들이할 때 너무 서두르지 말자고 다짐한다. 혹시 전화기 분실 시 구내나 유원지일 때 지역이나 구내방송을 꼭 생각하라고 홍보를 해야겠다.

시간도 지체했고 전날 파도리를 걸어 나올 때 눈으로 살펴보았기 때문에, 계획보다 노선을 바꿔서 근흥면 지역 일방통행지역을 걷기 위해 1시간 50분 늦게 버스를 타고 신진도와 '마도'에 들어가서 걷기를 시작하여 동북쪽으로 걸었다. (※ 2023.11.18. 재방문 시 신덕교차로에서 용신리 근흥면 사무소까지 약 10km 버스로 이동함) 신진대교를 건너서 나오니 안흥항이다. 충남 태안반도 중에서 또 소규모 반도로 육지의 끝부분으로 안흥성이 있다. 바다와 연결된 군사요충지로 지역의 중요한 지역이다.

안흥에서 황골 선착장까지는 해안선에 길이 없다. 산이 있고 바다 쪽으로는 급경사 지역이다. 그래서 지방도로를 이용한다. 황골 선착장은 물고기 집산지이며, 연포해변은 연포 아가씨라는 대중가요도 있는 유명한 해수욕장이다. 채석포항, 원안 해변, 용신 어촌체험 마을을 순서대로 통과한다.

그 후 석양에 장기리를 걷는데 조그마한 방조제가 있다. 호수 옆에 민가가 하나 있는데 꼭 성 같은 집이다. 그 집 소유의 호수처럼 보인다. 귀촌한 장년 한 사람이 수도권에 사는 부인이 내려오기를 기다리며 집을 가꾸며 지키고 있다고 한다. 마당과 텃밭이 잘 정리되어 있다. 오늘 그 시간에 길가에서 오디를 따고 있다. 나도 한 움큼 따서 시식을 해봤다. 맛이 그만이다. 집을 보면 부럽기도 하고, 혼자 사는 것을 보면 측은하기도 하다. 논이 많은 들판을 지난 후에 남면의 남산리라는 마을에 있는 찜질방에서 숙식을 해결하는데 너무 혼란스럽다. 지쳐서 좋은 집을 찾아 나서기도 힘이 든다. 씻고 잠을 청하는데 음악 소리가 시끄럽고 여자들의 소곤거리는 소리가 귀를 자극해서 하룻밤 지나기가 힘들었다.

지금 태안과 서산은 마늘 수확에 모든 인원이 총출동하고 있다. 보리는 별로 보이지 않고 논의 벼는 벌써 땅 맛을 제대로 보고 검푸르게 잘 자라고 있다. 하얀 찔레꽃이 한창이다. 휴대폰 분실부터 스트레스를 받아 머리 컨디션이 별로인데 그런대로 잘 지나왔다. 꽤 오래 기억에 남을 것이다. 심신이 힘들었던 하루다. 그 와중에 조금이나마 목표에서 단축하는 걸음을 걸었다는 데 의의를 둔다.

오늘은
태안군 근흥면 신진도리 마도 - 신진도 신진항 - 신진대교 - 정죽리 안흥항 - 태안비치CC - 도황리 황골 선착장 - 연포해변 - 채석포 해변 - 원안 해변 - 용신리 - 안기리 - 용남교 - 장명교 - 태안읍 남산리(첨성대 소나무 찜질방)까지

오늘은 3.7만여 보에 27km를 걸었다.

구 누계 : 106.9만 보. 814km.
신 누계 : 110.6만 보. 841km.

안흥항 풍경

우리 국토 해안선 걸어서 돌기

(25-2회, 2018.6.10. 토요일), (재방문, 2023.11.18.)

우리 국토 해안선을 따라 걷는 32일째

새벽에 일어나 살펴보니 어젯밤에 비가 내렸다. 멈춘 것인지 아닌지 걱정을 하면서 06시 전에 찜질방을 나섰다. 걸으면서 주위를 살펴보니 아침에 맑게 개어서 최상의 기상 조건이다. 상쾌한 기분을 느끼며 길을 걸었다. 어제의 악몽은 어제 종일 엄습해서 평소보다 적게 걸었는데도 찜질방을 앞에 두고는 한 발짝도 움직이기 싫어서 그대로 주저앉아 버려 저녁 내내 힘들게 밤을 보냈다.

태안군 남면 해안가에서 계속 남쪽으로 내려가는 코스이다. 소원면, 근흥면, 남면 북서부 바닷가는 국가 주요 연구단지와 시험장 등의 시설들이 자리하고 있어서 접근이 어려운 지역이고 지형들이다. 태안 둘레 길도 그곳에는 없다. 그래서 이동도 힘이 든다. 바닷가로 연결되는 길이 없고 단독 마을들이 많아서 들어가서 다시 나오는 길이기에 큰 도로를 이용하는 경우가 많다. 길이 아니면 가지 말자.

2시간 반여의 행군 끝에 진산리로 들어가 염전 단지를 통과하고 몽산리 마을을 지난다. 드디어 몽산포항과 몽산포 해변에 도달하여 사방을 둘러보는데 자동차 캠핑장이 끝도 없이 넓게 만들어져 있다. 많이 들어 본 몽산포 해변이 아닌가? 캠핑족들의 면면이 어린 자녀들과 함께 가족 단위다. 아침인데도 아이까지 나와 바다를 바라보며 즐기는 모습이 참 정겹고 아름답게 보인다. 너무 이른 시간이라 다음 길옆 천막에서는 코 고는 소리도 들린다. 깰까봐 미안하기도 하다. 이 모습을 본 나는 나를 스스로 뒤를 돌아보게 한다.

이런!? 세상에 배낭 하나 짊어지고 낡은 카메라 하나 목에 걸고 걷고 있는 나를 어떻게 바라볼까? 생각하며 보무도 당당하게 모래밭에 내려서서 걷기 시작했다. 몽산포항, 몽산포 해변, 달산포 해변, 청포대 해변, 마검포 해변 · 항까지 쭉 연결된 8km 이상의 모래밭을 걸었다. 엄청나게 긴 하나의 모래밭으로 보이는 곳인데 지명이 하나가 아니고 나누어진 이유를 잘 모르겠다. 한쪽 끝에서 바라보면 분명 하나의 해변이다. 바다 모래밭 길은 물기가 있는 모래밭이 걷기가 쉽고 좋다. 마른 모래는 발이 쑥쑥 들어가는데 물기가 있는 모래밭은 들어가지 않는다. 좋은 경험이다. 해변과 닿아있는 소나무 숲이 연결되어 모래밭과 같이한다.

이어서 신온리 염전 지역과 양식장이 꽤 넓다. 바다 같은 양식장 건너편에 한서대학교의 교육용 경비행기 나르는 소리를 듣는다. 생각보다 이륙과 착륙을 자주 한다. 비행기 소리를 들으며 몽산포항에서 시작한 태안해변길 4코스인 솔모랫길을 따라 솔밭과 모래밭을 번갈아 걸으며 종점인 드르니항에 도착하였다.

항구 앞에 거대하고 웅장하고 아름다운 구축물이 있어 구경할까 말까를 망설이며 가까이 접근하는데 웬걸 내가 건너야 할 인도교다. 인도만 별도로 다리가 놓여 있다. 참 예쁘다. 다리를 건너니 안면도다. 백사장항을 한 바퀴 돌아 구경하고 오후 1시 반에 오늘을 마감하고 이곳에서 오늘 처음 식사를 했다. 지방 시내버스를 타고 안면읍으로 이동하고 버스정류장을 찾아 서울행 고속버스를 이용하였다.

마감하는 장소에서 서울 가는 버스 타러 가는 일도 보통 일이 아니다. 지방 버스가 보통 1~2시간 간격으로 뜸하게 있다. 돈이 여유가 있어서 택시를 탄다면 상관없지만, 아니다. 어느 동네는 택시도 없다. 대중교통을 이용한다면 시간적인 여유와 인내가 필요하다. 나는 대중교통을 이용한다. 기다리는 시간에 할 일이 있어야 한다. 나는 그 시간에 스마트폰에 그날 일기 쓰기 또는 그날 찍은 사진을 편집한다.

오늘은

태안군 태안읍 남산리 - 진산리 - 개천 염전 - 남면 몽산리 - 몽산포항 - 몽산포 해변 - 달산리 달산포 해변 - 원청리 청포대 해변 - 신온리 마검포항 - 신온리 염전 - 드르니항 - 안면읍 창기리 백사장항까지

오늘은 3.3만여 보에 25km를 걸었다.

구 누계 : 110.6만 보. 841km.
신 누계 : 113.9만 보. 866km.

솔밭 산책길이 좋다.

드르니항 인도교

우리 국토 해안선 걸어서 돌기

(26-1회, 2018.6.16. 토요일), (재방문, 2023.11.18.)

우리 국토 해안선을 따라 걷는 33일째

다시 시작하는 날이다. 안면도 백사장항에서 시작하는데 강남터미널에서 안면도에 바로 가는 고속버스가 있어 07시 30분에 출발이다. 창기리라는 동네에서 내려 지역 버스를 10여 분 타고 백사장항에서 내려 바로 09시 50분부터 걷게 되는 운 좋은 연결이 되어 시작하였다. 태안해변길 5코스인 노을길 시작점이며 안면도의 서쪽 해변을 따라 남쪽으로 걷는 매력 있는 길이다. 전에 지도를 보거나, 여름 해변 이야기할 때 자주 생각나게 했던 지역이다.

오늘은 오직 소나무와 모래밭을 신물이 나도록 보고 걸었다. 높지는 않지만 산악지역이다. 모래밭과 산 능선을 각각 10개 이상씩 넘은 것 같다. 그런데 모래가 꼭 미세먼지같이 매우 가늘고 고운데 무척 무겁다. 꼭 사막을 걷는 기분이다. 코스는 백사장, 삼봉, 기지포, 안면, 두여, 밧개, 두에기, 방포, 꽃지, 병술만, 샛별 등 11개의 해수욕장, 황포항, 운여 해변, 장삼포 해변까지 걸었다. 오늘 걸은 처음부터 끝까지 해수욕장이다. 대단한 해변이고 안면도를 휴양지로 이야기하는 이유를 알 것 같다. 백사장 포구부터 샛별 해변까지 약 20여km가 연결되어 같은 바닷물로 해수욕을 즐길 수 있는 해변! 감탄이 아닐 수 없다. 안면도에 사시는 분들은 하늘의 선물을 받으시는 분들이다. 축하드린다.

그 중 꽃지 해변은 노을과 일몰 사진 촬영에 전국에서 아주 유명한 곳인데, 너무 일찍(13시 30분쯤) 도착해서 기분으로만 몇 컷 찍고, 남향이다. 몇 달 전에 석양에 와서 사진을 찍긴 찍었는데 서울에 돌아갈 길이 멀어 대충대충 참여했던 옛 기억을 새기며 갈음하고 걸었다. 황포항의 복잡하고 꼬불꼬불한 길을 돌아 제방을 따라 걷는다. 먼 서해의 수평선의 생김새가 노을 길이라는 태안 둘레길 이름과 잘 어울린다고 생각하면서 걷는데 갑자기 사람들이 많이 보인다.

운여 해변이다. 그 유명한 솔 섬이다. 사진에서 많이 볼 수 있는 소나무 언덕과 물에 비치는 잔영이 그만이라는 그곳이다. 만조도 끝났고 바람도 불어 만족하지는 않지만, 피곤을 무릅쓰고 1시간 넘게 촬영을 하였다. 몇 달 전에 한 번 왔었는데, 썰물 때인지라 물이 없는 격에 맞지 않은 촬영을 했는데 오늘 본전 찾은 기분이다. 서울에 있는 사진작가협회 회원들이 출사를 나와 있어서 같이 할 수가 있어서 괜찮았다. 또 걸어야 하는 팔자이기에 미련을 남기고 걷는다. 고남면 장삼포 해변에 오니 어둑어둑해서 방을 구하는데 모텔은 없고 팬션 뿐이다. 방값이 장난이 아니다. 벌써 성수기가 된 기분이다. 앞으로 문제다. 숙소를 구하면서 우여곡절 끝에 장곡항까지 더 와서 민박집을 구하여 몸을 뉘었다.

해변마다 오토캠핑장이 무척 많다. 그곳마다 또한 사람들이 많다. 가족 단위로 바다와 분위기를 즐기는데 모든 살림살이를 가지고 와서 음식을 만들고 일부는 해먹에서 낮잠을 즐기며 쉬기도 하는 등등. 그것을 본 나는 생각해 봤다.

나는 내 가족과 그런 즐기는 나들이를 해본 적이 거의 없다. 그때 자동차가 없어도 대중교통이 지금보다 더 많이 있었다고 하는데 말이다. 뭐 그리 바쁘게 살았는지 말이다. 우리 식구들에게 미안한 생각뿐이다. 앞으로는 잘할 수가 있을까? 그런데 지금은 놀 줄도 모르고, 할 줄 몰라서 못 한다는 친구의 말이 생각난다. 생각해 보니 나도 할 줄 모르는 것이 맞다. 내 아이들은 자기네 아이들에게 잘하고 있겠지. 기대하며 넘기고 미룬다.

오늘은
태안군 안면읍 창기리 백사장 해변 - 삼봉 해변 - 기지포 해변 - 정당리 안면 해변 - 두여 해변 - 승언리 밧개 해변 - 두에기 해변 - 방포항·해변 - 꽃지 해변 - 중장리 병술만 해변 - 신야리 샛별 해변 - 황포항 - 고남면 장곡리 운여 해변 - 장삼포 해변 - 장곡항까지

오늘은 4.5만여 보에 32km를 걸었다.

구 누계 : 113.9만 보. 866km.
신 누계 : 118.4만 보. 898km.

꽃지 해변의 할배·할매 바위

운여해변의 솔밭

우리 국토 해안선 걸어서 돌기

(26-2회, 32018.6.17. 일요일), (재방문, 2023.11.18.)

우리 국토 해안선을 따라 걷는 34일째

새벽이라 할 수 있는 06시쯤 길을 나서 안면도의 끝에 있는 영목항을 향해 산을 오르는 것으로 시작한다. 아침이라 서해의 만조가 된 모습을 보니 부자가 된 기분이다. 무척 풍요로움을 느끼게 한다. 철썩철썩 출렁거리는 물이 무엇인가를 가져다주는 기분이다. 서해안에서 새벽에 걸으니 만조 바다의 풍요한 모습을 볼 수 있다. 물이 빠진 갯벌은 순진한 진실의 모습을 보여주는 것처럼 느껴진다.

해변 주위는 여전히 캠핑족들이 천막에서 잠을 자는 중이다. 주민 중 어부는 어구 손질에 여념이 없다. 특히 쭈(주)꾸미 잡는 소라 껍데기를 관리하는데도 할 일이 많다고 한다. 오늘 구간도 어제와 마찬가지로 산과 모래밭을 걸었다. 모래밭에 사는 식물들은 사막에서나 볼 수 있는 질기게 보이는 풀과 나무들이 참 신기하게 잘살고 있다. 나팔꽃 같은 갯메꽃을 모래밭에서 많이 본다. 소나무들은 검게 보이는 해송들인데 아름드리나무들은 없고 사람 다리통만 한 굵기의 나무들이 아주 오밀조밀하게 살고 있다.

그리고 어제와 오늘 뱀과 도마뱀을 몇 마리 발견했다. 지난번 걸으면서 도로에서는 로드-킬 당한 동물들을 많이 보았다. 뱀, 도마뱀, 고양이, 털이 있는 이름 모를 동물들과 비둘기 등의 사체들이다. 불쌍한 생각을 가지고 도로에서 자동차들이 질주하는 모습을 보았다. 아직 성수기가 안 돼 차가 많지 않아 과속이 심하다. 그 덕분에(?) 나는 긴장하고 놀라며 걷고, 동물들은 목숨의 수난이 심하다.

안면도의 최남단 영목항은 대형 공사 중인데 보령 대천까지 연육교와 해저터널로 연결하는 공사란다. 영목항에서 원산도까지 1.7km는 다리를 놓고 원산도에는 도로 4.4km를 신설하고 원산도 남단에서 보령시 대천항까지 6.9km를 75m 해저에 터널 도로를 만든다. 다리는 2018년 말에, 해저터널은 2020년경에 완공된다고 한다. 그땐 또 와서 걸어봐야지. 다리의 교각이 얼마나 높은지 밑에서 쳐다보는데 아찔하다. (※ 다리의 이름은 '원산 안면대교'이며 2019년 12월 26일 개통되었고, 해저터널의 이름은 '보령 해저터널'이고 2021년 12월 1일 오전 10시에 개통되었다).

안면도 최남단 영목항을 통과하고 유턴해서 안면도 동쪽 면을 따라 북진한다. 동쪽 면은 산들이 높진 않지만 꼬불꼬불하고 들어간 길로 다시 나와야 하는 험한 길들이다. 연결된 길들을 최대한 찾아 걸어 안면읍까지 잘 걸어왔다. 마을마다 특색이 있고 고유한 멋을 자랑하는 마을도 있다. 시골에는 사람들이 줄어 활기를 잃고 있으나 자본이 동원되어 그 장점을 이어 돈벌이에 힘을 기울이고 있다. 안면도에도 커다란 서비스업이 발달하고 있다. 그 시설에 주민들에게는 대폭 할인된 가격으로 즐기도록 했으면 좋겠다.

이렇게 해서 태안에 들어와서 태안군에서 지정한 '솔향기길' 5개 구간 54km와 태안해안국립공원이 정한 '해변 길'인 바라길, 소원길, 파도길, 솔모랫길, 노을길, 샛별길, 바람길 등 7개 코스 100여km를 완보했다. 국가주요시설 등을 제외한 특별히 지정되지 않은 길들까지 즉 갈 수 있는 해안 길을 모두 돌아보는 뜻깊은 도보 답사였다. 그러나 행정구역을 생각하면 태안은 즐거운 것도 많았으나 대단히 지루하기도 했다. 태안행 버스를 여러 번 탔으니까 말이지. 다음 주는 '서산 A · B 방조제'를 따라서 홍성 쪽의 길을 만나보겠다.

세월이 흐름에 따라 논에서는 벼가 엄청나게 잘 자라고 있다. 들판이 온통 검푸른 색으로 뒤덮여 있다. 밭에도 여러 가지 곡식들이 키 크는 대회를 하는 것처럼 성장이 빠르다. 올해에도 꼭 풍년이 들기를 빈다. 13시 반에 일과를 안면읍 버스 정류소에서 마치고 점심 후 14시 반 차를 이용하여 서울로 올라가고 있다.

■ **태안의 이모저모**

□ 역사문화 여행

동문리 마애삼존불, 마도 해협유물, 백화산, 태안내파수도 해안지형, 고남패총박물관, 몽산리 석가여래좌상, 안흥성, 옥파 이종일 선생 생가

□ 생태체험 여행

신두리 해안사구, 두웅습지, 별똥별 하늘공원, 안면도 쥬라기 박물관, 천리포 수목원, 청산 수목원, 팜 카밀라

□ 태안 바다 여행

꽃지해변, 삼봉 해변, 방포 해변, 바람아래 해변, 청포대 해변, 연포해변, 만리포해변, 천리포 해변, 파도리 해변, 학암포 해변, 신두리 해변, 꾸지나무골 해변

□ 태안 해안 탐방로 여행

태배 길, 솔향기 길(1~5코스, 51km), 해변 길(1~3코스, 학

암포~파도리까지, 43km), 해변 길(4~7코스, 몽산포~영목항, 54km)

□ 농 · 어촌 체험여행

볏가리마을, 만대 어촌마을, 갈두천 마을, 매화 둠벙 마을, 갯다리 연꽃 마을, 조개부리마을, 용신 어촌마을, 별주부 마을, 노을 지는 갯마을, 대야도 어촌마을, 병술만 어촌마을, 길우지 마을, 해비알 마을

□ 축제

튤립 · 가을꽃 · 빛 축제, 수선화 · 백합 · 빛 축제, 국제 모래조각 페스티벌, 바다낚시대회, 백사장 대하 축제

□ 태안의 맛

바지락, 쭈(주)꾸미, 실치회, 꽃게, 갑오징어, 박속밀국낙지탕, 해삼, 오징어, 붕장어구이, 대하, 전어, 새조개 대침, 물텀벙이탕, 간자미회, 우럭젓국, 생굴 회, 개국지

□ 태안의 특산물

6쪽 마늘, 쌀, 감태, 천일염, 황토 호박고구마, 안면도 고추, 송화 소금, 사과, 생강, 우럭 포

오늘은

태안군 고남면 장곡리항 - 장삼포 해변 - 장돌 해변 - 바람아래 해변 - 고남리 고남 재방 - 옷점항 - 가경주 해변 - 만수동 해변 - 영목항 - 구매항 – 안면읍 대야도 항 · 어촌체험 마을 – 할미 섬 입구 - 누동리 - 중장리 - 춘산동저수지 – 송연 저수지 - 안면읍 사무소까지

오늘은 4.0만여 보에 29km를 걸었다.

구 누계 : 118.4만 보. 898km.
신 누계 : 122.4만 보. 927km.

장곡항 앞바다 전경

안면도 영목항에서 대천으로 이어지는 원산대교

우리 국토 해안선 걸어서 돌기

(27-1회, 2018.6.22. 금요일), (재방문, 2023.11.25.)

우리 국토 해안선을 따라 걷는 35일째

이번 일요일에 피치 못 할 일이 있어 이번 주는 쉴까 하다가 마음을 고쳐먹고 하루 앞당겨 금·토요일을 걷기로 하고 집을 나갔다. 오늘 서산에서 간월도 가는 버스를 무려 45분이나 기다린 끝에 타고 간월도에서 다른 교통편을 이용하여 안면도의 안면읍에서 출발 '서산B지구방조제' 서쪽 지점인 당암포구를 거쳐 동진하였다.

이어서 서산B지구방조제를 건너니 다시 서산이다. 간월도·간월암, 서산A지구방조제를 건너면서 정주영 회장의 노고와 아이디어로 만든 왼쪽의 넓고 넓은 논을 보면서, 이런 생각, 저런 생각을 하며 그의 업적을 더듬어 보는 데 정말 많았다. 현재 우리 후배와 후손들은 더 분발해야 할 것이라고 느껴지는데 나 혼자만의 생각일까?

이곳 방조제는 충청남도 서산시 부석면 간월도리와 홍성군 서부면 궁리를 연결하는 길이 6,458m의 서산A지구방조제와 서산시 부석면 창리와 태안군 남면 당암리를 연결하는 길이 1,228m의 서산B지구방조제를 합해 총 길이 7,686m의 방조제이다. 방조제로 인한 농지 면적은 서산 A지구 6,376㏊, 서산 B지구

3,745㏊이다. 방조제 건설로 110㎞였던 해안선은 8㎞로 단축되었다. 1980년 5월 23일 착공하였으며, 1982년 10월 26일 서산B지구방조제 최종 물막이 공사를 완료하였으며, 1984년 3월 10일 서산A지구방조제 최종 물막이 공사를 완료하였다. 1985년 4월부터 서산 A, B지구 내부 논 만들기를 착공하여 1986년부터 시험 영농을 개시하였으며, 1995년 8월 14일, 15년 3개월 만에 준공하였다. 이런 내용은 방조제 중간 안내 간판에 적혀져서 서 있다.

서산 방조제 사이에는 간월도와 간월암이 있다. 간월도는 원래 섬이었으나 서산 방조제 때문에 육지로 변했다. 드넓은 바다와 갯벌이 어우러진 간월도는 해가 넘어가는 장면이 장관이다. 또 간월도에 새끼 섬이 물 위에 둥둥 떠 있는 것 같은 신비하고도 아름다운 암자를 하나 만날 수 있다. 이 암자가 간월암이다. 바다 위의 작은 섬 간월도와 그 안에 있는 작은 절 간월암은 밀물과 썰물 때 섬과 육지로 변화되는 보기 드문 자리에 있다. 그 간월암 너머로 간월도의 명품인 일몰의 경관이 펼쳐지고, 가을이 되면 군무를 추는 새들의 천국을 이룬다고 한다.

A방조제를 건너니 홍성이다. 홍성에 해당하는 해안은 짧다. 궁리항의 아름다움을 구경하고 아침 · 점심을 회덮밥으로 때우고 다시 계속 남진하는데 '속동갯벌체험마을'이다. 갯벌에 상당히 많은 사람이 무엇인가 열심히 하고 있다. 갯벌에서 어패류를 잡는 체험이라고 한다. 계속 남진하여 어사 포구를 통과 후 그 유명한 남당항 및 관광단지를 지나는데 금요일 평일이라 그런지 인파가 별로 없어 한가하다. 주변 사람들에게 물어보니 해수욕장이 아닌 항 · 포구는 여름에는 오히려 손님이 별로 없어 휴업하고 가을에 다시

시작하는 사람도 있다고 한다. 주로 먹는 일을 담당하는 항·포구이기 때문이란다.

계속 내려가니 홍성방조제가 이어지고 방조제 중간에 수룡동 포구가 있다. 수룡동은 방조제 뒤쪽 마을인데 수룡동 당제로 유명한 동네란다. 홍성방조제는 홍성군 서부면 신리와 보령시 천북면 장은리 사이에 있는 방조제로 길이는 1,856m다. 방조제를 건너니 보령시 천북면이다. 보령 땅 시작과 동시에 굴 단지가 있는데 대규모 공사를 하고 있어 해안가는 출입금지로 가지 못하고 해안가에서 1~2km 벗어난 도로를 따라 천북면 소재지를 통과하고 수 km를 더 걸어가니 또 1,062m의 보령방조제가 나온다. 보령방조제는 보령시 천북면 하만리와 오천면 소성리를 잇는다.

보령방조제를 지나니 오천면인데 여기가 옛 충청수영이란다. 전라좌수영이니 경상우수영은 임진란과 이순신 장군 때문에 들어서 아는데 충청수영은 처음 듣고 보았다. 북유럽의 피오르처럼 서해에서 좁게 깊숙이 들어와 있으며 조금 전 지나온 보령방조제가 가로질러 놓여 만을 잘라 놓은 것이다. 수영의 바닷가 지형이 관측이 아주 잘 되는 곳이며 남한산성 수어장대와 비슷한 건물도 한 채 있다. 아주 좋은 기회였다.

이렇게 해서 서산과 태안의 지긋지긋한 왕래를 마치고 오늘은 4개 시군을 밟았다. 오늘은 무척 더워서 더위를 잊으려 물을 많이 먹은 하루였다. 태안의 둘레 길은 숲속으로 그늘이 대부분인데 오늘 길은 나무 그늘이 거의 없다. 또 무척 많이 걸은 것도 같다. 지방의 특산물이 확연히 구분되어 나타난 것이 참 재미있다. 바로 옆 서산과 태안은 마늘이 많은데, 보령은 참깨가 많이 심겨 있다. 또 접시꽃이 한창이다. 꽃 색깔과 모양도 여러 가지로 나의 관념을 깨기도 한다. 돌아다니면 지리와 풍물 공부가 많이 된다.

보령 오천의 바닷가 충청수영성 밑의 민박집에 8시 반에 들어와 하룻밤을 보내고 있다. 내일은 대천 해변까지 갈 수 있으려나?!

■ 홍성의 이모저모

□ 홍성 8경

용봉산, 홍주성과 여하정, 만해 한용운 생가, 그림이 있는 정원, 오서산, 남당항, 백야 김좌진 장군 생가, 궁리포구

□ 역사유적

조양문, 홍주아뭉, 안회당, 홍주의사총, 신경리 마애여래입상, 고신사, 성삼문 유허지, 용봉사

□ 홍성의 축제

홍성역사 인물축제, 남당항 대하 · 새조개축제, 광천 토굴 새우젓 · 광천김 축제

□ 자연학습

조류탐사과학관, 결성 농요 농사박물관, 승마체험장, 홍주성 역사관, 고암 이응로 생가 · 기념관

□ 특산품

광천 토굴 새우젓, 광천 재래 맛김, 남당항 대하, 새조개, 유기농 쌀과 흑미

오늘은

태안군 안면읍사무소 - 안면읍 창기리 - 안면대교 - 남면 신온리 - 원창리 - 당임리 천수만휴게소 - 당임 포구 - 서산B지구방조제 - 서산시 부석면 창리포구 - 간월도 · 간월암 - 서산A지구방

조제 - 홍성군 서부면 궁리항 - 상황리 속동 갯벌체험 마을 - 어사리 어사 포구 - 남당리 남당항 - 신리 모산 전망대 - 수룡동 포구 - 홍성방조제 - 보령시 천북면 장은리 굴단지 – 사호리 해변 - 하만리 - 오천면 소성리 보령방조제 - 오천항까지

오늘도 스마트폰 삼성 헬스 만보기에 5.6만여 보에 43km를 걸었다.

구 누계 : 122.4만 보. 927km.
신 누계 : 127.9만 보. 969km.

보령시 오천항 전경

우리 국토 해안선 걸어서 돌기

(27-2회, 2018.6.23. 토요일), (재방문, 2023.11.25)

우리 국토 해안선을 따라 걷는 36일째

두 번째 날 언제나처럼 06시에 민박집을 나와 오천항을 다시 한 바퀴 돌고 610번 지방도를 따라 계속 남진이다. 고개 하나 넘으니 밤가시마을이다. 조선소가 보이는데 새벽부터 배를 만드느라 열심히 움직이는 모습이 보기 좋다. 조선소 뒤편 바다 한가운데 똑같은 배가 4척씩 2열로 정박해 있는데 카메라 망원경으로 살펴보니 해경이라고 영어로 쓰여 있다. 해경선이 출동을 위해 대기하고 있는 듯 보였다.

충청수영이 있을 만한 장소라는 것을 증명하듯 오천항은 좁게 깊이 들어와 있는 만으로 천연의 장소라는 것을 느낄 수 있다. 다음은 갈매못성지의 성당 옆을 지나는데 대문을 열고 노 수녀님 한 분이 나오는 것을 보고 인사하고 못이 어떻게 된 거냐고 물으니 원래 못이 없었다고 들었다고 한다. 문화재로 등록되어 있다는 안내판을 보니 내포 지방의 연못으로 나와 있는데. 조선 5대 교구장 등 5명의 신도가 처형된 순교 사적지란다. 신자는 아니지만 곧은 지조가 보여 머리가 숙어진다.

바로 옆 동네에 들어서니 화력발전소가 보이는데 10여km 이상의 공간에 중부발전, 보령발전, 신 보령발전 그리고 무슨 가스 터미널 등 전력 생산기지로서 바닷가에 일반인 접근이 안 된다. '영보일반산업단지'와 '고정국가산업단지'로 지정된 곳이다. 아련히 굴뚝 끝부분만 만나고 지루하게 철조망 울타리만 오른쪽에 끼고 걷는다. 재미도 없다. 발전소 앞의 바다에는 철새 친구들도 많을텐데.

발전소 지역을 지나 조금 더 걸어가자 꽤 넓은 공터에 편의시설들이 보인다. 방조제도 보이고 갈대숲도 보이고 저수지 같은 물도 보인다. 커브를 왼쪽으로 돌자 왼쪽 산기슭 도롯가에 토정비결의 저자인 이지함 선생 묘지가 나온다. 그의 어머니가 사망하자 토정이 자리를 직접 보고 정해 모시면서 후손이 잘될 것을 자신했다고 한다. 그 후 자신도 그 아래에 누워있다. 후에 토정의 예측이 맞아 고위직에 오른 후손들을 보고 다시없는 명당으로 소문이 나서 풍수지리 전문가들이 지금도 많이 찾는 지역 중의 하나라고 한다. 그런데 지금은 바로 머리 위로 인근 발전소의 초고압 전선이 지나고 있다. 천하의 토정도 450여 년 후에 생기는 고압선을 생각하지 못한 것인지 물어보고 싶다.

주교면 송학리 조선회사를 지나 특징이 없는 바닷가 마을을 계속 지나니 대천방조제가 나온다. 대천방조제는 주교면 송학리와 보령시 대천동을 잇는 6.3km다. 왼쪽으로 논에서는 벼가 아주 잘 자라고 있다. 중간쯤 가니 방조제 경사면의 억세게 자란 잡초를 제거하고 구덩이를 파고 물을 주는 사람을 만나 뭐 하느냐고 물으니 콩을 심는단다. 꽤 긴 언덕인데 허가 여부를 떠나 노력의 값을 하려면 비가 와야 한다. 먼지가 나는 곳에 바가지로 물을 부어 콩을 심고 있다. 애처롭게 보이는 것은 왜?

지금 충청남도 지방은 가뭄이 심하다. 논은 저수지 물 때문에 문제가 없는데 밭농사는 피해가 있다고 한다. 심어 놓은 고구마, 콩, 깨 등은 말라 죽는 게 많았다.

계속 동진하니까 서해안고속도로가 나온다. 도로 밑을 지나 3km쯤 더 가서 지방도로 다리를 건너서 다시 서쪽으로 이동해서 대천항으로 갈 생각으로 터벅터벅 걷는데 고속도로 닿기 직전에 고속도로와 나란히 소형차와 농기구가 다닐 수 있도록 잠수교가 있어서 6.5km 여의 거리를 300여m로 단축되는 행운을 얻었다. 그래서 대천항에서 오늘 일과를 마치기로 계획했는데 해수욕장 북쪽에 있는 모노레일과 하강 타워(?)까지 구경하고 대천 해수욕장광장까지 가서 마칠 수 있었다.

모노레일 바이크를 타고 약 1km를 왕복하도록 만들어져 있고 유격훈련장에서 체험해 본 하강 코스도 수백 미터가 되는데 여성 이용객들이 훨씬 많다고 한다. 저출산으로 탄생인구가 줄어드는데 여성이 군에 가도 되겠다고 생각하며 웃었다. 오천항 출발부터 대천항까지 오면서 바다 건너편 낮은 병풍처럼 쭉 뻗어 있는 안면도를 보면서 지난날을 생각하는 시간도 있었다. 밋밋한 바닷가 마을을 걸을 때 더 생각이 많이 난다.

대천항은 오늘 처음 보았는데 이렇게 큰 어항을 본 적이 없는 느낌이다. 대단히 크다. 1~2년 뒤에는 대천항과 안면도 영목항을 다리와 해저터널로 곧장 연결하는 제2의 거가대교 같은 길이 연결될 것이다(2021년에 준공). 해수욕장은 수십 년 전에 휴양소 다니면서 몇 번 봤는데 상가 지역의 발전이 놀라웠다. 서양의 여느 피서지 못지않다고 생각한다.

오후 1시가 조금 안 된 시간에 대천행 시내버스에 몸을 싣고 기차를 탈까 버스를 탈까 생각하다가 기차를 알아보니 6시 이전은 표가 없다는 소식을 듣고 버스 종점까지 가서 강남터미널 표를 물으니 3시 이후만 있고 동서울은 2시 반 차가 있단다. 동서울행 표를 사고 점심을 먹고 휴대폰 사진을 정리하며 기다리다 버스를 타고 오는데 밀리지 않고 계획된 시간에 동서울에 도착했다.

오늘은

보령시 오천면 소성리 오천항 - 갈매 성지 - 영보리 - 보령화력발전소 - 에너지센터 - 오포리 - 이지함 묘지 - 고정리 - 송학리 - 서해안고속도로 - 내항동 - 남곡동 - 신흑동 - 대천항 - 대천해수욕장까지

다음은 대천 해수욕장부터 시작 남진해서 서천, 군산으로 이어지겠다. 군산의 새만금 방조제가 기대된다. 오늘은 3.8만여 보에 29km를 걸었다.

구 누계 : 127.9만 보. 969km.

신 누계 : 131.7만 보. 998km.

대천 해수욕장

우리 국토 해안선 걸어서 돌기

(28-1회, 2018.7.7. 토요일), (재방문, 2023.11.26.)

우리 국토 해안선을 따라 걷는 37일째

오늘 1,000km를 돌파하다.

자연의 힘에는 누구도 당할 수가 없다. 지난주에 장맛비 때문에 쉬고 오늘 다시 시작했다. 첫 지하철과 첫 고속버스를 이용하여 보령(대천)에 도착하여 10분 간격으로 다니는 시내버스로 대천 해수욕장에 내리니 아침 8시 20분이다.

해수욕장 언덕계단에서 가지고 온 이것저것으로 아침을 때우고 남쪽으로 남으로 전진하는데 대천 해변 남쪽에 있는 군 휴양시설인 국군 대천콘도에 오랜만에 들어갔다. 호기심과 혹시 지름길이 있을까 싶어 들어 왔는데 남쪽으로 난 문을 찾으니 막아버렸다. 여기저기 문을 찾느라고 20여 분만 허비하였다.

다시 정문으로 나와서 지름길을 찾는다고 잡초밭의 거미줄을 헤치면서 남포방조제에 접어들었다. 길이 3,694m이며 보령시 신흑동에서 남포면 월전리를 잇는다. 방조제 중간에 있는 죽도를 통과하고 방조제 끝에 보령시 요트경기장이 있어서 들어가 잠깐 구경을 했다. 남포방조제를 지날 때 만난 소풍 선생은 어디에서 밤을 보내는지 궁금하다. 강릉에서 시작해 부산과 목포를 거쳐서 서울로 가는 길이라는데 오늘이 130일 째란다. 연속으로 걷고 있단다. 대단하다. 나는 언제 강릉에 도달할 수 있을는지.

다음 용두해수욕장을 거쳐 양식장을 지나 그 유명한 무창포항·무창포해수욕장을 맞았다. 구경하였다. 벌써 인파가 많은 것을 보면서 너무 늦게 찾은 것을 후회하였다. '내 고장 무창포'라는 시비를 보고 점심을 들고 계속 남진이다.

날씨가 무척 좋은 날이다. 용두해수욕장 솔숲에서 사진 몇 컷을 오성회 단체 카카오톡에 올리니 친구 몇 명이 보고 오늘이 '소서'라며 더위를 조심하라는 걱정의 멘트도 있다. 고마운 친구들이다. 해변 길을 따라 바다를 보면서 솔밭 그늘을 이용하여 걷고 걸으니 독산 해변이다. 작은 언덕을 넘어가는데 길이 없다. 지도에는 내륙으로 돌아가는 도로를 이용해야 한다. 자연 눈으로 정찰을 하니 모래밭인데 해수욕장 기분을 못 느낀 곳이 보였다.

돌아서 도로로 가기가 싫어 물 빠진 바위를 돌아 백사장을 걷는데 빽빽한 소나무밭에 바다 쪽으로 철조망이 높게 처져 있어 혹시 보안 시설은 아닌지 긴장감을 느끼고 빠르게 4km 이상을 걷고 끝부분에 와서 확인하니 소황리 '사구'였다. 나는 사구를 모래구릉지라 한다. 태안 신두리 사구보다는 규모가 작아도 꽤 길다. 혼나게 걱정과 긴장을 하며 끝에 와서 확인하니 싱겁다. 물이 차 있을 때는 곤란했을 것이다.

바로 이어서 보령시 웅천읍 독산리와 서천군 서면 도둔리를 연결하는 총길이 3,474m 부사방조제를 지나니 춘장대 해수욕장이다. 여기도 오늘 개장식을 하고 축제가 열리고 있으며 인파가 엄청 많다. 바캉스 시즌이 확실하다. 이어서 홍원항과 마량리 동백나무숲과 마량포구를 거쳐서 나가는데 여기도 서천화력발전소가 있다. 서천도 해변 쪽에 경사도가 큰 산악이 많아 연결하는 길이 없어 들락날락해야 한다.

그리고 수심이 깊지 않은 곳에는 갯벌이 많아 갯벌 체험하는 곳이 많아서인지 도로명이 '갯벌 체험로'가 있다. 갯벌 체험은 월하성과 선도리가 엄청 넓고 길다. 투자가 많이 되었음을 볼 수가 있다. 글쎄 투자와 효과는 어떤지 모르겠다. 다음 장포리 해변인데 내가 보기엔 매우 좋은 해수욕장인데 시설도 사람도 없다. 물어보니 먼바다에 양식장이 있어서 관련이 있다고 한다.

벌써 해가 뉘엿뉘엿 한다. 다리도 엄청 힘들다는 신호를 보내서 숙소를 구하는 데 힘이 든다. 민박집이 많은데 대부분 영업을 하지 않는다. 간신히 민박집 하나를 구하여 들어갔는데 식사 문제로 의견 차이가 나서 쫓겨 나왔다. 주변에 식당이 없어 밥을 좀 해주든지 아니면 내가 라면이라도 끓어 먹겠다는 이야기가 먹히지 않는다. 취사 설비는 있는데 사용 못 한다. 야속하고 매정하다는 생각을 지울 수가 없다. 할 수 없이 3km쯤을 더 걸어가 다사리에서 비싼 펜션을 구하고 늦게 주인과 친구들이 삼겹살 파티를 하는데 끼워줘서 저녁 식사를 얻어먹고 사진과 카카오스토리를 정리한다.

■ 보령의 이모저모

□ 역사가 깃들다

충청수영성, 보령 머드 박물관, 갈매못성지, 보령문화의 전당, 보령에너지월드, 성주사지, 보령석탄박물관, 보령댐 애향박물관, 웅천 돌문화공원

□ 어디나 아름답다

대천 해수욕장, 보령호, 무창포해수욕장, 죽도, 보령 무궁화

수목원, 개화예술공원, 성주산자연휴양림, 외연열도, 오서산 자연휴양림

☐ 언제나 신난다

스카이 바이크, 유람선, 패러글라이딩, 짚트랙, 레일바이크, 냉풍욕장

☐ 모두가 즐겁다

보령머드축제, 해산물축제, 봄꽃축제, 무창포 신비의 바닷길 축제

☐ 체험 마을

청라 은행마을, 무창포어촌체험 마을, 신현 쌈짓돈 마을, 남포 서각 마을

☐ 맛있다

조개구이, 해전탕, 꽃게탕, 간자미 무침

오늘은

보령시 대천 해수욕장 - 남포방조제 - 죽도 - 보령 요트경기장 - 용두 해변 · 해수욕장 - 웅천읍 무창포항 · 해수욕장 - 독산해수욕장 - 독대섬 - 수황리 사구 - 장안해수욕장 - 서천군 서면 부사방조제 - 춘장대해수욕장 - 도둔리 - 마량리 - 월하성 - 비인면 선도리 갯벌 체험마을 - 다사리 항까지

오늘은 발이 몹시 무거운 날이다. 숙소 때문에 할 수 없이, 어쩔 수 없이 4~5km 더 많이 걸어 5.2만여 보에 41km를 걸었다. 이로써 총 누계 1,039km로 1천km를 넘어섰다.

구 누계 : 131.7만 보.   998km.
신 누계 : 136.9만 보. 1,039km.

서천 춘장대 해변

서천군 비인면 해변

우리 국토 해안선 걸어서 돌기

(28-2회, 2018.7.8. 일요일), (재방문, 2023.11.26.)

우리 국토 해안선을 따라 걷는 38일째

이른 새벽에 뻐꾸기와 닭 우는 소리 그리고 개 짖는 소리가 들린다. 꽤 긴 시간 울고 짖는다. 오랜만에 들어보는 소리다. 어제는 미쳐 못 살폈는데 펜션이 있는 그곳 다사리는 매우 깡~촌이다. 하루에 버스가 5번 다닌다고 한다. 어제 힘이 들었는지 일찍 일어나지 못한다. 그러나 일어나 이런저런 준비를 하고 아침을 가지고 있는 약식으로 해결하고 어김없이 6시에는 나왔다.

흐린 날씨이며 바람이 약간 부는데 상쾌한 날씨다. 트래킹 하기에는 아주 좋은 날씨이다. 10여 분 걸으니 도로 옆집 마당에서 낫으로 제초작업을 하는 사람이 보인다. 가까이 가서 보니 파출소 마당의 잔디밭에서 잡초를 제거하는 나이가 조금 든 경찰관이다. 아침 인사를 나누고 이야기하는 중에 장항읍까지는 아주 멀다며 조심하라고 이야기를 한다. 지도상에는 깨끗한데 실제로 걸으니 길이 복잡하다.

당정방조제와 당정교, 당정천, 판교천 다리를 순서대로 건너서 바다가 보이지 않는 해안도로를 따라서 오른쪽에 소나무를 벗 삼아 계속 남진했다. 마서면 지역을 통과하고 솔리천교를 건너니 나에게 유명한 장항읍이다. 옛날에 차를 타고 휑하니 지나다녔다.

그래서 세밀하게 구경하고 싶은 장항읍이다. 오늘 시내를 관심 있게 둘러보리라 다짐하며 걸었다.

장항 송림 삼림욕장 길을 지나니까 구)장항제련소 굴뚝이 보인다. 초등학교 교과서에서 본 전경을 어느 쪽에서 본 모습인지 정확히 알 길이 없지만, 한때 직원이 천명 가까이 종사했다는 우리나라 광공업의 선두주자였던 현장을 생전 처음 직접 대하고 보니 감개가 무량하다. 지금은 LS메탈 장항 공장으로 돼 있다. 무엇을 생산하는지는 못 알아봤다.

시간관계상 더 세밀하게 보지 못하고 장항 시내로 들어와 옛 영화를 찾아보기로 하고 앞으로 나오니 제련소 굴뚝과 비슷한 굴뚝이 2개가 왼쪽으로 보여 물어보니 한솔제지 장항 공장이란다. 공장 규모도 훨씬 크게 자리 잡고 있다.

여기도 바닷가에는 길이 없고 항구 시설과 창고들이 막고 있다. 옛 시내를 구경하면서 금강하구 쪽으로 가는 길을 걷는데 진짜 옛날에 우리가 살았던 것과 같은 옛집들이 줄지어 있어서 옛날을 상기한다. 집안에 키가 큰 감나무들이 심겨 있는데 울타리 밖으로 가지들이 넘어와 위용을 뽐내고 있다. 벌써 엄지손가락만 한 풋감들이 땅에 떨어져 있다. 이 풋감이 나를 괴롭게 만드는 원흉이 될 줄이야!? 인도를 계속 걸어가면서 떨어져 있는 풋감을 잘못 밟아 미끄러지면서 넘어질 때 왼쪽 무릎이 삐끗하였다. 앞으로 몇 발짝 걸으니 무릎 안쪽이 통증이 와서 오래 걸을 수 없음을 확인하고 옆으로, 뒤로 이리저리 걸어보며 시험을 해보니 앞으로 걷는 부위에 문제가 생긴 것 같다.

어제와 오늘 15시간 이상 걸어서 피로가 극에 달한 무릎이 약해져 있을 때 잘못 넘어진 것 같다. 병원에 갈 일이 생겼다. 큰

병이 아녀야 할 텐데 걱정이 된다. 계획변경이다. 천천히 1시간쯤 장항읍 구시가지와 시장을 구경하고 마치기로 하였다. 60~70년대에 도시에서 내가 보았던 옛날 시가지 모습을 갖추고 있는 장항읍이다. 특히 이발소가 많다. 살짝 들여다보니 내일 월요일 출근 준비를 위해 일요일이 바쁠 텐데 주인은 이른 시간인데도 낮잠을 즐기고 있다.

장항읍 구시가지가 끝나는 지점에서 군산까지 다리를 새로 짓고 있는데 동백대교라고 한다. 작년에 개통해서 다니다가 진·출입에 문제가 발견되고 제기돼 보수 중으로 폐쇄되어 못 다닌다. 이 다리를 이용하면 금강하구 둑으로 돌아가는 것보다 15km 이상 단축된다. 조속히 완공되기를 바란다(1930m이며 5개월 뒤인 2018년 12월 27일 준공되었다).

오늘 군산까지 가려고 목표를 정했는데 다리 부상으로 아쉬웠다. 3시간 정도면 군산 시계에는 들어갈 텐데 안타깝다. 동백대교로 건널 것을 간주 및 약속하고 장항 버스터미널에 가니 군산 가는 버스가 있다. 버스를 타고 금강하구 둑을 지나 30여 분 달리니 군산시외버스 터미널이다. 일단 도도한 금강의 위용을 보았다. 점심을 먹고 20여 분 간격으로 있는 고속버스를 타면서 편법으로 일단 군산을 구경하고 마친다.

■ **서천의 이모저모**

□ 서천 8경

마량리 동백나무숲과 해돋이, 금강하구 철새도래지, 한산모시 마을, 신성리갈대밭, 춘장대해수욕장, 문헌서원, 희리산 자연휴양림, 천방산 풍광

□ 명소

국립생태원, 국립해양생물자원관, 장항 스카이워크, 조류생태전시관, 성북리 오층석탑, 서천읍성, 이상재 선생 생가지, 이하복 고택, 봉서사, 한국 최초 성경 전래지 기념관, 문화예술창작공간

□ 축제

마량포 해넘이 · 해돋이 축제, 동백꽃 주꾸미 축제, 자연산 광어 · 도미 축제, 한산모시문화제, 춘장대해수욕장 여름 문화예술축제, 홍원항 전어 · 꽃게 축제, 한산 소곡주 축제, 금강 철새여행

□ 체험 관광

길숲마을, 고살매갈꽃 체험마을, 달고개 모시 마을, 동백꽃 정보화 마을, 동자북문화역사마을, 들꽃 동산마을, 이색체험 마을, 행복체험 마을, 황새마을, 물 버들마을, 봉하마을, 어촌갯벌 체험

□ 특산품

서천 김, 한산소곡주, 갈꽃비, 공작선, 서래야 쌀, 모시잎차, 모시 송편, 한산모시

□ 오감 만족 10미

아귀요리, 꽃게, 주꾸미요리, 해물칼국수, 광어 · 도미요리, 모시 요리, 전어요리, 냉면 요리, 서천 박대 민물 매운탕

오늘은

서천군 비인면 다사리항 - 당정방조제 · 당정교 - 당정리 - 당정천 - 판교천 - 마서면 한성리 - 송석리 - 죽산리 · 양어장 - 월

포리 - 남전리 - 장항읍 옥남리 - 솔리천교- 송림리 – 장항 해찬솔길 - (구) 장항제련소 - 장항항 - (구) 장항 원수리 시가지 - 동백대교 - 군산 해망동(버스)까지

오늘도 막판에 발이 무거운 날이다. 2.7만여 보에 20km를 걸었다. 딱 어제의 반이다.

구 누계 : 136.9만 보. 1,039km.
신 누계 : 139.6만 보. 1,059km.

구) 장항제련소 전경

우리 국토 해안선 걸어서 돌기

(29-1회, 2018.7.14. 토요일), (재방문, 2023.11.26.)

우리 국토 해안선을 따라 걷는 39일째

오늘은 망설임을 갖게 했다. 전국이 폭염주의보가 발령된다고 한다. 그래도 시동을 걸었다. 고속버스가 08시 32분에 계획대로 군산 터미널에 내려주었다. 금강 남쪽 강변 군산 해안가는 구시가지가 조금 있고 나머지 서쪽으로는 국가산업단지로 출입이 제한된다. 그래서 새만금 방조제로 바로 가기로 해서 20분 후에 비응항 가는 시내버스를 탔다. 내초도 '새만금컨벤션센터'에서 내린다. 새만금 방조제 시작점이다.

5km 서쪽에 있는 비응항 쪽으로 걷는다. 비응항은 새만금방조제 부안 쪽인 남으로 내려가는 군산 쪽 시작점이다. 1시간이 좀 더 걸려서 도착했다. 생각보다 큰 항구다. 11시 정각에 해양파출소에 들러 상황을 알아보는데 경찰이 도보 답사에 놀라워하면서 걸어가지 않기를 원하지만 내가 고집하니 조심하라는 인사와 함께 혹시 무슨 일이 생기면 연락하라고 비상전화번호 명함을 한 장 준다. 굉장히 고마웠다. 든든한 백이 생겼다.

방조제 둑에 오르니 황량하다. 이글거리는 태양 아래 가로수 하나 없이 쭉 뻗은 방조제에 자동차 물결만 보이는 것이 사막에서 걷는 기분이다. 중간에 전망대와 휴게소가 있는데 화장실 외에 편의시설이 전혀 없다. 자기 몸에 지닌 재물이 없으면 아무것도 할 수 없는 난감한 환경이다. 먹을 것도 더위를 피할 것도 오로지 자기가 갖고 있어야 살 수 있는 황당함이 앞서는 사막 같은 동네다.

아무튼, 총길이 33km 중 비응항으로부터 부안까지 28km의 반을 4시간여의 시간으로 도착하니 고군산군도 입구다. 입구에서 버스를 타고 종점인 장자도에 가서 역으로 행군했다. 이곳 섬들은 폭이 좁아 외길이나 마찬가지다. 고군산군도는 10개의 유인도와 47개의 무인도로 이루어진 섬의 군락이자, 자연이 창조해 낸 수려한 경관을 자랑하는 천혜의 해상관광공원이라는 광고판을 보고 기대를 한다. 신시도, 무녀도, 선유도, 장자도가 다리가 놓여 있어 들어갔다. 다리 3개가 모두 다른 모습으로 만들어져 있어 볼만한 구경거리다. 자동차 가는 길이 2차선이고 자전거 길과 사람이 건널 수 있도록 아주 넓게 지어져 있어 도보하는 나는 대접을 받는 기분이 들었다. 2016년에 완공됐다고 한다.

장자도에서 신시도 쪽으로 걷는다. 장자도 바닷가 노점에서 칼국수로 점심을 먹었다. 날씨가 너무 더워 어떻게 먹었는지 모르겠다. 살기 위해!! 죽지 않기 위해!! 라는 생각으로 필수작업 중 하나가 먹는 것이다. 아무튼, 땀이 범벅이지만 맛있게 먹어치웠다. 장자도는 발전소가 있고 낙조가 유명하다고 한다. 선유도는 신선이 내려와서 놀았던 곳이라 하며, 선유도해수욕장과 '군대 유격장 하강 점프' 같은 스카이 '선라인'이라는 점프대가 높게 있고 아름다운 자연풍광에 각종 이름을 가진 곳들이 즐비하고 등산코스도 있으나 해수욕장을 위주로 섬을 한 바퀴 돌았다. 무녀도는 캠핑장과 염전, 갯벌체험장이 있다. 신시도는 방조제를 연결해 주고 각종 기념물이 존재하고 있는 군도의 입구이고 군도에서 제일 큰 섬이며 신시 항에는 바다에서 잡은 고기들이 모이는 곳인 어항이라고 한다.

섬들 여기저기에 관광버스들이 무척 많이 들어와 있어서 물어보니까 다리 완공 후 등산 좋아하는 산악회원들이 둘레 길처럼 섬들의 산을 등산하러 온다고 한다. 섬을 연결하여 자전거 코스와 도보 코스를 2개씩 20여km를 만들어 놓아서 구간별 연결하여 걸었고 숙소로 민박을 신시도에 구했다. 내일을 위하여 가는 방향이 가까운 곳이다.

오늘은 무척 더웠다. 저녁에 민박집에 들어와 거울을 보니 얼굴이 벌겋게 달아오르며 탔다. 새로 막 영업을 시작한 민박집이라 비품도 없고 시설도 갖추지 않았다. 부엌 싱크대는 있는데 쓰지도 못하게 한다. 입고 있는 옷이 모두 땀에 젖어 물속에 들어갔다 나온 것처럼 보인다. 이것저것 진짜 왕짜증이다. 입은 옷을 대충 빨아서 선풍기로 말렸다. 정말 더운 날이었다. 지난번 무릎 통증을 무척 염려하며 걸었다. 별 탈 없이 오늘을 마감할 수 있어서 감사를 누구에게나 하고 싶다. 내일은 어떨지 걱정이 된다. 그래도 시간은 흐르고 걷는 길의 숫자는 쌓여 간다.

■ 군산의 이모저모

□ 군산 근대 관광 10선

근대역사박물관, 군산 신흥동 일본식 가옥, 월명공원, 진포해양공원, 동국사, 호남 관세박물관, 초원사진관, 해망굴, 군산 근대미술관, 여미란

□ 문화재 · 유적

군산 근대건축관, 이미 향교, 옥구향교, 부잔교(뜬 다리 부두), 이영춘 박사 가옥, 채원병 가옥, 채만식 문학관, 상주

사, 불주사, 은적사, 임피역사

□ 고군산 관광-선유 8경

선유 낙조, 명사십리, 망주 폭포, 평사낙안, 무산 십이봉, 장자어화, 월영 단풍, 삼도 귀범

□ 축제, 레저

군산 시간여행 축제, 군산·서천 철새 여행, 군산 꽁보리 축제, 은파호수공원, 금강 철새조망대, 군산 테디베어뮤지엄, 해망로 196 갯벌 체험, 선유 스카이 선라인, 바다낚시, 피터팬 승마장, 청암산 오토 캠핑장

□ 군산의 영화촬영장

화려한 휴가, 타짜, 8월의 크리스마스, 말죽거리 잔혹사, 변호인, 남자가 사랑할 때

□ 먹거리 특산물

꽃게 장 백반, 아귀찜, 짬뽕, 콩나물국밥, 생선탕, 활어회

□ 체험교육장

깐치멀 농장, 군산요(도자기체험), 천연염색 공간 선, 옥산한과, 천연염색체험 사람과 자연, 이야기 정원(군산 도그랜드), 전통장류체험, 더미들레 떡

오늘은

군산시 해망동(버스) - 내초도 새만금 컨벤션센터 - 비응항 - 새만금 4호 방조제(해넘이 휴게소, 돌고래 쉼터) - 3호 방조제(야미광장, 야미도) - 신시도 일대 - 고군산대교 - 장자도·대장도 일대 - 장자대교 - 선유도 일대 - 선유대교 - 무녀도 일대 - 고군산대교 - 신시도항까지

오늘은 더위를 신중하게 생각한 4.5만여 보에 32km를 걸었다.

구 누계 : 139.6만 보. 1,059km.
신 누계 : 144.1만 보. 1,091km

새만금 방조제 군산 쪽에서 본 모습

선유도 해변

우리 국토 해안선 걸어서 돌기

(29-2회, 2018.7.15. 일요일), (재방문, 2023.12.01.)

우리 국토 해안선을 따라 걷는 40일째

처음 해외여행 가서 첫 밤을 보낸 뒷날 아침처럼 긴장했다. 내 처지에서 아주 열악한 조건을 가진 상대와 마주 서야 하니 그렇다. 3~4km를 나가서 부안 쪽 방조제를 걸어야 하는 부여된 임무이다. 어떠한 방법의 다른 방법이 없다. 오로지 내 발로 걸어야만 해결된다. 길도 다른 길이 없다. 딱 하나의 길뿐이다. 지금까지의 평소보다 40분 빠른 5시 20분에 출발해서 걸었다. 한낮은 너무 무덥고 힘들어 최대한 이른 시간에 시작하는 것이 가장 좋은 방법이기 때문이다. 밖으로 나와 주위를 살피니 안개가 자욱하다.

민박집 바로 앞바다는 만조로 물이 찰랑찰랑한 소리가 가까이 들린다. 10여 분 걸으니 온몸에 땀이 범벅이다. 어둠을 뚫고 멀리 구름 속에서 불빛이 보이기 시작한다. 일출이 시작되는 것 같다. 구름이 있어 하늘이 아름답다는 말을 들은 적이 있는데 구름이 예쁘다. 1시간여를 걸으니 본 방조제에 접어든다. 신시도휴게소와 새만금 준공 탑이 보인다. 멀리 부안 쪽 바다에는 구름 아래로 해가 반영되어 구름 위와 아래로 빨간 불빛이 이글거리는 모양으로 보인다. 신시도 갑문다리를 지나 본격적인 방조제와 사랑 걸음이 시작되었다.

제발 구름이 계속 좀 끼어서 하늘을 가려주기를 기대하며 계속 남동 진 하는데 정말 이상하다. 계속 힘을 쓰며 가는데 가는 것 같지가 않다. 꼭 사막 한가운데에 서 있는 기분인데 몸에서 땀은 주룩주룩 떨어지는 것이 주체를 못 할 정도이다. 엄동설한에 그렇게 세게 불던 바닷바람도 어제와 오늘은 불지 않는다. 참 야속하다. 가로등에는 갈매기들이 등마다 앉아서 나를 환영해 주는 것 같아 몹시 반가웠다. 매우 많은 갈매기가 앉아 있는데 내 신세처럼 외롭게 처량하게 보이고 가로등 밑에는 갈매기 배설물들이 하얗게 떨어져 있다.

길가에 가로수 하나 없는 황량한 방조제에 자동차들은 엄청나게 빠르게 달린다. 날이 밝아지자 이상한 오토바이도 굉음을 내며 집단으로 달린다. 참 재미있어 보인다. 8시가 지나니까 자전거 행렬도 지나간다. 또 모터 행글라이더 2대가 머리 위에서 뱅뱅 돌다가 가는데 이유는 모르겠다. 좋게 해석해 나를 환영하는구나! 라고 생각하며 힘을 낸다.

갓길에 자동차를 대놓고 펜스를 넘어가 낚시를 즐기는 사람들이 많다. 대부분 '낚시 금지' 즉 낚시하지 말라는 표지판이 있는데 낚시를 하는 사람들이다. 하지 말라는 일을 하면 스릴이 있고 기분이 더 좋을지 모르겠다. 이상한 취미를 가진 사람들이다. 배낚시 말고. 방조제 둑에 앉아서 금지지역에서 낚시하는 사람들 말이다.

뜨거운 시간을 피하려고 속도를 내며 걸었다. 지도를 몇 번인가 꺼내 보고 계산해 보고를 반복하는 사이 어느덧 건너편에 국립공원 변산반도가 눈에 들어온다. 변산 쪽 바다는 벌써 갯벌로 바뀌었다. 방조제에 가력도항이 있다. 우여곡절 끝에 9시 반쯤에 부안 쪽 새만금방조제홍보관에 도착했다. 상당히 빠른 걸음을 했다. 낮의 더위를 피한다고 일찍 출발했고, 속도를 냈다는 증거가 시간이다. 머리에 쓴 모자부터 발의 신발까지 젖지 않는 것이 없다. 물속에 푹 빠졌다가 나온 것 같다. 오늘도 폭염주의보라고 한다. 홍보관은 일요일인데도 문이 열렸고 직원들이 일한다. 새만금방조제 관련 자료들을 보았다.

방조제 길이가 33.9km로 세계에서 제일 길고, 밑바닥 폭의 넓이는 평균 290m이며 가장 넓은 곳은 535m이고 높이는 36m이다. 배수갑문은 두 군데인데 '신시'와 '가력'이며 신시 갑문은 문이 10개가 2열로, 가력 갑문은 문이 8개가 2열로 만들어졌으며 갑문 1개당 폭이 30m, 높이는 15m, 무게는 484톤, 배수 능력은 초당 16,000톤이라고 한다. 실제로 살펴보니까 어마어마하게 무섭게 크고 웅장하게 생겼다. 부안 쪽으로부터 1호 방조제 4.7km, (가력배수갑문), 2호 방조제 9.9km, (신시배수갑문), 3호 방조제 2.7km, 4호 방조제 11.4km, 비응도-내초도 5.2km 등 총 33.9km로 세계 1위로 기네스북에 등재됐다고 한다.

1시간여를 홍보관에서 시간을 보냈다. 시원해서 좋았다. 한국농어촌공사에서 방조제를 관리하고 운영도 한다. 안내직원의 친절에 감사한다. 몇 가지 질문을 하는 사이에 내 몰골을 보고 불쌍해 보였는지 산수유 음료와 박카스를 주면서 격려도 해준다. 그 귀한 음료를 마시고 기력을 회복하여 나머지를 잘 마칠 수 있었다고 생각한다.

지난주 장항에서 삐끗한 무릎을 염려하였는데 오늘 속도가 너무 빨라서 그런지 변산 해수욕장에 도착하니 무릎이 시큰거리고 옷들이 땀에 흠뻑 젖으니 뻣뻣해져서 걸으니 사타구니가 씻겨서 아프다. 희한하다. 화학섬유가 물에 젖으니까 두꺼워지고 뻣뻣해져 양철(?) 같다. 그래서 변산 해수욕장에서 오늘을 마감하고 인

접 식당에서 뽕잎 비빔밥을 먹었다. 꿀맛이다. 지방 버스를 이용하여 부안을 거쳐 서울로

오늘은
군산시 옥도면 신시도리 · 항 - 신시도 주차장 · 신시 광장 - 신시배수갑문 - 새만금 2호 방조제(바람 쉼터, 소라 쉼터, 너울 쉼터) - 부안군 변산면 대항리 가력도항 - 가력배수갑문 - 새만금 1호 방조제(가력 광장) - 새만금 방조제 홍보관 - 변산면 대항리 해수욕장 · 해변까지

오늘은 무더위에 속도를 내느라 힘이 들었던 하루로 3.3만여 보에 25km를 걸었다.

구 누계 : 144.1만 보. 1,091km.
신 누계 : 147.4만 보. 1,116km.

부안 새만금 방조제 홍보관에서 본 방조제

우리 국토 해안선 걸어서 돌기

(30-1회, 2018.9.1. 토요일), (재방문, 2023.12.01.)

우리 국토 해안선을 따라 걷는 41일째

오랜만에 다시 나왔다. 유난히 심한 올해 폭염을 핑계 대고 무려 47일을 쉬고 드디어 오늘 새벽에 고속버스를 타고 부안으로, 다시 군내버스로 변산 해변에서 내렸다. 머리가 허전하다. 햇빛 가리개 모자를 차에 두고 내렸다. 옆에 앉아 있던 학생 같은 여자가 모자를 보았을 텐데 말이 없었다. 버스는 떠났다. 어수룩함이 앞선다. 9시가 지난 시간 햇볕이 따갑다. 그러나 남으로 걸었다. 여름철에 사람들로 붐볐을 그 유명한 변산 해수욕장이 2주 전에 폐쇄되어 황량하기 그지없다. 사람이 없다. 바닷물과 모래밭은 그대로일까?

걷기 시작하는데 너무 쉬어서 녹이 슨 것처럼 새삼스럽다. 아직 더위가 보통이 아니다. 혼이 난 적이 있는 7월 15일 새만금 방조제를 걸을 때와 비슷한 더위다. 아이 더워 소리가 절로 나왔다. 송포 해변에서 이상한 모자를 하나 사서 쓰고 속도를 내서 걸었다. 그러나 석양에 속도를 더 높였다.

부안에는 변산반도가 태안처럼 국립공원이다. 변산반도 해안가에 마실길이라는 일종의 둘레길인데 안내표시가 아주 잘 돼 있고 해발 등고선의 차이가 그리 높지 않아 태안보다는 조금 단순하고 좋은 조건의 둘레길이다. 총 66km를 8개 구간으로 나누어져 있다. 산하나 넘으면 해변이고, 해변 하나 지나면 산이 버티고 있다. 여러 항·포구를 지나왔는데 외자 이름이 많은 것이 특징이다. 이순신드라마와 명량 영화를 촬영한 드라마 세트가 걷고 있는 부안 길가에 있다.

그리고 부안에만 있다고 자랑하는 노랑 상사화가 한창 꽃을 터뜨리고 있다. 마실길 제2코스에 많이 있다. 내려오면서 본 차창 밖의 들판들이 풍요를 가져올 준비를 하고 있다. 벼들이 벌써 노란색으로 갈아입을 태세다. 세상이 바뀌어도 절기에 맞춰서 변화하는 자연을 이길 수 없다는 결론이다.

오늘은 마실길 1코스 절반부터 6코스까지를 걸었다. 그 사이에 있는 채석강과 격포 해변의 아름다움은 누구에게나 자랑할 만한 서해안의 보물이다. 망고 풍상을 고스란히 간직한 자연환경이다. 전라북도기념물 및 명승지로 지정되었다.

채석강은 전라북도 부안군 변산반도의 맨 서쪽, 격포항 오른쪽 닭이봉 밑에 있다. 옛 수군의 근거지이며 조선 시대에는 전라우수영 관하의 격포 진이 있던 곳이다. 바닷물에 침식되어 퇴적한 절벽이 마치 수만 권의 책을 쌓아놓은 듯하다. 주변의 백사장, 맑은 물과 어울려 풍치가 더할 나위 없다. 채석강이라는 이름은 중국 당나라 시대의 이태백이 배를 타고 술을 마시다가 강물에 뜬 달을 잡으려다 빠져 죽었다는 채석강과 흡사하여 지어진 이름이라고 한다.

여름철에는 해수욕을 즐기기 좋고 빼어난 경관 때문에 사진 촬영이나 영화 촬영도 자주 이루어진다. 채석강에서 해수욕장 건너 백사장을 따라 북쪽으로 올라가면 붉은 암벽으로 이루어진 적벽강이 있다. 중국의 적벽강만큼 경치가 뛰어나다는 데서 붙여진 이름이다. 채석강의 끝인 죽막마을을 경계로 북쪽이 적벽강이고, 남쪽이 격포 해수욕장을 포함한 채석강이다. 석양에 물든 바위들이 진홍색으로 장관이라는데 시간을 맞출 수가 없다. 바위들은 만물상이고 후박나무 숲 군락도 예쁘다. 채석강을 뒤로하고 산을 하나 넘으니 방송했던 '이순신' 드라마세트장이 나오는데 앞의 바다가 편안한 기분을 준다. 더 내려가니 요트경기장도 있고 더 밑에 궁항이란 항이다.

기분 좋은 걸음을 계속한다. 오랜만에 나와서 그런지 흥분되는 기분으로 내려가니 상록해변이다. 모래밭과 풍광이 깨끗하다. 조용하다. 톡 튀어나온 상록선착장을 지나니 또 해변이다. 바다에 솔섬이 시선을 끌고 육지에는 전북학생해양수련원이 있다. 수련이 잘 될 것 같다. 한참을 걷고 걸으니 모항이다. 시설들이 꽤 많은 걸 보니 고기잡이가 잘되는 동네 같다. 모항마을을 돌아 북으로 올라가니 모항갯벌체험장이다. 어느 부부가 체험을 끝낸 장소를 정리하고 있다. 구멍가게에서 물 한 병을 사서 마시고 물병들을 채우고 걷는다.

석양이 서서히 드리워진다. 그래도 걸어야 한다. 산을 도는데 국립휴양림이 있어서 숙소를 알아보니 사람이 많다는 만원이란다. 그러면 또 걸어야지 별수 없다. 시원한 틈을 이용하여 속도를 낸다. 양식장이 많은 마동 방조제를 건너서 진서면 작당마을을 통과하고 왕포 항에서 오늘을 마감한다. 마동 방조제는 부안군 진서면 운호리 일대 양식장용이다. 길이는 748m이다.

해가 많이 짧아졌다. 시간 조정이 필요한 계절이 온 것 같다. 오늘은 아직 더위를 이기는 훈련이 필요한 하루였다. 참으로 오랜만에 조(좁쌀)를 밭에서 구경했다. 아주 튼튼하게 잘 자라고 있다. 오랜만에 나와서 속도를 그런대로 냈지만 힘들고 지루한 하루였다.

오늘은
부안군 변산면 대항리 변산 해수욕장 - 운산리 송포 - 고사포 - 성천 - 마포리 하섬 - 격포리 적벽강 - 격포해변 - 채석강 - 격포항 - 이순신(명량)드라마세트장 - 궁항 - 도청리 상록해변 - 솔섬 - 모항 - 모항갯벌체험장 - 마동 방조제 - 진서면 운호리 작당마을 - 왕포까지

오늘은 장기간 쉬고 나온 첫날이지만 53천여 보에 39km를 걸었다.

구 누계 : 1,474천 보. 1,116km.
신 누계 : 1,527천 보. 1,155km.

채석강

국토 해안선 걸어서 돌기

(30-2회 2018.9.2. 일요일), (재방문, 2023.12.01.)

우리 국토 해안선을 따라 걷는 42일째

서울에서 내려올 때 확인한 바에 의하면 오늘은 비가 예보된 지역이다. 4시에 일어나 정리하고 4시 반에 나와서 걸으며 하늘을 쳐다보니 컴컴한 바다와 하늘에 먹구름이 가득하다. 왕포 포구 부두에 가로등이 물에 비추는 모습이 처량하게 보인다. 심야 같은 새벽에 마실 길을 찾아서 간다. 될 수 있으면 아침나절에 최대한 많이 전진해야 한다. 비가 한두 방울 떨어지는 것을 느끼고 불안한 가운데 발길을 재촉한다.

부안 마실 길 7코스와 8코스를 통과해서 고창군으로 넘어가야 한다. 둘레길 이름들이 예쁘다. 산을 하나 넘으니 조그마한 방조제가 연거푸 3개가 나온다. 방조제 이름은 없고 방파제 같은 역할의 방조제다. 다음 운호 체험마을, 관선마을, 내소사 입구, 곰소항, 곰소염전이 연결되어 있다. 좀 떨어진 산속에 있는 내소사에 꼭 가보고 싶은 곳인데 안타깝지만, 다음으로 미룬다. 조금 더 내려가니 곰소항이다.

곰소항과 곰소염전이 생각보다 무척 넓고 크다. 오랜만에 다시 온 곰소항 젓갈 광장을 둘러보는데 상가는 빈집들이 많이 보인다. 산업의 변화가 사람들의 식성까지 바꿔 놓은 것인지 사람들이 젓갈을 잘 안 먹는다고 한다. 편하고 좋은 음식들이 많이 나와서 그런 것인지 내가 봐도 답답한 일이다. 염전에는 소금물이 가득가득 담겨 있다. 아침부터 소금을 밀어내는 작업을 하는 사람들도 보인다. 모두 잘 사는 곰소항이 되기를 바라며 전진한다. 그 찰나에 손에 찬 게르마늄 팔지가 뚝 떨어진다. 연결 핀이 빠져버렸다. 빠진 핀을 찾아보았으나 찾지 못하고 그냥 간다. 혈액 순환에 좋다며 외국 출장 중 사 왔다며 큰아이가 준 것이다.

8코스 시작점인 구진마을에 들어서니 넓은 논 들판이 나온다. 엄청 넓은 들판에 벼 이삭이 나와서 고개를 숙이는 중이다. 벌써 약간 노란 색을 띠는 논도 보인다. 7월에 완전히 크지도 않은 벼 포기를 보았는데 벌써 벼 이삭이 나와서 성장하며 여물고 있다. 세월의 흐름은 폭염에도 여전하다. 상당한 시간을 논 들판을 구경하면서 조금 더 전진하니 갯벌 습지보호 구역(남사르협약 등록습지)이 광활하게 펼쳐져 있다. 잘 보전되기를 바란다. 꼭 잘 보전되어야 할 것이다.

9시가 넘으니까 비 온다는 것은 완전히 끝나고 햇살이 강력하다. 다시 못 참을 정도로 매우 덥다. 아직 완전한 여름이다. 더위가 언제 끝나려나. 참 힘든 일이다. 다음은 마실길 마지막 코스인 '줄포만갯벌생태공원'이다. 어렸을 때 많이 들어 본 고을이다. 공원을 한 바퀴 돌고 줄포에 들려 시내 구경을 하고 고창군 흥덕면 경계선 쪽으로 향했다.

길 건너 고창을 눈으로 구경하고 확인하고 귀경을 위해 다시 줄포로 돌아가 정읍행 버스를 이용해서 정읍역에서 SRT를 타고 서울로 향했다. 2일째 걸음을 끝내고 서울 갈 준비가 어렵다. 지방 버스와 서울 가는 차가 어디에 있는지 파악하고 시간을 맞춰야 한다. 앞으로 거리가 점점 더 멀어져서 챙겨야 할 것과 확인해야 할 사항이 복잡하고 많아진다. 정신을 바짝 차려야 할 것이다.

■ 부안의 이모저모

□ 관광지

새만금방조제 · 홍보관, 부안댐, 채석강, 부안청자박물관, 줄포만갯벌생태공원, 곰소항 · 곰소 젓갈 · 염전, 직소폭포, 석적 문학관, 원숭이학교, 내소사, 월명암, 개암사, 부안영상테마파크, 금구원 야외조각미술관, 휘목 아트타운, 부안누에타운, 청림천문대, 무형문화재 전수교육관, 신재생에너지테마파크, 아리울 승마장, 새만금 상설공연 아리

□ 해수욕장

격포 해수욕장, 변산 해수욕장, 고사포해수욕장, 모항 해수욕장, 위도해수욕장

□ 해안선 둘레길(1~8코스)

조개미 패총 길, 노루목 상사화길, 적벽강 노을길, 해넘이 솔섬 길, 모항 갯벌 체험길, 쌍계재 아홉 구비 길, 곰소 소금밭 길, 청자골 자연생태길

□ 부안 12미

냉이 주꾸미 샤부샤부, 돌미나리 오징어 회무침, 꽃게 장, 농어회, 고사리 서대탕, 아나고 탕, 석쇠 전어구이, 왕새우 소금구이, 숭어회, 새알 팥죽, 바지락죽 · 백합죽, 곰소 젓갈 백반

□ 체험

갯벌 체험, 도자기체험

오늘은

부안군 진서면 운호리 왕포 - 운호마을과 방조제 3개 - 관선마을 - 내소사 입구 - 진서리 곰소항 - 곰소염전 - 구진마을 - 보안면 신복리 - 줄포면 우포리 줄포 갯벌 습지보호 구역(람사르협약 등록 습지) - 줄포만갯벌생태공원 - 우포리 - 고창 흥덕면 신덕리 경계 – 줄포 시내까지

오늘은 심야 같은 새벽부터 강행군했다. 3.2만여 보에 23km를 걸었다.

구 누계 : 152.7만 보. 1,155km.

신 누계 : 155.9만 보. 1,178km.

곰소항 염전

우리 국토 해안선 걸어서 돌기

(31-1회, 2018.9.8. 토요일), (재방문, 2023.12.02.)

우리 국토 해안선을 따라 걷는 43일째

오늘은 해프닝의 날이다. 여름휴가 기간이 끝나서 차를 타는 데 문제가 없을 것으로 생각하고 고창 가는 7시 첫차를 타기 위해 느긋하게 6시 조금 지난 시간에 고속버스터미널에서 표를 사려는데 매진이란다. 허망하다. 다음 7시 40분 출발하는 차를 매표하고 터미널 대합실을 살펴보니 인산인해다. 사태를 파악해 보니 2주 남은 추석맞이 벌초를 하러 가는 인파들이다. 늦게 출발해서 고속도로에 들어오니 주차장을 상상케 한다. 정안휴게소에 도착하니 10시 5분이다. 2시간 25분이 걸렸다. 고속도로 다니는 중 제일 많이 걸렸다.

휴게소에서 쉬고 출발하려는데 2명이 휴식 예정시간보다 10여분이 지나도록 차를 타지 않아 기다리니 승객들이 빨리 가자고 야단 난리다. 그 2명의 행색이 '숙질' 관계이고 분명 벌초하러 가는 길인데 휴게소에서 무엇을 하는지 정해진 시간보다 15분이 지나도 오지 않는다. 빈 의자 밑에 주인을 잃은 밀짚모자가 안타깝게 보인다. 조상들에게 효도하는 벌초 행렬이 참 대단하다. 살아있는 부모들에게도 그렇게 효도했으면 좋겠다는 생각이 든다.

운전기사가 주차장 관리하는 사람과 대화를 하더니 그대로 출발해서 12시 15분쯤 흥덕역에서 내렸다. 지난번 다녀간 곳과 연결하기가 가장 가까운 곳이다. 내리자마자 터미널 식당에서 점심을 백반으로 먹었는데 정말 맛있는 진수성찬 점심이다. 전라도는 음식이라고 하는 말이 있는데 정말 맛있고 풍성한 식사였다. 늦게 도착한 시간을 조금이라도 만회하기 위해서 1시간 뒤에 있는 버스 대신 택시를 이용하여 줄포와 고창군과 경계지역인 김소희 명창 생가 근처까지 가서 오늘 일과를 오후 1시부터 시작했다.

원래 계획보다 2시간 반 늦은 시간이다. 햇볕은 쨍쨍한데 바람도 없다. 바다 건너 멀리 보이는 지난주에 걸었던 부안 변산반도를 생각하며 서남쪽으로 고고다. 고창 바닷가 지역은 선운산과 맞닿아 있어 바닷물과 산 계곡 밀물이 만나는 조그마한 개천이 무척 많다. 그래서, 바닷가 둑을 조금 걸으면 육지 쪽으로 들어와 다리를 건너고 또 바닷가로 나가고를 반복하는 전형적인 소규모 하천을 따르는 리아스식 해안의 본보기다.

그러나 다행으로 오르막과 내리막길의 경사 지역은 없었다. 그 사이에 물 고인 논 같은 공간이 엄청 많고 넓다. 양식장이란다. 물을 뿜어내는 것 같은 기구가 자동식으로 돌고 있는데 양식장에 산소를 공급하는 기계라고 한다. 양식장을 구경하며 걷는데 도로와 접해지는 부분에 '인촌 김성수 생가'라는 팻말이 보여 잠시 들렀는데 생가의 대문은 잠겨있고 옆에 '친일 어쩌고저쩌고'라고 쓰인 현수막이 있다. 그대로 다시 나와 송현리를 지나자 선운리가 나오고 길가에 미당문학관과 서정주 시인 생가가 붙어 있어서 지나는 길에 시간도 없어 주마간산으로 들려서 보고 나왔다. 무척 넓은 공간이다. 지도상 남쪽인 뒤는 산이고 북쪽인 앞은 바다다.

주진천의 용선교를 지나는 동안에도 내 오른쪽에는 장어양식장은 계속이다. 아마 20km는 되리라 생각한다. 그 개천마다 옛날에는 장어를 잡았는데 요즈음은 오늘 걷기 시작하는 지점부터 끝나는 구시포 해변까지 양식장이 수도 없이 많다. 모두 장어양식장이라고 한다. 여러 식당에서 장어요리를 만드는데 어디서 그렇게 많이 나오나 했는데 이곳 양식장에서 키워서 대는구나! 이제야 이해가 간다. 양식장이 정말 많다. 이것도 과학기술의 발전 덕인가? 공원같이 깨끗한 마을에 소금 전시관이 있다. 옛 염전마을이란다.

양식장 남쪽에 자전거 길을 잘 만들어 놓아서 오늘 내내 자전거 길을 이용했다. 그리고 동호항과 해변을 지나서 남쪽으로 가는데 해안이 직선으로 끝이 안 보인다. 가다가 명사십리 해변을 통과할 때 맑은 하늘의 일몰을 감명 깊게 보고 사진도 찍었다. 명사십리는 쭉 뻗은 백사장이 아름답게 보이는데 너무 길어 지루하다. 왼쪽의 들판은 바야흐로 황금색을 받을 준비를 하고 있다. 한 주일 사이에 완연하게 변하고 있다. 폭염에 밭농사는 피해가 크지만, 논농사는 대풍이라고 한다. 천만다행이다.

길을 걸으며 시간에 맞춰서 숙소를 구하는데 걸으면서 해수욕의 시즌이 끝나 숙소 구하기가 힘들다. 네 군데서 방이 없거나 장사를 하지 않거나 하여 거절을 당하고 계속 걸어서 9시 반경에 항이 있는 구시포항에서 모텔을 구하고 저녁 식사도 했다. 혼자 다니면 식사 문제가 난관일 때가 많다.

모텔 바로 밑에 있는 지역 어촌조합에서 간장게장을 주메뉴로 식당 영업을 하기에 가서 혼자 먹을 음식을 주문하니 1인분은 팔 수가 없으니 해수욕장 쪽에 식당이 많으니 거기 가서 하라며 거절한다. 생후 처음 컴컴한 밤에 와본 곳이라 해수욕장이 어디에 있는지도 모르는데 참으로 야속하고 야박하다. 나중에 기회가 되면 다시 한번 가봐야겠다.

그러면서 15분쯤 걸리는데 운동 삼아 걸을 만 하단다. 그때 상황은 나는 한 발자국도 움직이기 싫은 몸 상태인데 말이지. 정말 울고 싶은 생각이 이때 드는구나! 를 씹으면서 한 알로 먹는 밥은 없을까? 만화를 생각하며. 하는 수 없이 깜깜한 밤에 구시포 해수욕장을 찾아서 저녁밥을 해결하였다. 모텔에 들어오니까 그래도 웃음이 나온다. 오늘 아침 버스부터 우여곡절이 많은 날이다. 찍은 사진을 정리하고 이 글을 쓰기 시작해 초안을 정리하고 마무리 짓는데 눈꺼풀이 천근만근이다. 어떻게 여기까지 왔는지 모르겠다. 시계를 보니 밤 11시 반이 넘었다. 몹시 졸리는데 말이지.

■ 고창의 이모저모

□ 문화유적

고인돌 박물관, 고창읍성, 선운사, 무장현 관아와 읍성, 문수사, 전봉준 생가, 판소리 신재효 고택, 고인돌 질마재 따라 100리길

□ 자연환경

청보리밭, 고창 갯벌, 운곡 남사르습지, 고창 MTB파크, 가창오리 비행 동림저수지, 구시포항·해수욕장, 동호해수욕장, 깃든 병바위

□ 체험현장

도자기체험, 농악전수관, 책 마을 해리, 어촌갯벌 체험, 구시포 해수 찜, 한옥체험, 상하농원

□ 전시 박물관

판소리박물관, 군립미술관, 미당시문학관

□ 축제

청보리밭 축제, 갯벌 축제, 복분자 축제, 수박 축제, 모양성 축제

□ 특산품 · 먹을거리

복분자(주), 풍천장어, 고창 수박, 성기 고추, 쌀

오늘은

고창군 흥덕면 신덕리 – 사포리 김소희 명창 생가 – 상암리 상암저수지 – 부안면 봉암리 인촌 김성수 생가 – 선운리 미당 서정주 문화관(생가) – 심원면 용기리 좌치 나루 – 하전 갯벌 – 소금전시관 – 만돌 갯벌 – 서해안 바람공원 – 고창CC – 해리면 동호해변 · 해수욕장 – 상하면 용정리 명사십리 – 용정리 – 자룡리 구시포항 · 해수욕장까지

오늘은 오후 늦게 시작해 땀 좀 흘렸다. 또 숙소를 못 구해 고생 좀 하면서 힘들게 8시간 반을 걸었다. 무진장 빨리 걸었다. 4.8만여 보에 39km를 걸었다.

구 누계 : 155.9만 보. 1,178km.
신 누계 : 160.7만 보. 1,217km.

고창의 서해 갯벌

고창의 장어 양식장

우리 국토 해안선 걸어서 돌기

(31-2회, 2018.9.9. 일요일), (재방문, 2023.12.02.)

우리 국토 해안선을 따라 걷는 44일째

밖에 나오면 잠을 잘 자지 못한다. 어제 11시 반이 지나서 잠자리를 잡았는데 새벽 3시 반에 눈이 떠져서 억지로 더 자자!! 하고 누워 있다가 잠이 들어 4시 반에 일어나 준비하고 5시에 출발하는데 완전 심야와 같다. 밤바람에 반소매 옷이 춥게 느껴진다. 14도로 측정되어 약간 쌀쌀하였다. 스마트폰 지도를 참고삼아 영광 쪽인 남쪽으로 가는데 스마트폰 지도에도 없는 이정표가 나와서 다른 웹을 찾으니 나온다.

날이 좀 밝아지니 고창 마지막 지점까지 양어장이 보이고 산소를 공급하는 물 뒤집는(?) 기계 소리가 여러 곳에서 요란하게 들린다. 양어장이 잘 되어서 좋은 고기를 값싸게 생산해 국민건강에 보탬을 주기를 기대하며 남진을 계속한다. 전라북도와 전라남도를 연결하고 나누는 자룡천 방조제가 나온다. 방조제를 지나니까 전남 영광군이다.

드디어 우리나라 서해안 쪽 광역시도의 마지막을 걷고 있다고 생각하니 새벽의 쌀쌀한 기분이 상쾌하게 느껴지며 속도가 나온다. 그런데 전라남도는 지형이 들락날락하는 리아스식 해안의 돌출이 많아 앞으로 얼마나 많은 날을 오가고 해야 할지 모르는 지역이기도 하다. 들판을 지나는데 싱싱한 벼들이 노란색을 띠며 산들바람에 한들한들 움직이는 모습이 참 정겹다. 나는 어쩔 수 없이 촌놈이다.

들판을 지나 진덕삼거리에서 홍농읍의 서쪽 바닷가를 향해 걸어가는데 프로골퍼 신지애의 고향이라는 자연석에 새긴 커다란 표식 돌이 나와서 쭉 읽어보았다. 엄마 묘의 위치도 표식 되어 있는바 엄마는 돌아가신 모양이다. 신지애 선수를 생각하며 가마미해수욕장 이정표를 보고 전진하는데 멀리 전방에 원자력발전소 모양의 둥근 돔이 보여 멀리서 사진을 박고 옆에 있는 노인에게 물어보니 실제 원자력발전소란다. 6기가 일렬로 배치되어 있다. 이 걷기를 하면서 화력발전소는 많이 보았는데 원자력발전소는 처음 접한다.

조금 더 걸어가니 발전소의 정문이 나오고 정문 바로 왼쪽으로 가마미해수욕장으로 가는 길이 나온다. 도로가 깨끗하고 차량도 많지 않아 도보에 큰 지장 없이 수 km를 전진할 수 있었다. 발전소 울타리 끝을 지나 더 걸으니까 가마미해수욕장이다. 어렸을 때 지명을 많이 들어본 곳인데 오늘 처음 와 본다. 크기는 그리 크지 않고 아담하다. ㄷ자 형태라 파도가 작고 양도 적지 않겠냐는 생각을 하며 남진을 조금 더 하니까 계마항 · 포구라는 생각보다 큰 항구가 나온다.

한참을 더 걸어가니까 TV에서나 보았던 주홍색 독크가 보이는데 내가 가까이에서 직접 본 것 중에서 제일 컸다. 600톤이라고 쓰여 있다. 여기가 조선소란다. 영광 칠곡농공단지다. 몇 개의 공장이 더 있다. 부지런히 좋은 배를 잘 만들어서 돈 많이 벌기를 바라며 계속 걷는다. 조선소와 농공단지를 지나 2km쯤 가니까 영광 대교가 나온다. 다리가 섬세하고 예쁘게 지어졌다. 2015년에 준공되었는데 차량 행렬이 뜸하다. 다리 밑 바닷물이 법성포까지 들어가서 굴비를 만들어 유명한데 이 다리 때문에 나는 법성포에 돌아가지 않고 거리도 30여km 단축된다. 그 대신 법성포굴비정식은 다음으로 미룬다.

다리가 사람이 도보로 건너기가 편하고 안전하게 잘 지어졌다. 다리를 건너서 이정표를 보니까 목포라는 글자가 보인다. 건너온 다리 밑이 모래미해변이고 조금 전진하다가 삼거리에서 우회전해서 고개에 올라서면 그 유명한 백수해안도로가 시작된다. 16km가 넘는 해안가를 따라 바다를 조망하도록 주차장을 8곳이나 만들어져 있어서 서해안을 나무들의 가림 없이 구경할 수가 있다. 도로의 오른쪽에는 인조목 판자(? 데크)로 2.3km의 보도를 만들어 놓아 산책할 수 있게 돼 있어 오늘 나에게는 안성맞춤이었다.

그 외에도 해안도로에는 여러 가지 시설로 경치를 즐기도록 만들어져 있다. '정유재란열부순절비'도 있다. 오랜만에 들어보는 이야기로 여러 가지를 생각게 하는 순간이기도 하다. 아침을 5시에 간단 식으로 때우고 11시가 지나서 시장기를 느끼는 찰나에 굴비 정식이라는 간판을 보고 들어가 식사를 하는데, 어제 점심때 7,000원짜리 밥상에 나온 것만 한 조기가 한 마리가 더 나왔다. 1인분 식사에 굴비가 2마리라는 것은 아주 작다는 의미다. 15,000원이란 가격이 실망이다. 관광지는 바가지를 씌워야 맛인가.

해안도로의 경치를 연결해서 계속 백수읍으로 행정구역이 바뀐다. 해안도로를 계속 걸어 '백암 해양 전망대'까지 향한다. 내륙의 벼 들판과 저수지 등을 지나서 백수읍에 도달했다. 백수읍의 변두리와 바로 옆 동네 법성면의 변두리 경계 마을이 이낙연 총리 고향인데 이 총리가 어렸을 때 그의 모친 '지 여사'가 가을걷이를 끝내고 게를 잡으러 전북 고창인가 부안까지 왕복 50km가 넘는 길을 하루에 다녔다는 일화를 올해 봄에 돌아가신 후에 신문에서 보았는데 잠시 생각해 보았다. 오늘 걸은 해안도로가 오솔길이었을 때 걸었을 거라 생각된다.

백수서초등학교 근처에서 일과를 마치고 영광 행 시내버스를 타고 영광읍으로 이동했다. 고속버스를 타고 서울로 향하는데 5시가 지나니까 도로가 무척 막힌다. 예정시간보다 2시간이나 늦게 도착했다. 오늘도 아마 벌초하고 수도권에 돌아오는 차량일 거라는 생각을 한다.

집에 와서 발을 살펴보니 왼쪽 발에 물집이 생겼다. 오늘 너무 급하게 움직여서 일 것이다. 급하면 체한다는 말을 실감한다. 또 지난주에 변산 해수욕장 근처에서 산 모자도 버스에 두고 내려 잊어버렸다.

오늘은

고창군 상하면 자룡리 구시포항 · 해수욕장 - 고리포 - 토안마을 - 전라남 · 북도 연결 자룡천 방조제 - 전남 영광군 홍농읍 진덕리 동화간척지 들 - 성산리(신지애 고향) - 원자력발전소 - 계마리 가마미해수욕장 - 계마항 · 포구 - 칠곡농공단지(조선소) - 칠곡리 - 영광 대교 - 백수읍 구수리 백수해안도로 - 대신리 노을전시관 - 정유재란열부순절지 · 비 - 백암리 해안전망대 - 대전리(백수서초등학교)까지 어제 늦게까지 고생한 것을 만회하려고 오늘도 부지런히 움직였다. 4.5만여 보에 34km를 걸었다.

구 누계 : 160.7만 보. 1,217km.
신 누계 : 165.2만 보. 1,251km.

백수해변

우리 국토 해안선 걸어서 돌기

(32-1회, 2018.9.15. 토요일), (재방문, 2023.12.02.)

우리 국토 해안선을 따라 걷는 45일째

오늘은 마음을 복잡하게 만든 일정이다. 오늘 가야 하는 지역이 비가 온다고 예보가 되었다. 게다가 5일 전에 고속버스를 예약하러 갔는데 첫차는 이미 끝나고 2번째 차를 예약했다. 지난주 벌초객들 때문에 가며 오며 고생 좀 했는데 오늘도 예상되는 상황이 꼭 같은 상황이다. 거리도 고창보다 30분을 더 가야 하는 원거리이기 때문이다.

예상대로 서울을 벗어나니 비가 시작한다. 수원에서 그치고 안성에서 비가 시작하고 공주쯤에서 멈추고 야단 난리다. 비는 그렇다 치고 오늘도 도로 사정이 주차장을 방불케 한다. 역시 벌초객들이 많다. 우리 차에도 벌초객들이 많이 타고 있다. 운전기사가 천안을 지나면서 고속도로가 밀리니까 국도로 우회한다고 나갔다 들어왔다가를 하다가 정안 환승휴게소에 들어왔는데 곡예 운전한 것 같다. 과연, 우회해서 얼마나 시간이 단축되었는지 모르겠다. 내 생각엔 별로인 것 같은데 말이지.

영광에 도착하니 예정시간보다 2시간 늦은 오후 1시다. 내리자마자 화장실도 안 들리고 백수에 가는 차 출발지로 가니까 1분 후에 출발하는 백수 행 시내버스가 대기하고 있어 탔다. 운이 좋은 날이다. 그런데 버스 요금이 은행 카드는 통용이 안 되는 지역이다. 티-머니 충전도 안 돼 있어 완전 촌놈 신세로 현금으로 계산했다.

백수서초등학교 근처에서 오후 1시 30분에 도보 걷기를 시작했다. 들판은 노란색이 지난번보다 더 짙다. 그늘에서 가지고 간 떡과 어제 친구 부인이 만들어다 준 약식을 점심 대용으로 먹고 물을 마시고 속보로 남진한다. 길을 잠시 헛갈려서 왔다 갔다 하다가 백수에서 염산으로 넘어가는 준공도 안 된 도로와 다리를 찾아서 무사히 한고비를 넘었다. 영광은 천일염을 만드는 염전이 무진장 많고 종교 성지가 많다. 백수에 원불교영산성지가 있고 염산에 기독교인순교지도 있다.

해안가는 여름 성수기가 지나 한가한 가운데 영광군 하사리부터 무안까지 특별한 이름 없이 길이 조성되어 있다고 한다. 길은 넓지 않고 승용자동차가 겨우 교행이 가능할 정도로 되어 있다. 백수읍 하사리와 염산면 일대의 풍력발전단지와 양식장과 염전 등이 많다. 염산면의 염전은 깊은 역사와 전통이 있는 곳이라고 한다. 염산면사무소에서 가까이 설도항이 있다. 좁으며 깊게 들어간 만의 끝에 있다. ㄱ자로 방조제가 있고 물산이 풍부한 항으로 보인다. 방조제를 따라서 기우는 해를 바라보면서 남서쪽으로 걸었다. 영광의 끝 항화도 항이다.

영광의 끝자락 향화도 항에 주변 멀리까지 전망되는 칠산타워라는 전망대가 있다. 또 이곳에서 무안 해제로 연결되는 1,820m의 칠산대교가 건설 중인데 가운데 2곳 몇십 미터가 떨어져 있으며 계속 연결 공사 중이다. 공중에서 구간을 몇 개로 나누어 이어나가는 공사 방법이 희한하다. 아슬아슬하게 매달려 있는 듯한 공사 중인 현장과 다리를 짓는 공법과 기술에 감탄한다. 2019년 말이면 준공된다는 사실이 안타깝다. 연결되었다면 몇십km는 단축되는 건데 말이지. 아무튼, 우리나라 건축기술이 엄청나게 발전해 다리를 많이 건설해서 거리를 많이 단축하고 도서의 편의를 제공하고 있다. (칠산대교(七山大橋) : 전라남도 영광군 염산면과 무안군 해제면을 잇는 길이 1.82km, 폭 11.5m의 교량이다. 2019년 12월 18일 개통되었다).

염산면 향화도를 조금 내려가니 함평군 땅이다. 이름 없는 방조제를 지나니 함평항이다. 함평항 해변에서 석양을 맞이하며 계속 남으로 걷는데 이상한 동네다. 바닷가에 그렇게도 많던 민박, 모텔, 펜션이 함평 바닷가에는 하나도 없다. 식당도 없다. 방조제를 몇 개 건너며 일몰을 구경하는 데 불안이 천만이다.

깜깜한 길을 계속 걷다가 밤 8시 반이 넘는 시간에 안악해변 어느 지점에서 횟집이라는 간판을 보고 무조건 들어가 밥 좀 달라고 하니 안 된단다. 최하 한 상(회나 매운탕 등의 기본)이 5만 원이란다. 어이가 없다. 새벽에 집에서 아침을 대충 먹고 점심도 제대로 된 밥을 못 먹고 15시간이 지났는데 또 못 먹게 생겼고 지금 못 먹으면 먹는다는 보장이 없다.

다음 해수욕장까지 가봐야 혹시 식당이 있을지 모르는데 7.5km를 더 가야 한다. 혼자서 그 많은 양을 먹을 수는 없고 그래서 부탁을 했다. 만 원을 낼 테니 밑반찬에 밥 한 공기만 달라고. 식당의 아들이라는 총각이 내 몰골이 딱해 보였는지 김치에 밥 한 공기를 줘서 먹고 만 원을 주니 거스름돈을 준다. 아무튼, 고맙다.

밥 먹으면서 나이 많이 드신 노인이 맥주를 마시고 있다가 나에게 말은 건넨다. 물음에 대답하니 고향 사람 만나는 것처럼 여러 가지 이야기를 한다. 서울에서 살다가 10여 년 전에 내려와 농사를 짓는데 오늘 일 끝내고 술 한 잔을 혼자서 먹고 있다며 혼자 산다고 한다. 대화 도중에 잠자리 얘기가 나와서 영감님 댁에서 하루 자고 숙박비를 주겠다고 제의하니 마을회관을 이야기한다. 귀가 쫑긋해 듣고 부탁해서 우여곡절 끝에 이장과 노인회장 부녀회장과 청년회장이 총동원되어 회의 후에 방을 빌려줘서 묵었다.

오늘 밤 묵을 방 때문에 걱정하며 여기까지 왔는데 천만다행이다. 궁하면 통한다는 말을 생각해 본다. 그리고 오늘은 구름의 날이다. 한시도 빠짐없이 온종일 구름과 같이 살았다. 사방에 여러 모양의 구름이 아름답게 펼쳐져 반겨주었다. 가을 구름을 보내준 하늘에 감사하다.

■ **영광의 이모저모**

□ 영광 9경

백수해안도로, 4대 종교문화유적지, 불갑사, 칠산 타워. 가마미해수욕장, 불갑저수지수변공원, 숲쟁이공원, 송이도, 천일염전

□ 문화재

불갑사(사천왕상 복장전적, 지장보살상, 석가삼존상, 불복장전적), 법성포 단오제, 불갑사(목조석가여래삼불좌상, 대웅전), 영광 신천리 삼층석탑, 영광 매간당 고택, 영광 법성진 숲쟁이, 영광 불갑사 참식나무 자생북한지, 영광 칠산도 괭이갈매기 · 노랑부리백로 · 저어새 번식지, 영광 원불교 영산 대각전, 영광 법성리 일본식 여관, 영광 원불교 신흥교당

대각전, 영광 창녕조씨 관해공 가옥

□ 축제 · 행사

불갑사 상사화 축제, 법성포 단오제, 천일염 젓갈 갯벌 축제, 영광 찰보리 문화제, 백수해안도로 노을 축제, 곡우 사리 영광굴비 축제

□ 9미

굴비 한정식, 민물장어, 간장게장, 청보리 한우, 보리 떡, 백합, 보리새우, 맛조개, 덕자 찜

□ 9품

영광굴비, 모시 잎 송편, 천일염, 대마 할머니 막걸리, 간척지 쌀, 태양초 고추, 딸기, 찰보리 쌀, 설도 젓갈

오늘은

영광군 백수읍 대전리(백수서초등학교) - 하사리 - 염산 - 백수 연결 도로 - 풍력발전단지 - 염산면 송암리 봉덕산 - 백바위 해변 - 두우리 해변 - 야월리 염전 단지 - 봉남리 염산면사무소 - 설도항 – 향화도 항 - 옥실 방조제 외 - 함평군 손불면 학산리 함평항 - 월천리 안악해변까지

오늘은 오후에 너무 늦게 잡고 되게 치는 날로 부지런하게 움직였다. 4.3만여 보에 33km를 걸었다.

구 누계 : 165.2만 보. 1,251km.

신 누계 : 169.5만 보. 1,284km.

영광군 향화도와 무안군 해제면을 잇는 칠산대교

영광 향화도 항과 함평항을 잇는 방조제

우리 국토 해안선 걸어서 돌기

(32-2회 2018.9.16. 일요일), (재방문, 2023.12.02.)

우리 국토 해안선을 따라 걷는 46일째

이튿째 새벽에 눈이 떠져서 시계를 보니 2시 9분이다. 어제 너무 늦게까지 걷고 우여곡절 끝에 방을 구했으나 다른 때보다 일찍 잠을 잔 것은 맞다. 하여튼 밖에 나오면 잠을 푹 자지 못한 게 또 증명이다. 누워서 이것저것을 생각하니 후회되는 일들이 많다. 잘한 것보다 잘못한 경우가 훨씬 많음을 상기하고 2시간 이상 꿈길에서 기와집을 수십 채 짓고 부수고 4시 반에 일어나 정리하고 5시에 방을 나와 걷기 시작했다.

바로 연결된 길이 3km가 넘는 월천 방조제다. 컴컴한 시골의 밤 아무것도 보이지 않고 카메라도 셔터가 터지지 않는다. 오른쪽의 바다는 철썩철썩 듬직한 물소리가 들린다. 스마트폰 지도를 앞세우고, 남진이다. 새벽 6시에 동이 터오기 시작한다. 먼 동쪽의 산 위에 일출이 시작한다. 황홀한 구름 그림을 그리며 새날을 알린다. 참 아름답다. 매일 보는 해도 아침에 보여주는 환희는 환상이다. 아침 해를 맞이하며 '오늘도 무사히'를 기원하며 걷는다.

해를 친구삼아 사진을 촬영하며 계속 걷는다. 7시 반에 주포항을 앞에 두고 석창4리 마을회관 정자에서 아침 겸 간식을 먹었다. 계속해서 내려가니까 전라도에서는 유명하고 알아주는 함평해수

찜 집이 있다. 말만 들어보고 가보지는 못했는데 오늘 그 집 앞으로 지나가고 있다. 바닷가에 두 군데가 나란히 있다. 집 앞마당에 수건들이 무진장 널려 있다. 어제 쓴 수건을 세탁해서 말리는 것인가?

제방을 따라 걸으니 주포항이 제방 가운데에 자리하고 있다. 돌머리 해수욕장이 서쪽으로 뻗어 있어 방향을 틀어 돌아가니까 한옥마을이 있다. 멋들어지게 기와집이 집단으로 마을을 이루고 있는데 살고 싶은 마음이 든다. 한옥 민박집도 있다는 간판도 보인다. 언제 기회를 잡아야겠다.

돌머리 해수욕장을 돌아서 다시 동쪽으로 전진하면 함평과 무안의 경계를 이루는 폭 15m 정도의 개천(자명천)이 있는데 여러 가지 지도상에는 다리가 보이지 않는다. 만약 끝까지 다리가 없으면 6km 이상을 동진과 서진을 돌아 왕복 12km 이상의 길이 걸려 있는 중요한 지점이기 때문에 가기 전에 주민들에게 물어보았는데 답이 둘이었다. 있다 와 모르겠다 두 가지다.

그래서 긴장을 하며 가는데 바다 둑에서 500여 미터 동쪽에 다리가 있다. 이때는 나도 몰래 환호성이 나온다. 지도의 길보다 11km를 단축 받은 것이다. 목표까지 갈 수 있을까 걱정하면서 아침부터 서둘렀는데 천만다행이다. 다리 길이를 재보니까 크게 20여 걸음이다. 약 20여m다. 이 다리가 11km를 단축해준다. 기본적인 사회간접 시설들이 얼마나 중요한가를 새삼 느낀다. 다리를 건너면 무안군이다. 다시 바다 쪽으로 나가서 둑방 길을 따라서 계속 남진이다. 논 가운데가 비닐하우스 같은 시설물이 있어 살펴보니 오리를 기르는 양계장이다. 굉장히 넓은 축사다. 여러 채가 있고 특유의 농촌 냄새도 난다.

9시가 지나니까 걷는 속도에 더해서 그런지 무척 덥다. 햇볕이 따갑다. 무안 바닷가의 파도목장을 지나자 문화가 흐르는 마을이라는 팻말이 보여 목표지점 방향과 같아서 4km를 따라서 걸어 들어갔다. 김해김씨와 전주최씨의 집성촌인데 옛날에 고위 공직자가 은퇴 후 내려와서 자리 잡고 살면서 관리를 잘하여 그 후손들이 잘된 사람들이 많이 나왔다는 표지석을 보았다. 지금의 우리도 그런 사람들이 나왔으면 좋겠다고 생각해 본다. 현경면사무소를 목표로 걸음은 계속이다.

주변 논 들판을 바라보니 노란색은 지난주보다 덧칠을 더 한 것처럼 샛노랗다. 그 옆에는 고구마밭이 끝이 없다. 폭염에도 관계시설들이 잘 갖춰져서인지 생각보다 넝쿨과 잎이 아주 튼튼하게 잘 자라고 있다. 무안의 밤고구마가 유명한데 지금은 무슨 고구마인지 궁금하기도 하다. 농부들이 좋아할 것 같다. 아무튼, 누가 뭐래도 가을은 깊어지고 있다. 가을 관리를 잘해서 풍성하고 아름다운 가을이 되도록 해야겠다.

무안군 현경면사무소를 4km쯤 남겨진 지점에서 수수밭을 발견했다. 꽤 넓은 밭에 진초록의 수수가 잔뜩 심어졌다. 두 군데가 있었다. 수수밭이라는 영화가 생각난다. 키가 큰 식물인데 참 오랜만에 보아 반가웠다. 아이들 돌이나 백일 때 떡을 만들어 먹는다. 건강하게 자라고 장수하라는 뜻의 의미가 있는 곡물이다.

목표지점인 무안군 현경면사무소에 도착하니 11시 40분이다. 자명천의 20여 m 다리 때문에 거리가 지도상 보다 단축되는 행운으로 2~3시간 일찍 도착했다. 고속버스 맵을 검색해보니 1시 40분 공휴일에만 다니는 임시 버스가 편성되어 있다. 점심을 무안읍으로 미루고 농어촌버스를 타고 무안터미널에 도착하여 미리

예매한 4시 20분 버스표를 앞차로 교환하려는데 매표창구가 막혀있다.

나는 마음이 급해서 서두르는데 20대로 보이는 청년이 말한다. 일하는 사람이 어디를 갔는데 1시쯤 돌아온단다. 옆에 있는 사람 얘기로는 교회에 갔다고 한다. 그러면서 서울에서 산 버스표는 서울에서 환불받아야 한다. 라는 멘트를 해서 다른 곳에서는 교환처리해 주어서 이용했다고 말해도 통하지 않는 분위기다. 나는 바로 교환해야 한다. 1시 안에 인터넷으로 모두 사 가버리면 어떻게 하냐고 하니까 그럼 표를 먼저 사고, 그 사람이 오면 환급하면 되지 않느냐기에 그렇게 하는 것이 맞는 것 같아서 표를 샀다. 누구냐고 물으니 그 건물주의 아들이란다.

차표가 2장이 됐다. 1시 40분 것과 4시 20분 것이다. 일단 식사를 하기로 하고 식당에 가서 밥을 먹고 1시가 지나서 매표구에 가서 부탁하는데 앉아 있는 사람이 나이가 지긋한 할머니(?)다. 쭉 설명해도 안 된단다. 말도 이제는 교환에서 환급으로 바뀌었다. 옥신각신하는 사이 나이 든 남자가 오고 그 젊은이까지 합세해서 눈을 부라리며 겁을 준다. 이야기하는데 모두 한 가족이었다.

아들이라는 사람은 여기는 무안이란다. 다른 곳은 모르겠단다. 특히 개인을 강조한다. 개인이 장사하는 곳이란다. 나는 이해가 안 되는 일이다. 그 전에 몇 군데서 교환해서 이용했던 전력이 있었는데 답답하다. 서울에 있는 아들에게 서울 터미널에 알아보라고 연락을 했는데 돌아온 대답이 일요일이라 연락이 안 됐고 탑승 시간 이후에 환급하면 30%의 위약금을 내고 환급해준다는 사실을 알았기에 8~9천 원 손해 보기로 작정을 했지만 이해가 안 된다. 어디는 되는데 어디는 안 된다.! 자기 마음대로 법인가.

시간이 남아 있기에 옆에 있는 고속버스 사무실에 가서 알아보는데 전에도 그런 전력이 있다며 터미널이 자기 개인 거란다. 남자는 전에 군의원인가 무엇인가를 했던 출신으로 소위 말하는 힘깨나 쓰는 지방 토착 세력이라고 한다. 고속버스 직원들도 통용이 안 되는 사람들이란다. 그리고 내가 말하는 것이 자기 회사의 방침이며 맞는 절차라는 사실도 알았다. 시민 대중을 상대로 일하면서 돈 버는 사람이 업장까지 막아놓고 교회 다닌다는 사람이 하느님이 안 무서울까? 손해배상 청구를 법원에 할까? 라는 생각도 했다.

시간이 돼서 버스를 타라기에 타고 보니 바로 출발인데 우등 고속이 아니다. 기사에게 물어보니 10분 먼저 광주 가는 버스란다. 잘 못 탄 것이다. 한심한 일이 또 벌어졌다. 부랴부랴 내려서 뛰었다. 기분 좋게 행군 잘했는데 서울 가는 차 때문에, 엉망이 된 기분이다. 계획보다 적게 걸어 힘이 남아서인가? 앞으로 조심하고 잘 살펴야겠다. 서울로 올라오는데 차가 많이 밀려 또 1시간 반 연착이다. 서울 터미널에서 차표 이야기를 하니까 임시 차를 타고 왔다는 증거로 100% 환급을 해준다. 무안터미널의 사정을 아는 눈치다.

요즘 참 힘들게 다니고 있다. 이번 답사는 시간상으로 몹시 힘든 나들이였다. 평소에는 사진이 200여 컷 이상인데 이번에는 확인 결과 50여 컷도 안 되었다.

■ 함평의 이모저모

□ 주요 관광지

함평엑스포공원, 함평 자연생태공원, 양서 · 파충류생태공

원, 용천사 꽃무릇공원, 함평만(돌머리해변) 낙조

□ 역사와 문화유산

대한민국임시정부 독립운동 역사관, 고막 천석교, 자산서원, 함평향교 와 느티나무 · 팽나무 · 개서어나무 숲, 용천사 석등, 일강 김철 선생 기념관, 팔열부정각, 보광사 범종, 석불입상

□ 힐링 여행 : 자연에서 누리는 휴식

돌머리해수욕장, 안악해변, 함평 오일장, 함평 천지 문화유물 전시관, 주포 한옥마을, 상모 농촌체험휴양마을

□ 축제

함평나비대축제, 국향대전, 꽃무릇 큰잔치, 난 명품대제전

□ 고향의 맛 · 먹을거리

생고기 비빔밥, 함평만 뻘 낙지, 함평천지한우, 함평 민물장어, 함평만 생굴, 보리새우, 나비 쌀, 무화과&잼, 미니 단호박, 백분자 와인

오늘은

함평군 손불면 월천리 안악해변 - 일공구항 - 월천 방조제 - 석창리 - 함평해수찜 - 함평읍 주포항 - 주포 한옥마을 - 돌머리해변 - 무안군 현경면 해운리 파도목장 - 현화마을 - 외반리(현경면사무소)까지

오늘은 계획이 멀게 잡혀서 일찍부터 열심히 걸었으나 거리가 단축되어 기분이 좋았는데 숫자는 작다. 3.8만여 보에 28km를 걸었다.

구 누계 : 169.5만 보. 1,284km.
신 누계 : 173.3만 보. 1,312km.

무안 현경면 수수밭

무안 고구마 밭

우리 국토 해안선 걸어서 돌기

(33-1회 2018.9.23. 일요일) (재방문, 2023.12.03.)

우리 국토 해안선을 따라 걷는 47일째

추석 연휴가 시작이다. 어제 고속버스로 늦은 시간에 신안군 지도읍에 도착해서 군내버스로 증도에 가서 리조트와 짱둥이 다리라는 지역에서 갯벌 구경을 하고 지도로 돌아와 오래된 여관형 모텔에서 숙박하였다. 새벽 4시에 예약한 택시를 타고 증도 면사무소 앞으로 다시 가서 4시 반부터 지도를 향해 걷기 시작이다. 잘 못 한 것인지는 모르겠는데 비용 문제 때문이다. 증도의 숙박비에서 지도의 숙박비와 택시비를 제하고도 5만 원이 남는다는 사실이 그렇게 되었다. 요즘은 추석 연휴가 숙박 시설들 특히 가족들이 사용할 수 있는 펜션은 성수기란다. 사람들이 엄청나게 많아서 놀랐다. (※ 2023년 12월엔 지도 터미널 옆 여관이 하나도 없다.)

캄캄한 밤에 더듬더듬 길을 찾아서 걷는다. 증도에는 볼거리와 공부할 거리가 많다. 태평 염생 식물원, 엄청나게 넓은 태평염전, 소금박물관, 신비의 바닷길인 화도 노두길, 갯벌도립공원과 람사르 습지로 지정된 습지 보호지역, 슬로시티 지역, 우전해수욕장, 짱뚱어와 짱뚱어다리, 그 유명한 신안해저유물 발굴지, 문경준 전도사 순교기념관과 그 외 여러 가지가 있다. 그러나 나는 염전과 증도대교 외에는 보지 못했다. 걸어서 다녀도 시간을 내기가 어렵다. 갈 길이 바쁘고 차 시간 맞추기가 어렵고 하는 등등 때문에.

증도대교를 넘으면 사옥도와 사옥 대교 그리고 송도가 나오고 연륙교를 넘으면 지도가 나온다. 이렇게 신안군의 섬 4개가 다리로 연결되어 한 지역처럼 움직이고 있다. 다리가 높지도 않고 아담한 것이 밀물 개천 다리 같다. 내년 말쯤에는 지도의 북서쪽의 임자도와도 연결이 된다고 한다. (※ 임자대교 : 신안군 지도와 임자도를 잇는 대교로, 2013년 10월 착공하여 2021년 3월 준공돼 전면 개통됐다. 연장 4.99km에 폭 11m의 2차로이다.)

지도에서 동쪽으로 나오면 다리 갖지도 않는 연륙교로 연결된 무안군 해제면이다. 지도의 중간 정도 오는데 갑자기 하늘이 시커멓게 검은 구름이 모이더니 소낙비가 10여 분 내렸다. 마침 200여 미터 전방에 있는 버스 정류소에 대기실이 잘 돼 있어서 주류의 비는 피했다. 우리나라는 웬만한 비는 통상 서쪽에서 온다고 생각했는데 오늘은 동쪽에서 왔다. 세상의 변화인가. 내가 잘 못 알고 있는 건가.

지도와 무안군의 서쪽 바다 쪽에는 무화과가 무척 많다. 제주도에 감귤밭과 같은 풍경이라고 생각하면 맞을 것이다. 몇 개 사서 먹었으면! 생각하고 물어보니 모두 상자에 담겨서 만원, 이만 원에 판다고 한다. 혼자 걸어서 다니면서 먹고 싶은 것을 못 먹는 경우가 많다. 이 고장은 고구마가 많고 가을배추와 무가 밭에 한가득하다. 또 무안은 뻘 낙지가 유명하다는데 현지에서 먹어본 지가 참 오래되었다.

해제면도 꼭 섬같이 생겼는데 실 같은 좁은 땅이 동남쪽으로 연결되어 무안군 현경면과 이어져 있다. 무안 노을 길이라는 무안 둘레길이다. 석양에 노을을 보며 걸으면 바다와 낙조의 아름다움이 환상일 것으로 보인다. 노을 길을 벗어나 현경면 소재지에 들어오면 길이 여러 갈래로 나뉘어 있어서 정신을 바짝 차려야 한다.

나는 목포 방향으로 가야 하는데 그 길이 무안 망운면과 운남면을 거쳐서 다시 신안군 압해도와 압해대교를 통과해서 목포로 가는 길이 내가 정한 제1코스다. 다시 망운면에서 청계면을 지나 삼향읍을 통과하여 목포로 가는 제2코스가 있다. 그 사이에 바다가 있는 일종의 만이다. 1코스는 신안군 섬에 다리가 놓여 있는 길이고 2코스는 무안에서 목포로 들어가는 순수한 육지 길이다. 지금 나의 행동과 생각에 맞는 것은 바깥쪽에 있는 제1코스라야 한다. 다리가 있으니 말이지.

그런데 10여km쯤 가면 일정상 숙소를 정해야 하는데 인터넷 검색을 해보니 제1코스는 계획된 곳에는 숙소가 한 군데도 없고 15km 이후에 2곳이 있는데 믿을 수가 없다. 제2코스는 15개 이상 자유롭게 배치되어 있다. 갈등이 심하다. 한낮이 되니 또 무척 덥다. 옷이 모두 젖었다.

다른 시설이 있을 요행을 바라고 가고 싶었던 편의시설이 열악한 제1코스로 전진했다. 늦은 오후에 운남면 소재지에 도착해 다시 검색을 해보는데 모텔도 민박도 펜션도 역시 없다. 힘이 빠지고 고생문이 또 열린 것이 아닌가 생각하며 머리를 굴리며 다시 검색해보니 6km를 더 가야 하는 곳에 펜션이 있다고 나온다. 전화를 해보니까 펜션은 다 차서 없고 방갈로 같은 집(글램핑)이 있다고 하여 무조건 예약을 하고 지나가는 버스를 기다렸다. 도저히 그 거리를 걷지 못하겠다. 오늘 차로 숙소 가까이 이동해서 쉬고 자고 내일 아침에 다시 제자리로 와서 내려가야겠다고 잔머리를 굴렸다.

내일은 택시로 제자리인 운남면사무소 앞으로 가야 한다. 20여 분 기다리니 버스가 오기에 타고 글램핑이 있는 지점에서 1km를 벗어나서 내려줘서 펜션에 도착해서 식사까지 부탁해서 오늘을 정리했다. 펜션 사장이 고맙다. 그리고 내 성격이 많이 바뀌었다. 상대가 부담되는 일은 될 수 있으면 하지 않는 나인데 식당이 없는 동네의 펜션이나 여관에서 저녁밥까지 부탁하고 다니니 말이지. 목숨이 달린 일에는 어쩔 수 없는 모양이다. 얼굴이 두꺼워진다. 요령도 생기고.

추석 명절이니 이런 시설이 할 일이 없어야 하는데 요즈음은 성수기라는 사실을 실감할 수가 있다. 추석 명절을 밖에 나와서 지낸다는 것이다. 이 펜션에도 만원이다. 사람 수가 10명이 넘는 가족도 있고 5~6명은 보통이고 3대가 모인 가족도 여럿 보인다. 하기야 이번 추석 연휴에 해외여행도 많이 나가 공항이 북새통이라는데 할 말이 없다. 변화의 현주소를 보고 있다. 밖이 소란하다. 사람이 많으니 시끄러울 수밖에.

■ 무안의 이모저모

□ 자연 여행

화산 백련지와 힐링 길, 무안 황토 갯벌 랜드와 캠핑장, 승달산, 영산강 자전거길, 왕벚꽃 거리, 백로와 왜가리 번식지, 홀통·톱머리·도리포 해변

□ 역사·문화여행

식영정, 법천사·목우암, 원갑사, 초의선사 탄생지, 무안향교, 약사사 석불입상, 분청사기 명장전시장, 남도소리 울림터, 못난이·오승우 미술관

□ 체험 여행

팔방미인 정보화 마을, 반딧불, 파도목장 낙농체험, 도자기 체험, 낚시체험, 월선리예술인촌, 약초골 한옥 마을, 밀리터리 테마파크

□ 축제

무안 연꽃 축제, 무안 황토 갯벌 축제

□ 먹을거리

연 요리, 무안 애꽃 한정식, 무안 5미(갯벌 세발낙지, 돼지 짚불 구이, 양파 한우고기, 도리포 숭어회, 명산 장어구이)

□ 농·수 특산물

황토 양파·고구마·마늘, 쌀, 갯벌 돌김, 연 특산물

오늘은

전남 신안군 증도면 우전리 - 대초리(염전) - 중동리 - 증도대교 - 사옥도- 지도대교 - 송도 - 송도교 - 지도 - 연륙교 - 무안군 해제면 용화리 - 현경면 가입리 - 오류리 홀통해변 - 무안 노을길 - 망운면 목동리 - 운남면 면리(운남면사무소)까지

오늘은 첫날 도보를 새벽부터 한 날이다. 시간으로도 12시간 넘게 걸었다. 새벽과 아침은 속도를 냈지만, 여유 있게 천천히 쉬면서 걸었다. 5.6만여 보에 43km를 걸었다.

구 누계 : 173.3만 보. 1,312km.

신 누계 : 178.9만 보. 1,355km.

무안군 운남면과 신안군 압해읍을 연결하는 김대중 대교

무안 해제 앞바다 갯벌

우리 국토 해안선 걸어서 돌기

(33-2회, 2018.9.24. 월요일), (재방문, 2023.12.03.)

우리 국토 해안선을 따라 걷는 48일째

오늘은 2018년 추석날이다. 그렇지만 계획대로 4시에 예약한 택시를 타고 어제 버스를 탄 무안군 운남면사무소 앞으로 갔다. 6km쯤 되는데 채 10분이 안 돼 도착했다. 바로 목포 방향으로 다시 걸어서 남진했다. 도로가 새로 만들어서 차들이 속도 내기 딱 좋은 정도여서 바짝 긴장하고 걸었다. 자동차 진행 방향과 반대 방향으로 걷는데 눈이 부셔 잘 갈 수가 없다. 모두가 상향등으로 운행을 한다. 진짜 우리나라 운전문화는 빵점이다.

1시간여를 걸으니 '김대중 대교'가 나온다. 무안군 운남면과 신안군 압해읍을 연결하는 925m 다리인데 다리 명을 김대중 전 대통령 이름을 따서 지은 것 같다. 다리를 지나면서 어제 묵은 펜션을 바라보며 계속 내려갔다.

한 시간쯤 더 걸어가니 신형(?) 도로가 끝나고 구형 도로가 나왔다. 이 도로는 갓길이 전혀 없어서 혼나게 생겼다고 생각하며 긴장의 연속이다. 7km 이상을 갓길 없이 위험하게 걸었다. 진땀이 나고 차량이 많이 오면 서서 기다린 경우도 많았다. 날씨는 시원하지만, 몸에서는 땀이 많이 난다. 차 때문에 긴장해서 몸이 더 덥다. 원래 취지와 같이 해안선을 따라 걸으려면 바닷가를 따라 걸어야 하는데 이런 큰 다리를 만나려면 어쩔 수 없이 도로를 따라갈 수밖에 없다는 사실이다.

오늘 걷는 이 길에는 로드~킬을 당한 동물 사체들을 많이 보았다. 뱀, 너구리, 오소리, 들고양이에 심지어 새 종류도 있다. 자동차들은 왜 그렇게도 과속을 해야 하는지. 무서운 속도로 추월하는 예도 여러 번 보았다. 이른 아침에 이슬 맞은 초록과 황금색의 조화로운 들판을 바라보며 의기양양하게 걷는다. 오늘은 추석 명절이지 않은가! 남들은 청승맞다고 할는지 모르나 열심히 걷는다.

그런데 새벽부터 밭에서 일하는 실버 부부를 만났다. 몇 마디 물으니 지금 깨를 베고 있는데 어차피 할 일이어서 이것저것 따질 일이 아니며, 농작물은 때가 중요한데 오늘 베는 게 가장 적당한 시기여서 베고 있다고 한다. 생각해 본다. 추석 명절인데 나가 사는 자식들이 오지 않은 이유도 있지 않을까? 왜? 부부가 같이 나온 걸 보니. 너무 나간 억측인가? 억측이었으면 좋겠다. 자식들이 왔다면 같이 나왔을 것이다.

압해읍사무소에 도달하기 직전 도로변 집 앞에 감나무가 있다. 잎이 많이 떨어져 있는데 새순이 돋아나 있다. 가을에 감나무에 새순이 난 것이다. 집주인도 그 사정을 모르고 있다. 내 말을 듣고 이해를 하며 생전 처음 본단다. 압해읍 소재지에서 삼거리를 만나 애매하고 잘 모르겠기에 길을 물으니 왼쪽은 목포 방향이고 오른쪽은 송공산성 지와 1004 분재공원이 있다고 한다. 분재공원에 가보고 싶었으나 다음으로 미루고 발길을 돌린다.

압해읍 내를 계속 내려가는데 또 삼거리가 나온다. 왼쪽은 목포로 가는 길이고 오른쪽은 신안군청이 나온다. 좌회전해서 살펴보니 도로가 신형이며 4차선으로 과속이 염려되고 또 긴장해야 하는 도로이다. 그러나 그 장소에서는 목포로 가는 유일한 도로이고 다리이다. 압해대교다. 다리 진입 직전 빈터에 캠핑장 같은 시설들이 꽤 넓게 자리하고 있다. 그 공간에서 전열을 다지기 위해 가지고 있는 간식과 무화과로 배를 채우고 출발한다. 압해도에도 무화과가 엄청 많아서 노점이 많다. 어느 노점에서 조금 팔라고 사정을 해서 낱개로 10여 개를 사서 비닐봉지에 넣고 배낭에 묶어서 다니며 수시로 먹는 길을 터득하였다. 무화과 구경을 원 없이 했다.

에너지를 보충하고 본 다리에 발을 올리며 시계를 본다. 정확히 9시 40분이다. 다리에는 보행자 길을 잘 만들어 놓았으나 너무 높아 무서워서 눈은 될 수 있으면 차도 쪽으로 향하고 열심히 걷는다. 압해대교는 신안군 압해도와 목포시 죽교동을 잇는 1,840m 길이의 다리다. 서해의 여러 섬이 다리로 연결돼 목포와 연결해서 각종 편의시설과 도서의 산물들을 이동시키는 중요한 다리다. 우전방 바다 건너에 목포의 북항 시가지가 보인다. 사진도 몇 컷 찍으면서 여유도 부리며 3개의 아치형 다리를 지나고 밋밋한 다리를 건너면서 이정표에 목포 북항을 확인하고 계속이다. 다리를 건너니 목포다.

드디어 다리를 다 건너고 시계를 보니 정확히 10시 정각이다. 다리를 통과하는 데 20분 걸렸다. 빨리 걷는 걸음이다. 다리 밑으로 가로지르는 8차선 도로가 신의주에서 시작하고 달려와서 종착지를 거의 다 온 길이 1번 도로다. 공단 쪽으로 접어들어 1시간쯤 전진하며 아파트 단지를 몇 개 넘어 목포대교 쪽으로 향해 걸으면서 사방에 식당이 있나 확인하는데 모두 쉰다. 이해가 간다. 오늘이 추석 명절이지 않은가 말이다.

조금 더 걸어가니 길 건너편의 한 식당이 문이 열려 있고 안에 불도 켜있다. 간판을 보고 전화로 식사할 수 있는지 물어보니 가능하다며 오라고 한다. 매우 반가운 일이다. 식당에서 홍어 애국(내장탕)을 주문해서 먹었다. 참 오랜만에 맵고 뜨거운 본고장의 맛을 보았다. 손님이 아직 많지 않은 시간이라 식당 주인과 목포에 대한 여러 가지 이야기를 하면서 압해대교 건너는 이야기도 했다. 놀라는 눈치고 추석날 별일을 한, 별사람을 본다고 이야기하며 웃는다.

점심을 마치고 목포대교를 찾아가는데 차들이 많지 않아 쾌재를 부르며 진입해서 20~30m를 지나는데 갑자기 사이렌 소리가 요란하게 들려서 주위를 살펴보니 나의 모습이 감지돼서 나는 소리인 것 같다. 그런데 바로 옆 도로 바닥에 오토바이, 자전거, 사람은 보행을 못 한다는 교통신호 표시를 보고 내려올 수밖에 없었다. 이번 도보 답사 계획의 수정이 불가피하게 되었다. 20여 km가 차이가 날 것이다. 목표 대교를 넘으면 바로 영암군 삼호면이다. 그런데 목포대교를 못 건너면 다른 길을 찾아서 영산강 하굿둑을 이용해야 하는가? 일단 뒤로 돌아내려서 다리 옆으로 계속 전진했다.

목포대교와 나란히 몇백 미터를 가다가 좌회전을 해서 계속 가니까 목포해양대학이 나온다. 흥미가 생겨 학교교정도 살펴보고 부두에 정박해 있는 학교의 큰 배를 구경하고 큰 도로로 나와 유달산을 끼고 한 바퀴 돌기로 하고 걸었다. 기왕 이리된 것. 목포 시내나 구경하자!! 하고 마음을 돌리고 걸었다. 앞바다에 둥실 떠 있는 목포대교가 보인다. 원망하며 목포 바닷가 도로를 따라 여객선 터미널까지 와서 도로를 따라 걷다가 옛 골목길을 이용 유달산에 올랐다.

유달산은 케이블카 공사가 한창이다. 내년 4월에 준공한다고 한다. (※ 목포 해상케이블카 : 목포시 죽교동에 건설되어 2019년 9월 6일에 개통된 케이블카다. 북항 스테이션에서 출발하여 유달산 정상부의 유달산 스테이션을 경유, 'ㄱ'자로 꺾여 해상을 지나 반달섬 고하도에 이르는 총 길이 3.23km다). 유달산 정상에서 목포 시내가 사방으로 다 보인다. 높이가 228m밖에 안 되지만 바닷가에 있어서 아주 멀리까지 전망이 된다. 목표 대교 넘어 목포 신항에 있는 새까맣게 변한 세월호를 먼발치에서 볼 수 있었다. 그리고 유달산 둘레길 중간에서 제2수원지라는 조그만 연못 같은 곳에는 수련이 예쁘게 피고 있다.

유달산을 한 바퀴 돌고 내려와서, 구) 시가지로 들어갔다. 이곳은 어렸을 때, 보았던 도시 냄새가 물씬 난다. 시간상 서울로 가야 하기에 막내에게 연락해서 목포에서 수서 가는 기차표를 부탁했더니 몇 시간을 고생해서 카톡으로 보내서 잘 이용하였다. 처음 시작할 때 지도를 보며 목포는 언제 갈까? 꿈속 같았는데 오늘 목포에 도달했다. 혼자서 흐뭇하다.

하나를 잃으면 하나를 얻는다는 누구의 말처럼 목포대교를 통과했다면 목포의 북서부만 보고 영암으로 가는 데 반해 목포 시내 구석구석을 구경할 수 있었다. 전체 일정에는 조금 더 걸리겠지만 말이지. 하여튼 목포 구시가지를 모두 걸어서 야무지게 구경했다. 목포대교 건은 다음에 생각해야겠다.

■ 목포의 이모저모

□ 유달산 권

유달산(노적봉, 조각공원, 이순신 동상, 오포대, 낙조대, 어민동산, 특정자생식물원, 목포 도로원표), 목포근대역사관(일본영사관, 동양척식회사, 일본식 가옥·상가·관공서 등), 성옥기념관, 오거리문화센터, 목포진 역사공원, 시화골목, 옥단이 길, 해상케이블카

□ 갓바위 권

해상보행교, 평화광장·바다 분수, 자연사박물관, 해양문화재연구소, 남농기념관, 목포문학관

□ 삼학도 권

삼학도 공원, 김대중노벨평화상기념관, 삼학도 카누체험, 이난영 공원, 목포요트마리나

□ 고하도 권

목화정원, 생물자원관, 이충무공유적지, 육지면발상지, 고하도 전망대·해안 데크

□ 북항 권

목포 해양수산복합센터, 북항 노을공원

□ 섬 투어 : 외달도, 달리도

□ 목포축제

유달산 봄 축제, 가을·세계마당 페스티벌, 목포문화재 야행, 목포 항구축제

□ 목포의 맛(9미)

홍어 삼합·전, 세발낙지(연포탕), 민어회, 갈치 조림, 꽃게무침(게장), 병어회(찜), 준치 무침, 아구탕(찜), 우럭 간국

오늘은

무안군 운남면 면리(면사무소) - 성내리 - 김대중 대교 - 신안군 압해읍(도) 복룡리 - 학교리 - 신용리 - 동서리 - 신장리 - 압해대교 - 목포시 연산동 목포산업공단 - 죽교동 - 목포대교 북단 - 목포해양대학교 - 목포 여객터미널(국제, 제주, 연안) - 유달산 정상과 둘레길 - 목포 근대역사 거리 - 목포역까지

아침 4시부터 바쁘게 보냈다. 여유도 부리며 서해안을 완주하는 뜻깊은 하루라고 자위한다. 5.3만여 보에 37km를 걸었다.

구 누계 : 178.9만 보. 1,355km.

신 누계 : 184.2만 보. 1,392km.

유달산에서 본 목포 북쪽 시가지

우리 국토 해안선 걸어서 돌기

(34-1회, 2018.9.29. 토요일), (재방문, 2023.12.24.)

우리 국토 해안선을 따라 걷는 49일째

토요일 또 시작한다. 걸음걸이 출발을 고속열차를 이용하기는 오늘이 처음이다. 아침 6시 반에 수서역을 출발하여 목포역에 9시 10분에 내려준다. 시내버스를 타고 목포대교 북단에 내려 다시 목포대교 도보 통과에 도전하기 위해 지난번과 반대 방향인 오른쪽으로 올라섰다. 20~30m 정도 걷는데, 아뿔싸~ 또 사이렌이 울린다.

할 수 없이 포기하고 뒤로 100여m 후퇴했다. 혹시 지나는 시내버스가 있는지 확인해보니 있긴 있는데 40분 이상 기다림이 필요하다. 그래서 5,000여 원 투자하기로 하고 택시를 타고 원한의 1번 국도의 마지막 코스 또는 역으로 1번 국도의 시작점인 목포대교를 건넜다. 영산강 하굿둑은 생략했다.

목포대교는 목포시의 북항과 고하도 사이를 연결하며 2012년 6월에 개통되었다. 교량 구간은 3,060m(사장교 900m, 접속교 2,160m)이다. 너비는 20.9~24.5m에 왕복 4차로이며, 1번 국도에 속하는 고하대로(高下大路) 일부이며 자동차 전용 도로다. 원래 일반국도인데 자살자가 많이 발생해서 사람이 보행을 못 하도록 자동차 전용 도로로 만들었다고 한다. 대교를 넘어가니 고하도다. 이후 허사도를 연결한 목포 신항 지역을 지나면 영암 삼호읍이다.

삼호읍에는 해군 함대사령부가 있다고 하며, 국가산업공단이 있는데 여기에 현대삼호중공업이 있다. 왼쪽에는 한때 유명했던 국제 자동차 경주장이 있다. 그런데 자동차 경주장이 잡초들이 만발이다. 왜 그럴까? 그리고 현대삼호중공업은 이후 3시간 이상을 주요 포인트로 보면서 걸었다. 엄청나게 넓게 자리를 잡고 있기 때문이다. 뒷산 꼭대기에는 커다란 호텔이 있다. 삼면이 바닷가에 연해 바닷물만 보인다. 동네도 보이지 않은 길을 3시간 이상 뱅글뱅글 돌아서 걸었다.

영암호 방조제, 해남군 산의면, 산의 방조제, 금호도, 금호갑문·방조제 등을 지나고 화원반도 서북쪽 끝에 올 때까지 삼호중공업이 포인트로 사진 촬영의 대상이 계속되었다. 금호 방조제는 영암군 삼호읍 삼포리와 해남군 화원면 별암리 사이에 3개로 되어 있으며 길이는 4,320여m다. 중간에 금호도라는 섬이 있었는데 지금은 육지가 되었다. 영암방조제가 끝나는 바로 옆에 산이교가 있는데 아주 예쁘게 만들어진 다리다. 목포에서 출발한 지 2시간이 지난 11시 반쯤 금호도 주유소에 있는 식당에서 장어탕으로 늦게 아점을 때우고 힘을 내서 금호도와 금호 제1 방조제를 통과했다.

해남 화원면 및 화원반도가 바로 목포항 건너편이다. 목포 신항에 있는 세월호가 비교적 자세히 보이고 목포 시내가 거의 한눈에 보인다. 목포에서 보는 세월호는 녹이 슬어 새까만 색깔인데 해남에서 보는 세월호는 하얀색이다. 이곳도 국가산업단지공단으로 지정되어 대한조선이라는 회사의 공장이 있으면서 커다란 배를 만들고 있었다. 건조 중인 배의 절반이 뚝 잘린 듯한 모습이 보이는데 큰 배를 몇 조각으로 나누어 만들어 용접하여 붙이는 작업 과정으로 완공하는 공정을 거친다고 한다.

그런, 반면에 충남 태안군 동쪽 지역을 걸을 때 깡촌(두메 산골)이라고 말한 적이 있는데 오늘 걸었던 해남군 화원면 북쪽 지역도 거기보다 더 심한 깡촌이라 할 수 있다. 어느 동네는 하루에 버스가 두 번밖에 안 다닌다고 한다. 아마 아침 일찍 출발했다면 점심도 못 먹었을 것이다. 물론 가계도 편의점도 본 적이 없다. 그래서 그런지 동네마다 비어있는 폐허의 집들이 많다. 잡초만 우거진 모습이 참 안 돼 보이고 황량한 모습이다. 초등학교도 폐교된 곳이 같은 면 지역에서 두 군데나 보았다. 사람을 찾아볼 수가 없다. 길을 물어볼 사람도 찾을 수가 없다. 가물에 콩 나듯 가끔 보이는 사람은 모두가 남녀불문하고 외국인이다. 말이 통하지 않아 답답함은 이루 말할 수가 없다. 지금 사는 노인들이 세상을 떠나면 끝일 것 같다는 생각이 든다.

그리고 화원면 북쪽 목포가 보이는 지역에 펜션이 조금 있고 이후 4시간 동안 숙박 시설을 본 적이 없는 지역이다. 지난번 고생을 한 적이 있는 태안 동쪽과 함평지역과 흡사하다. 바닷가보다는 산촌이라 할 수 있는 지역이다. 일부 지역은 바닷가에 마을도 없고 길도 없는 바닷가가 많다. 그러지만 해남의 유명한 배추를 실컷 구경했다. 밭이라고 생긴 곳은 모두 배추밭이고 스프링클러에서 물이 계속 뿌려지고 있다. 가히 배추의 고장이다. 논을 대표하는 들판은 더 노랗게 물들고 있다. 어느 누가 그림을 이렇게 예쁘게 색칠할 수가 있을까. 자연에 고개를 숙이지 않을 수가 없다.

바닷가와 내륙을 들어갔다가 다시 나갔다가를 반복하며 걷고 걷다가 문내면 무고리 언덕에 집단으로 형성돼 있는 펜션단지에서 방을 구하고 들어온 시간이 8시쯤이다. 물론 식사할 식당도 없다. 식당을 물어보니 6km쯤 떨어져 있는 진도대교 입구 근처의 우수영 관광단지에 있단다. 마트나 가게도 없다. 아니 찾을 수가 없다. 펜션 주인이 제공한 햇반과 라면이 저녁을 빛나게 하였다. 감사하다.

오늘은
목포시 목포대교 북단 - 고하도 - 허사도 - 영암 삼호 일반산업단지 - 영암 금호 방조제 - 해남군 산이면 구성리 신의교 - 달도 교차로 - 달도 갑문 - 금호 제2 방조제 - 금호도·금호리 - 금호 갑문 - 금호 제1 방조제 - 해남군 화원면 영호리 별암선착장 -영호리(여기부터 화원면 둘레길) - 마산리 - 화봉리 - 주광리 - 문내면 무고리까지

교통 거리가 멀어서 고민이다. 내일은 진도에서 서울로 갈 것이다. 5시간 이상이 걸린다. 5.0만여 보에 37km를 걸었다.

구 누계 : 184.2만 보. 1,392km.
신 누계 : 189.2만 보. 1,429km.

예쁜 산이교

해남 화원면에서 본 목포항

우리 국토 해안선 걸어서 돌기

(34-2회, 2018.9.30. 일요일), (재방문, 2023.12.24.)

우리 국토 해안선을 따라 걷는 50일째

오늘도 이틀째 아침이 밝았다. 펜션 사장이 준 라면과 햇반을 어제저녁에 이어 오늘 아침도 끓여 먹고 어김없이 5시 반에 출발했다. 새벽이지만 도로 행군을 생략하고 동네 길을 따라서 걸으며 스마트폰의 지도 공부를 하며 걸었다. 오늘이 9월 30일로 말일이라 스마트폰의 데이터 걱정 없이 독도법 공부를 많이 했다.

내 걷는 인기척에 개들이 짖는다. 그 덕분에 평소보다 일찍 일어난 사람도 있으리라. 개들이 일제히 짖어 대는 게 보통이 아니다. 닭들도 울었다. 오랜만에 들어보는 닭 울음소리가 그냥 싫지만은 않았다. 본의 아니게 나 때문에 일찍부터 개와 닭들에게 소란을 피우게 한 것 같아 미안하기도 하다. 개나 닭은 처음 한 마리가 울고 짖으면 연속해서 따라서 멀리까지 울고 짖는 것 같다. 끈질기게 짖고 울어댄다.

일출 현상은 구름 때문에 별로다. 이른 아침에 보는 노랗게 익어가는 벼들과 인사도 나누며 들판을 지나 바닷가로 다시 나왔다. 서해는 계절에 따라 밀물과 썰물 시간이 달라서 오늘 새벽에 해남지역이 어떤지 썰물인지 밀물인지는 잘 모르겠다. 해남지역은 임하도 입구, 우수영 관광지 안에 여러 가지 기념물과 문화제 보존시설과 명량대첩 관련 축제관과 거북선 모형의 배 등이 전시되고 있다. 또한, 그 동네가 법정 스님이 탄생한 마을임도 알았다.

3시간쯤 걸으니 진도대교다. 호기심을 갖고 통과했다. 똑같은 다리가 2개가 있는데 한쪽만 사용하고 동쪽 다리는 보수공사 중이다(※ 2019년 초에 보수공사 완료). 제1교인 동쪽 다리는 전남 해남군 문내면 학동리와 진도군 군내면 녹진리 사이의 울돌목(명량) 해협에 놓인 한국 최초의 사장교로 길이 484m, 너비 11.7m이며 1980년 12월에 착공하여 1984년 10월 18일에 완공되었다. 제2교인 서쪽 다리는 2005년 12월 15일에 완공하였다.

진도대교가 놓인 바다가 영화 명량으로 유명한 울돌목이다. 해남 쪽 다리 위에서 1분여 동영상을 찍으면서 바라보니 과연 물살이 빠르다. 홍수가 난 다음 내려가는 물처럼 보인다. 경사진 냇물이 흐르는 속도와도 같이 정말 빠르다. 물 색깔은 바다색이 맞다.

진도 쪽 다리 밑에 관광객이 즐길 수 있도록 여러 가지 즐길 거리가 만들어져 있다. 한 바퀴 돌면서 가까이에서 다시 1분여 동영상을 또 찍었다. 가까이에서 보니까 물 흐르는 속도가 더 빠른 것 같았다. 가장 빠를 때는 초속 6m란다. 그 물 속도를 이용해서 국민을 살리는 사람들이 있었고, 그 물 속도에 이용당해서 죽은 사람도 많았다. 생각해 보니 자연의 순리를 거역하면 죽을 수도 있다는 사실에 겸손해져야 한다고 생각이 든다.

진도대교와 울돌목에 관련되는 안내 표시들이 많다. 진도 쪽 진도대교 서쪽 광장에 이순신 장군의 커다란 동상이 울돌목을 내려다보고 있다. 명량해전에서 적을 바라보고 지휘를 하는 것 같다. 바닷가 관광지 산책로를 덱으로 만들어 놓아서 길을 찾아 걷기가 수월하게 돼 있다. 주변을 한 바퀴 도는 산책을 마치고 진도에서 발간된 지도에 표시된 해안도로를 따라서 서쪽으로 걷는다.

관광지를 벗어나 해안도로에 올라서니 이정표가 보인다. 팽목항 43km, 쉬미항 21km이다. 오늘 내 목표가 쉬미항까지다. 녹진리, 죽전리, 간석금, 가늠목 선착장, 나리, 군내 나리방조제(3,225m), 백조 호수공원, 고니류 도래지, 파군도, 청용 개매기 체험장, 쉬미항, 소포리까지를 순서대로 밟으며 걸었다. 동네마다 파밭, 양식장, 방조제가 있는 논 들판 등 처음 본 지역을 눈길을 주고받았다. 진도 북서쪽을 따라 걷고 돌아서 서쪽 면을 따라서 남쪽으로 간다.

아침에는 제법 쌀쌀한 기분을 느껴 점퍼를 입었는데 10시가 지나니 무척 더워 땀도 많이 난다. 인디언~썸머가 마지막 피치를 올리는 것 같다. 감기 조심해야 한다. 그리고 진도는 우리나라 3,300개 섬 중에서 제주도, 거제도, 진도 순으로 3번째로 크다고 한다. 내가 인터넷 지도에서 진도군이 표시한 해안도로 거리를 알아보니까 120~130km가 넘게 나왔다. 오늘 25km 정도 걸었으니 100km 이상 남는다. 최소한 3일간은 진도에 더 있어야 한다는 계산이 나온다.

그리고 진도의 북북서쪽은 공단으로 조성되어 있고 북서쪽 바다는 양식장이 대단히 많다. 양식장 시설 부표 스티로폼이 엄청나게 많이 떠 있는 것을 볼 수 있다. 어민들의 소득이 높아지기를 기원한다. 해남은 배추가 주 농산물이라면 진도는 파가 유명하다. 대파는 전국 1위이며, 차지하는 비율이 꽤 높은 편이다. 더 내려가 본 진도읍에 속한 바닷가는 각종 체험장이 많다. 쉬미항구는 농촌과 어촌이 섞인 모습으로 농경지도 많다. 방조제 덕분인 것을 알 수 있다. 섬이지만 논이 상당히 많아 옛날에도 쌀밥을 잘 먹었을 것 같다.

소포리에서 마감하고 진도읍에 가는 버스 시간을 주민에게 물어보니 1시경에 소포리 삼거리에서 타라기에 점심도 거르고 30여 분을 긴장 속에서 기다려 1시 20분쯤에 지역 군내버스가 와서 태워주고 진도 터미널에 내려준다. 지방 마을에서 지방 읍내나 도심지 가는 버스를 타는 것이 무척 힘들고 어렵다.

서울 가는 고속버스 편을 알아보니 3시에 있다고 해서 예약한 4시 표를 바꿔서 승차 후 서울로 오는데 중간에서 손님을 더 태운다. 무안군 '안악'에 있는 전남도청 앞과 무안 정류소에서 사람들을 더 태우고 서해안고속도로를 들어서서 직행한다.

이번에도 서울에서 카드로 표를 사서 진도에서 취소하고 앞차의 표로 바꿔준다. 2주 전 무안에서는 안 바꿔줘서 옥신각신했는데 말이지. 무안터미널 특별한 사장의 경우를 모르는 뚝심이 다시 생각난다.

오늘은

해남군 문내면 무고리 - 임하도 입구 - 예락리 - 동외리 - 선두리 - 우수영 관광지 - 진도대교 - 진도군 군내면 녹진리 - 죽전리 - 간석금 - 가늠목 선착장 - 나리 - 군내 나리방조제 - 진도읍 백조 호수공원 - 고니류 도래지 - 파군도 - 청용 개매기 체험장 - 쉬미항 - 지산면 소포리까지

이동 거리가 멀다. 진도에서 서울로 밀리지 않고 정상적으로 오는데 정말 5시간이 걸렸다. 오늘은 4.2만여 보에 32km를 걸었다.

구 누계 : 189.2만 보. 1,429km.
신 누계 : 193.4만 보. 1,461km.

해남 우수영에서 본 울돌목과 진도대교

진도 북서쪽 바다 양식장

우리 국토 해안선 걸어서 돌기

(35-1회, 2018.10.7. 일요일), (재방문, 2023.12.25.)

우리 국토 해안선을 따라 걷는 51일째

태풍 콩레이 때문에 망설이고 걱정깨나 했다. 생각에 생각을 거듭하다가 한글날 휴일까지 이용해서 일, 월, 화요일까지 해보기로 하고 토요일 오후에 고속버스를 탔다. 5시간만인 밤 8시 반에 진도에 도착해서 해장국 한 그릇 먹고 버스터미널 옆 여관에서 하룻밤을 보냈다.

일요일 새벽 5시에 일어나 정리와 준비를 하고 5시 50분에 버스터미널에 나가서 차편을 알아보니 6시 20분에 소포리 가는 군내버스가 있다. 첫차를 타고 소포리 지난번 버스 탄 그 자리에 도착한 시간이 6시 45분쯤이다. 빠른 시간이지만 벌써 해는 떠오른 것 같다. 안개가 자욱해서 하늘은 잘 보이지도 않는다. 묻지도 따지지도 않고 무조건 지도를 보고 길 따라 남진이다.

위쪽으로 돌아서 소로를 타고 1시간쯤 걸은 뒤에 보전방조제(590m)가 나온다. 섬인데도 크고 작은 방조제가 많다. 논농사를 많이 지어야 쌀밥 먹고 살던 시기에 땅의 중요성이 컸기 때문일까? 방조제를 건너서 조금 내려가니 영광 백수해안도로처럼 경관이 좋은 '꼭, 가봐야 할 아름다운 자전거길 100선'에 선정된 22km 중 일부인 길을 따라 세방 낙조 전망대까지 바다를 마음껏 구경하며 3시간쯤 걸었다. 세방 낙조 전망대에서 바라보는 바다는 보기 좋다. 참으로 아름답다.

또한, 세방 전망대 전에 있는 금노항을 싸고도는 길은 외국의 유명하다는 어느 길보다 대단히 아름답고 예쁜 길이라고 자신할 수 있다. 가을 햇살에 비치는 경치가 어느 동양 산수화에도 빠지지 않는 금수강산이고 자랑할 만하다는 생각이 확 든다. 마음이 호강했다. 자전거보다는 걷는 길로 정하고 천천히 오래도록 걸었으면 좋겠다는 생각이 든다. 조금 더 내려가면 급치산 전망대가 높은 산에 있는데 이번 태풍 때 피해를 보아서 출입금지 돼 있어 가보지는 못하고 해안도로 따라 계속 남진을 했다.

조금 더 내려가다가 심동저수지에서 우측의 작은 길로 가면 팽목항이다. 가는 길목이 바닷가는 급차산이고 안쪽으로는 널따란 평야 지대가 나온다. 그 평야 지대는 팽목항의 북쪽에 있는 팽목방조제가 건설돼 있어서 가능한 논 들판이다. 팽목방조제는 임회면 팽목리와 지산면 마사리 사이에 있는 길이 1,755m의 방조제다. 섬에 있는 방조제가 꽤 길다.

아침부터 출발해서 7시간 반이 지난 오후 2시 넘어서 팽목항 언저리에 도착했다. 팽목항 입구에 백반을 파는 식당이 있어서 아점을 들고 방송에서 보았던 세월호 관련, 여러 형태의 시설물과 방파제와 등대 등을 30여 분 돌아보았다. 팽목항은 엄청나게 커다란 공사를 하고 있다. 항구 확장과 현대화 공사인 것 같다. 황량한 공사장 한 편의 컨테이너 시설 한쪽에서 개가 묶여 있는데 계속 짖어 대고 있어 궁금하던 차에 어떤 건장한 남자가 개에게 밥을 챙겨주고 있어 물어보니 세월호 유가족인데 혼자 거주하고 있으면서 개 2마리를 키우며 살고 있다고 한다.

모두 목포로 옮겨가고 여기는 아무도 없는 것으로 알고 있는데 왜 혼자서 있느냐고 물었다. 몇 가지 시설을 영구 시설로 정해서 기억의 장소로 남겨 달라고 했는데 항구 공사로 모두 철거하려는 군(郡) 당국과 해결이 안 돼서 지금도 남아 있다고 한다. 부디 원만하게 잘 해결돼서 단원고 학생의 유가족인 고영환 씨가 겨울도 돌아오는데 따뜻한 집으로 돌아가 잘 살기를 기원한다. (※ 진도(팽목)항 공사는 2022년에 끝났고 '0416 팽목기억관'이 컨테이너로 만들어져 있다.)

팽목항은 지금은 '진도항'으로 여러 곳에 명명돼 있다. (가로)안에 '팽목'으로 돼 있는 것을 여러 곳에서 보았다. 팽목에 미련을 남기고 서망항을 통과하고 언덕을 넘어 5km쯤 동쪽으로 이동했다. 조선 시대 왜구들의 침입을 막기 위해 축조한 진도 '남도진성' 근방에서 숙소를 구해 밥 얻어먹고 쉬면서 내일 가야 하는 곳을 위주로 한 지도를 보고 공부했다.

진도 남도진성은 순천 낙안읍성이나 서산 해미읍성처럼 만들어져 있다. 성안에 사람이 사는지는 모르겠다. 성곽이 모두 돌로 이루어져 있고 성의 외곽을 건너다니기 위해서 축조한 돌담 아래 '쌍운교'와 '단운교'가 있는데 편마암(? 나는 잘 모름) 자연석으로 만들어져 있단다.

이렇게 해서 우리나라 서쪽 면의 선을 넘기고 남쪽 면을 지나가게 돼 있는 현실이다. 지금의 우리 땅은 섬에 다리를 놓아서 사람이 지날 수 있어서 지도를 크게 확대해서 보면 앞에서 언급한 세방낙조 전망대가 있는 지역이 서쪽의 끝이고 시작이며 거기서부터 남쪽 면이 시작된다고 나는 나름대로 명명하고 생각한다. 즉 서쪽과 남쪽의 만나는 선이고 경계선이라고 주장한다.

오늘은

진도군 지산면 소포리 - 보전방조제 - 보전리 - 금노항(경치 최고) - 가치리 - 세방 낙조 전망대 - 급차산 전망대 - 죽도 - 팽목 방조제 - 임회면 진도(팽목)항 - 서망항 - 남동리 - 진도 남도진성까지

지난주에 한낮에 더워서 이번에도 한여름 복장으로 준비했는데 어제저녁에 걱정했다. 거기에 토시를 가져오지 않았다. 꼭 한 가지씩 빼먹는 실수를 한다. 오늘 결과는 복장은 괜찮았고 토시를 하지 않아 팔 등이 새빨갛게 탔다. 내일은 어떨지 또 걱정이다. 아이, 참, 깜빡깜빡하는 게~~ 영~~.

첫날은 꼭 조금 더 많이 걸어서 힘든 하루이다. 5.3만여 보에 41km를 걸었다.

신 누계 : 193.4만 보. 1,461km.
신 누계 : 198.7만 보. 1,502km.

진도(팽목)항 방파제

우리 국토 해안선 걸어서 돌기

(35-2회, 2018.10.8. 월요일). (재방문, 2023.12.25.)

우리 국토 해안선을 따라 걷는 52일째

오늘이 한로라 한다. 찬 이슬이 내려 겨울 냄새를 풍긴다는 절기의 시작이다. 그런데 새벽 5시 반에 숙소를 나서는 나의 복장은 한여름에 입었던 복장 그대로다. 거기에 토시도 없이!! 내 계산이 틀린 것인가? 일단 출발이다.

어제 묵은 펜션이 집이 한 채인데 방이 2개에 거실과 주방 등으로 구성되어 있다. 내 의사와 상관없이 호사한 셈이다. 완전한 살림집 한 채를 싼값에 빌려주고 저녁밥까지 제공해 주었다. 펜션에서 주인에게 밥 달라고 하는 사람은 아마 나밖에 없을 것이다. 펜션은 많은 인원이 단체로 와서 고기를 굽고 지지고 볶고 먹자판을 벌리는 객들이 대부분이다.

그런데 혼자서 배낭 하나 달랑 지고 와서 잠만 자고 먹을 것도 준비 없이 주변의 식당을 이용 하거나 식당이 없으면 주인에게 밥을 달라고 하여 해결한다. 굶을 수는 없다. 돈을 추가로 준다고 하면 대부분 받지 않고 밥을 준다. 어떤 사장은 자기 안방의 식탁에 차려주기도 한다. 우리 대한민국의 정이 흐르는 것이다.

일어나는 시간을 고려하여 7시 이후에 고맙다는 문자를 보냈더니 주인이 아침 먹을거리를 가지고 방을 찾았더니 벌써 가버려

서운했다는 문자가 다시 왔다. 이런 것이 한국의 정이란 것인가. 다시 한번 찾는 기회를 만들고 싶다. '진도가휴재펜션' 사장님 감사합니다.

하여튼 상쾌한 기분으로 출발해서 7시가 다 된 시간에 높은 산의 도로에서 일출을 맞았는데 바다 위가 아니라 산 위에서 떠오르는 일출을 몇 컷 촬영하였다. 참 오랜만에 떠오르는 해를 보고 신나는 마음으로 계속 북진이다.

어제는 진도 서쪽에서 남진했는데 오늘은 살펴보니 진도 동쪽 선을 따라 북진이다. 그리고 바다 건너편에 산으로 연결되는 라인들이 보였는데 그게 바로 우리나라 최남단 땅끝마을로 내려가는 해남 땅이다. 다음에 내가 그곳에서 이곳 진도를 바라보며 걸어야 할 곳이다.

오늘은 진도 남도진성을 출발하여 국립남도국악원(매주 금요일에 공연한다고 한다)을 지나며 여귀산 아래 도롯가에 돌탑들이 있는 돌담길을 만난다. 해안도로 양쪽에 돌에 그림과 시가 새겨져 있고 자연 돌로 만들어진 돌탑들로 이루어진 문화 예술적인 냄새가 물씬 나는 한가함과 여유로움을 동시에 주는 안락한 동네다. 마을 인가는 오른(남)쪽 언덕 밑 우거진 나무숲 아래에 있다.

다음은 죽림리와 도목 방조제(도목리와 연주리 사이에 있는 방조제로 길이 649m), 금갑해수욕장, 만길리, 연주리, 초사리, 초평항을 산길과 바닷가를 지나고 지나서 회동에 도달했다. 회동 북쪽 끝자락에 진도 '신비의 바닷길'로 유명한 묘도와 금호도가 앞에 보이는데 내가 도착한 11시쯤에는 물이 만조 상태라 신비의 바닷길은 보지 못하고 배가 고파 식당을 찾았는데 보이지도 않고 없다. 편의점이라는 간판을 단 옛날 구멍가게에 들어갔는데 노부부가 식사하고 있다. 내 밥도 책임지시라고 하니 웃는다. 아침도 안 먹고 5시간 반을 걸어왔다고 얘기를 하니까 정색을 하며 북쪽으로 돌아 200여m 가면 신비한 식당이 있으니 제대로 된 식사를 하란다.

식당 찾아가는 길에 신비한 바닷길에 들어가는 지점에 무대가 있다. 관광객은 한 사람도 없다. 무대가 썰렁하다. 조금 더 돌아가 멋있게 지어진 건물 2층에 올라가니 식당이 있다. 혼자 들어가 밥을 달라 하니 메뉴도 안 주고 무조건 혼자는 도가니탕이란다. 혼자 다니면 밥 먹는 것도 마음대로 안 된다.

엉터리(?) 도가니탕을 먹고 11시 40분에 출발하여 계속 북진이다. 가계 해수욕장을 지나고 갑자기 검은 차장 막이 쳐진 비닐하우스 같은 시설들이 나온다. 거기서부터 용호항을 지나 함동리까지 약 4km에 걸쳐 육지에 있는 전복 치패(새끼 조개) 양식장이란다. 바다와 육지에 있는 양식장에 물을 넣고 빼기 위한 굵은 고무관(호스)이 머리카락처럼 복잡하고 많이 늘어져서 연결하고 있다.

전복양식은 완도로 잘 알려져 있는데 그 씨앗은 진도에서 부화하여 잠깐 키워 치패가 되면 완도로 보내 성장시켜 우리 식탁에 올라온단다. 그런데 치패 양식장이 엄청나게 많다. 아마 수십(?) 집은 될 것이다. 양식장 한 곳에서 일하는 사장을 만나 물어보니 그 집에 지금 수백만 마리가 자라고 있다고 한다. 그러면 이 동네에 수억 마리가 지금 자라고 있다는 이야기다. 모두 모두 잘 되어 부자가 되었으면 좋겠다.

원포리를 지나 마산방조제까지 걸었다. 더 못 걸을 것 같은 느낌을 받아 근처에서 묵을 방을 구하려는데 없다. 숙소가 드물고 멀리 있는 한 집은 너무 비싸서 버스를 타고 진도읍으로 가서 모텔에서 묵고 내일 아침 버스로 이동할 것으로 결정했다. 차 없이 다니는 지금 나의 행색이 이럴 때 복잡하고 처량하고 힘도 돈도 없어 보인다. 거지가 따로 없다. 내가 상거지다. 이런 것을 즐기면서 초월해야 한다.

지금 진도는 김 양식과 가을과 겨울철 물고기잡이를 시작하기 위하여 많은 장비와 시설들을 바다에 나르는 일에 온 힘을 기울이는 모습들이다. 그런데 일하는 사람들은 늙은이들과 외국 사람들이다. 몇 년 후가 되면 어떻게 될까. 괜한 걱정이기를 바란다.

※ 어젯밤에 자다가 화장실에 가면서 벽에 발을 부딪쳐 아침에 무릎이 시큰거린다. 걷는데 통증이 있어서 무릎 보호대를 착용하고 걸으며 병원에 가보려고 찾았는데 거리가 멀고 버스를 기다리는 시간도 알 수가 없어 고민했다. 인터넷 지도 검색에 보건진료소가 눈에 보여 오늘은 월요일이라 혹시나 하고 회동보건진료소에 들렀는데 대접이 매우 좋다. 친절하고 약을 직접 지어준다.

외지인이라고 미안하게 생각하고 고맙다는 이야기를 겸손하고, 지극하게 말하니까 우리 국민 누구나 이용할 수 있는 곳이라며 이곳은 관광지라서 외지손님이 주민들보다 더 많다고 한다. 900원을 내라기에 냈더니 6일분의 약을 지어준다. 우리나라의 복지국가 지향을 이해하고 실감했다. 그 약 먹고 내일은 깨끗이 낳았으면 좋겠다.

오늘은

진도군 임회면 남동리 남도진성 - 굴포리 - 상만리 - 국립남도국악원 - 여귀산 - 죽림리 - 의신면 도목 방조제 - 초사리 - 초평항 - 고군면 회동리 - 신비의 바닷길무대 - 가계해변 - 용호항 - 향동리(전복 치패 양식장) - 원포리 - 내산리 마산방조제까지

오늘 여름 복장은 괜찮았고 토시를 하지 않아 팔등이 더 새빨갛게 탔다. 오늘도 신나게 걸었다. 5.6만여 보에 43km를 걸었다.

구 누계 : 198.7만 보. 1,502km.

신 누계 : 204.3만 보. 1,545km.

여귀산 길 돌탑과 시비

우리 국토 해안선 걸어서 돌기

(35-3회, 2018.10.9. 화요일), (재방문, 2023.12.25.)

우리 국토 해안선을 따라 걷는 53일째

처음으로 연속 3일을 투자하여 걷는 날 새벽이다. 10월 9일 한글날이 공휴일이어서 가능하다. 5시 반쯤 진도 터미널에 가면서 하늘을 쳐다보는데 분간이 안 된다. 밤인지 새벽인지 날이 맑은지 흐린지 도무지 알 수가 없다. 어제 접고 돌아선 곳이 고군면 북쪽인 마산방조제 쪽으로 가는 노선을 알아보니 첫차가 6시 20분이다.

대합실에 기다리며 아침을 해결한다. 가져간 단팥빵 1개, 삶은 달걀 1개, 삶은 밤 2개, 곶감 2개 등과 짊어지고 있는 물이다. 칼로리는 충분할까? 꼭두새벽에 대합실 의자에 앉아서 열심히 맛있게 체면도 없이 먹고 있는 내가 신기한지 옆에서 어떤 아줌마가 유심히 쳐다본다. 어디로 조개나 잡으러 가는 복장이다. 나는 아랑곳 하지 않고 다 먹어 치운다. 하고 있는 행동이 다니면서 내 나름대로 철학으로 자리 잡았다. 어떤 방법으로든지 굶으면 안 된다는 것.

화장실을 해결하고 버스 정차장 바로 앞에서 기다리는데 예정 시간보다 5분이 지나도 차가 안 온다. 긴장된다. 노선에 따라 휴일은 쉬는 시간대도 있는 것을 여러 번 경험한 나다. 7분이 지나는데 차가 온다. 얼마나 반가운지 운전기사를 업어주고 싶을 정도다.

이 시간의 버스를 못 타거나 빼먹으면 2시간여 뒤에 있다. 아니면 택시를 이용하던가 말이지. 출발하는데 큰 버스에 나 혼자다. 사람 없이 빈 차로 가는 경우도 많다는 기사의 이야기다. 시골 지역에는 지자체에서 공영으로 운영하는데 손님이 없어 계속 감차 중으로 어느 동네는 하루에 2번만 운행하는 일도 있단다. 모든 시골 지자체의 동네 형편이 대동소이하다. 사는 사람이 적고 이용객이 적어서다.

우여곡절 끝에 25분여를 달려 2,200원을 내고 내 목적지 마산방조제 근처에서 내렸다. 마산방조제는 높이 3.3m이고 길이는 699m다. 고군면의 북동쪽 내산리와 원포리 사이의 만 입구에 있다. 진도대교 남쪽 끝에서 801번 해안도로로 연결되어 있다. 마산방조제도 논농사를 짓기 위해 만들어져서 왼쪽에 넓은 논이 황금벌판을 보여주고 있다. 많은 쌀을 수확해서 부자들 되길 기원한다.

오른쪽에 바다를 왼쪽에 산을 끼고 2시간을 걸어가니 벽파항이다. 벽파항은 '이충무공 벽파진 전첩비'가 있는 곳이고 울돌목에서 동남쪽으로 직선거리 6km 정도 떨어져 있다. 정상에서 울돌목이 관찰할 수 있어 모종의 작전을 수행하기 좋은 장소로 보인다.

벽파항과 유적지를 10여 분 살펴보고 진도대교 쪽으로 직행한다. 30여 분 동안 산 하나를 돌아가니 또 방조제가 보이고 지난주 건너왔던 진도대교 탑과 진도 타워가 보인다. 둔전 방조제는 고군면 오류리와 군내면 신동리 사이에 있으며 길이는 1,116m이다.

둔전 방조제를 부지런히 속도를 내서 통과했다. 방조제는 나에게는 속도를 낼 수 있는 코스다.

덥다. 그러나 날씨가 흐려서 내 팔뚝이 좋아할 것 같다. 바람막이를 벗어 배낭에 넣고 잔뜩 흐린 날씨를 머리에 이고 계속 북진하는데 여기에 또 전복 치패(새끼 조개)를 생산하는 육지의 양식장이 많이 들어서 있다. 진도 타워 북쪽 바닷가에는 커다란 토목공사를 하고 있다. 공사장을 벗어나니 바로 진도대교다.

※ 진도대교 앞에 있는 진도군 군내면 망금산 진도타워 앞에서 울돌목을 건너 해남군 문내면 우수영까지 '명량해상케이블카'가 2021년 9월부터 개통돼 운영 중이다. 케이블카의 길이는 편도 1km라고 한다.

진도대교는 2개인데 진도에서 보면 오른쪽(동쪽) 다리는 보수공사를 하고 있어서 차가 다니던 찻길 가운데로 보무도 당당하고 안전하게 건널 수가 있었다(※ 보수공사는 2019년 초에 완공). 다리의 양쪽에 있는 인도를 걸을 때와 차도의 분위기를 처음 경험했는데 차도는 바다의 물이 바로 보이지 않아 육지와 같았다. 완전 180도 다른 차이다. 앞으로 다리를 만들 때는 가운데에 인도를 두면 어떨까 생각한다. 너무 큰 욕심인가?

오늘 걷기 시작한 지 5시간이 지나서 진도대교를 통과한 후 해남 땅을 한참 걸어가는데 기사식당의 간판이 보이는데 뷔페식당이다. 오랜만에 한식으로 포식의 기분을 내면서 식사를 마치고 해남과 장흥 쪽 길을 찾아 동진한다. 지금부터는 큰 그림으로 보면 동진이다. 해남 땅끝을 향해 걸어야 한다. 진도에서 동쪽 바다 건너서 보았던 해남의 산 라인을 따라 걸으며 반대로 서쪽 바다 건너 진도의 산 라인을 보며 남진해야 한다.

18번 고속화 국도를 따라 동진하는데 엄청난 속도의 차량 질주의 굉음에 눌리고 놀라며 5km를 걷다가 구도로를 만나서 내려섰다. 진도대교 북측의 동쪽 지역 황산면 선두리와 학동리 옥동리 일대는 간척사업으로 논 농지가 엄청 넓은데 길이 이어져 있지 않아 들어갔다가 그 길로 다시 나와야 하는 험지라고 한다. 간척사업 후 염분을 제거하기 위해 수년간 묵혀 있을 때 출입을 통제하기 위해서 다른 투자 사업을 하지 않고 지금에 이른다는 주민의 이야기를 들은 바 있다. 구도로를 따라 해남읍 쪽으로 6km를 계속 더 동진하니 황산면 사무소가 나온다.

황산면 사무소에서 이번 도보 답사를 마치기로 하고 버스정류장에서 해남 군내버스를 이용하여 해남읍 공용 버스터미널에 도착하였다. 해남읍은 내 평생 처음 와 본다. 다음 기회에 시간을 좀 내어서 여기저기 살펴봐야겠다. 내리자마자 서울행 고속버스가 운 좋게 대기하고 있어 타고 상경하였다.

■ 진도의 이모저모

□ 관광지

진도대교와 명량 대첩지, 운림산방, 진도 타워, 신비의 바닷길, 관매도, 세방낙조, 조도, 첨철산과 상록수림, 진돗개테마파크, 진도아리랑 체험관, 운림삼별초공원, 진도해양생태관, 진도 해양에너지공원, 용장성, 남도진성

□ 진도 문화예술

국립남도국악원, 장전미술관, 향토문화회관, 남도전통미술관, 소전미술관

□ 진도 무형문화재

강강술래, 남도들노래, 진도씻김굿, 진도 다시래기, 진도 북놀이, 남도잡가, 진도만가, 소초 걸군 농악, 조도 닻배 노래

□ 진도 체험

운림 예술촌, 진돗개 체험, 소포 전통 남도소리 체험, 진도 웰빙길, 맨손 고기 잡기 · 조개잡이 체험

□ 진도 특산물

전복, 돌미역, 돌김, 진도홍주, 검정 쌀, 울금, 구기자, 월동무 · 월동 배추, 대파, 진돗개(명품)

오늘은

진도 고군면 내산리 마산방조제 - 내산마을 - 연동마을 - 벽파리 벽파항 – (충무공 벽파진 전척비) - 오류리 - 군내면 세등리 둔전 방조제 - 둔전리 진도 타워 앞 - 진도대교 - 해남군 문내면 학동리 해남 우수영 - 선두리 - 용암리 - 황산면 옥동리 - 부곡리 - 연당리 - 황산면사무소까지

오늘 여름 복장은 괜찮았고 구름이 잔뜩 낀 흐린 날씨로 땀을 비교적 적게 흘린 날이었다. 회동 보건지소장이 지어준 약이 효과가 있어서인지 무릎 통증도 심하지 않았다. 그러나 정밀진단은 필수다.

오늘도 신나게 걸었다. 마지막 날은 서울 가는 차편 때문에 무척 바쁘고 서두르고 힘들다. 고속화 도로를 걸을 때는 시속 6.8km도 나왔다. 4.2만여 보에 31km를 걸었다.

구 누계 : 204.3만 보. 1,545km.
신 누계 : 208.5만 보. 1,576km.

벽파진의 정자

진도타워와 주변 풍경

우리 국토 해안선 걸어서 돌기

(36-1회, 2018.10.13. 토요일), (재방문, 2023.12.25.)

우리 국토 해안선을 따라 걷는 54일째

오늘도 해남 버스터미널에서 시작했다. 지난번 황산면사무소 앞에서 마쳐서 오늘 그곳에서 시작해야 한다. 어제 오후에 서울에서 내려와서 해남읍 내를 구경하려고 생각했는데 저녁 7시가 다 되어 도착하니 깜깜해서 아무것도 볼 수도 할 수도 없어서 밥 사 먹고 여관 구해서 들어가기 바빴다.

아침 6시 10분에 황산면 사무소와 징의 가는 차를 타고 6시 40분쯤에 도착하여 땅끝을 향해 남진이다. 1시간 넘게 걸으니 바로 고천암(庫千巖)방조제다. 고천암방조제는 황산면 한자리와 화산면 율동리를 잇는 길이 1,874m의 방조제다. 창고 1,000개와 새와 관련이 있다는 이름이다. 안개가 무척 심하고 진하다. 몇십 미터 앞이 보이지 않는다. 갈대밭도 구분이 곤란할 정도이다.

방조제 안쪽은 무조건 논이 엄청나게 넓어 쌀농사를 주로 짓는다. 그리고 고천암호는 간척호수로 50여만 평의 갈대군락지이며 철새도래지로 지정되어 있다. 겨울에는 가창오리와 기러기 그리고 다른 철새 등 수십만 마리가 해 질 녘에 군무(群舞)하는 모습을 볼 수 있는 곳이란다.

이어서 화산면 들판을 1시간쯤 지나면 또 관동방조제가 나온다. 관동방조제는 화산면 관동리와 평호리를 잇는 길이는 760m다. 방조제를 지나서 들판을 거쳐 송평해변을 둘러보고 평호리를 지나 두모 패총과 두모 방조제(1,400여m)를 지나는데 방조제 둑이 완전한 쑥대밭이다. 이슬이 아직 마르지 않아 신발을 젖는 것은 물론이고 헤쳐나갈 수가 없다. 바로 왼쪽의 차도만 이용하는지 희미하게 길은 윤곽이 있는데 사람이 다니는 길이 아닌 듯하다. 위험방지용 난간을 밟고 건넜다.

방조제를 지나자 엄청나게 넓은 태양광발전소가 사람을 맞이한다. 땅이 평평해서 궁금하여 알아보니 옛날에 염전 자리다. 아마도 총길이가 3~4km는 됨직하다. 지금은 원래 염전 자리의 20% 정도만 '땅끝 염전'이란 간판을 달고 생산하고 있다고 한다. 염전보다 발전소가 수익이 높으니까 하는 거겠지! 그래서 씁쓸하다.

끝없이 펼쳐진 들판을 지나면서 해남에도 신비의 바닷길이 있다는 표지판이 보인다. 대죽마을과 중리에서 중도라는 무인도로 가는 길이란다. 이어서 땅끝이 가까워져 오는 것이 손에 잡히는 듯하다. 걸어가는 사람의 특전이 있다. 땅끝마을 관광지까지 가지 않고 땅끝 탑에 가는 서쪽 길이 있다는 사실을 오늘 알고 이용했다. 서쪽 길로 가니까 연리지도 볼 수 있었다.

대개 땅끝마을 관광지 주차장에 차를 대고 내려서 전망대 동쪽에서 들어갔다 다시 나와야 하는데 오늘 나는 서쪽으로 들어가 동쪽으로 나가는 코스를 이용할 수 있었다는 사실로 걷는 특전을 누렸다고 생각하니 개척한 것처럼 기분이 좋다. 땅끝 탑에서 나를 넣고 찍는 사진을 관광객에게 부탁해서 한 컷 찍었다. 걸으며 내 모습의 사진은 오늘이 두 번째다.

해남에도 땅끝마을 주변 바다에 양식 사업이 발달하여 무진장 많이 하고 있다. 바닷물만 보이는 바다가 거의 없다. 무언가 계속 생산하기 위해 시설과 장비와 자제를 바다에 띄워서 열심히 일하고 있는데 양식을 준비하는 것 같다. 일하는 사람 대부분은 외국인이다.

땅끝마을로 나가서 시계를 보니 오후 2시가 넘었는데 아직 정상적인 밥을 아침도 점심도 먹어보지 못했다. 부랴부랴 식당을 찾아 백반을 맛있게 먹고 생각했다. 모텔과 펜션이 밀집된 이곳 땅끝마을에서 숙박하느냐 아니면 완도 쪽으로 더 전진하느냐 생각을 하였다.

30여 분 쉬면서 만보기를 체크해 보니 47천여 보로 적당히 걸었으나 욕심이 생겨 4km만 더 가자고 생각하고 동진을 했다. 사구미 어촌체험 마을은 꽤 넓은 해수욕장이 있는 마을인데 황량하다. 태풍 영향인지 때가 지난 계절이어서인지 지저분하고 식당 간판은 몇 군데가 있는데 영업을 하지 않는다. 동네를 돌고 돌아 수소문 끝에 민박집을 어렵게 구하고 오늘도 민박집을 80대 부부가 운용하는데 주인에게 밥을 달라고 해서 먹고 오늘을 정리한다. 지도 보고 계산해 보니 내일은 완도 땅에 들어갈 것이다.

■ 해남의 이모저모

□ 주요 관광지

땅끝 관광지(전망대, 모노레일, 해양자연사 박물관, 맴섬 일출), 두륜산 도립공원(대흥사, 두륜 미로 파크, 케이블카), 고산 윤선도 유적지(유적지, 녹우당, 백련지), 달마산(미황사, 도솔암), 우수영 관광지(명량대첩 공원, 울돌목 거북선, 강강술래, 부녀농요), 우황리 공룡 화석지, 고천암철새도래

지, 두근두근 대섬, 가학산 자연휴양림, 오시아노 관광지, 땅끝황토나라테마촌

□ 문화 예술축제

땅끝 매화 축제, 흑석산 철쭉제, 명량대첩 축제, 땅끝 해넘이 · 해맞이 축제, 공제문화제, 김남주 문화제, 초의 문화제, 고산 문화축전

□ 농어촌 생태체험

다도체험, 명량 역사 체험마당, 도예체험, 어촌체험, 낚시체험, 농촌체험

□ 밥상 차림, 치유 음식

항아리 뷔페 비빔밥, 오백세 밥상, 치유 밥상, 해품은 바다, 맴섬 바다 한상, 톳밥애 바다요리, 바다나물 정식, 해장금, 공통 상차림

오늘은

해남군 황산면 우항리(면사무소) - 호동리 - 한자리 - 징의리 - 고천암방조제 - 화산면 연장리 – 관동리 · 관동방조제 - 평호리 송평해변 – 두모패총 · 두모 방조제 - 송지면 어라진 길 – 대죽 · 중리 신비의 바닷길 - 땅끝 송호마을 · 해수욕장 - 땅끝 천년 숲길 - 땅끝 탑 - 병풍바위 - 형제바위 - 땅끝 여객선 터미널 – 통호리(사구미 어촌체험장)까지

오늘은 가을 복장을 갖추어서 아침과 저녁을 대비했다. 하늘에 구름 한 점 없는 청명한 날씨였다. 한낮엔 더워서 땀을 꽤 많이 흘렸다. 산길을 포함 경사진 길을 꽤 걸었다. 무릎 보호대를 하고

걸었다. 약은 먹지 않고 무릎 통증도 심하지 않았다. 매우 조심하고 있다.

오늘도 신나게 걸었다. 행복한 사진사 단체 카톡도 주고받으면서 말이지. 5.2만여 보에 39km를 걸었다.

구 누계 : 208.5만 보. 1,576km.
신 누계 : 213.7만 보. 1,615km.

해남 땅끝마을의 땅끝 탑

우리 국토 해안선 걸어서 돌기

(36-2회, 2018.10.14. 일요일), (재방문, 2023.12.26.)

우리 국토 해안선을 따라 걷는 55일째

어렵게 들어간 민박집에서 온돌방의 뜨끈뜨끈한 기분을 간직한 체 5시 20분 출발이다. 민박집 주인은 81세 어른인데 매우 정정하다. 어제 저녁밥도 자기 살림집에서 같이 먹으면서 이런저런 이야기도 나누었다. 보일러가 고장 나서 온수를 쓸 수 없어서 방을 빌려줄 수가 없다는 것이었다.

내가 온수를 안 써도 좋다는 동의를 하고 방에 들어갔다. 전기 패널이라는 온돌에 전기를 넣으니 옛날 사랑방 구들에 엉덩이가 뜨거웠던 추억이 되살아 난 기분으로 밤을 보냈다. 하나를 양보하면 다른 하나를 얻는다. 아침은 걸으면서 가지고 있는 간식거리로 한다고 정하고 조용히 나선다.

해남군의 남부 해안을 따라서 19km쯤을 동진하다가 완도에 들어가야 한다. 그리고 오늘은 서울에 올라가야 하는데 완도에서 서울 가는 차가 오후에 두 번밖에 없어서 새벽부터 서둘러서 더 일찍 나섰다.

시골길이 완전 깜깜이다. 휴대전화 손전등을 비춰가며 더듬으며 발걸음을 옮겼다. 하늘을 쳐다보니 별들이 매우 밝게 빛을 발한다. 신도로가 아니고 옆의 구도로를 따라가다 보니 다행히 자동차 행렬은 뜸해서 걸어가기가 좀 나았다. 한 시간쯤 뒤에 길과 사물이 제대로 보인다. 이름과 다르게 해남도 의외로 산악지형이 많다. 7시쯤 배추밭 가운데서 일출을 보고 10여 분 촬영을 하며 기분을 냈다.

아무튼, 쌀쌀하지만 상쾌한 아침이다. 출발 전 TV 뉴스에 해남 기온이 4.8도라는 자막을 보고 긴장을 하며 열심히 걸어서 몸이 열을 받고 다행히 바람이 없어서 겉옷을 벗어야 할 정도였다.

어느덧 8시쯤에 상당히 큰 마을인 서흥리를 지나는데 도로변 조그마한 빈 밭에서 할미 한 분이 뭔가를 열심히 하고 있었다. 가까이 가서 인사하고 살펴보니 팥 농사를 짓고 수확하면서 터져 떨어진 빨간 팥알을 이삭 줍고 있었다. 팥은 잘 터진단다. 제법 많아 반 됫박 정도 되는 양이다. 절약하고 아끼고 무엇 하나 허투루 버리지 않는 알뜰한 우리 어머니 정신은 우리 세대 이상에서 흔히 보아왔던 일들이었다. 지금 다시 보니 초등학교 시절 벼를 수확한 후에 이삭 줍던 생각이 났다.

할미와 이별하고 계속 동진을 하는데 내가 보기에 호화묘지가 많이 보인다. 돌로 만든 가족 납골 봉안묘가 도로변 산언덕마다 만들어져 있다. 몇십 미터마다 집단으로 보인다. 지역의 지형이 명당인지는 모르겠는데 아무튼 돌로 치장한 호화묘지라 할 수 있는 이상한 묘가 무진장 많다. 여름에 본 바로 위로 고압선이 지나가는 보령 땅 토정의 소박한 뗏장 묘가 생각난다. 모두가 돌집이다. 아마 눈 돌리면 다른 묘역이 보이니까 경쟁적으로 더 낳은 것을 찾다가 이렇게 된 것이 아닐까 생각하고 씁쓸한 기분을 안고 길을 재촉했다.

여기도 해남이라 그런지 배추밭이 무척 많다. 신토불이라는 말과 함께 지역별로 기후풍토에 따라 특산물의 품종과 질이 결정되고 잘 자라고 생산량이 많아지는 것이 신기할 따름이다. 그러니 맹모삼천지교의 이치와 같다. 그런데 기후변화 때문인지 아열대 식물 단지가 있다. 높다란 비닐하우스 같은 걸 보았는데 가까이 보니 온실이다. '애플 망고' 연구 및 생산단지란다. 조금 있으면 우리나라에서 생산된 애플 망고를 먹을 것 같다.

해남의 동남부는 왼쪽에 달마산과 오른쪽에 두륜산이 버티고 있고 달마산은 미황사가 있다. 두륜산은 유명한 대흥사가 있다. 그리고 특이한 게 두 절 모두 산의 북쪽에 있다. 일출 이후에 달마산을 여러 곳에서 촬영을 하며 완도 쪽으로 걸었다. 해남 북평면 소재지에서 완도 이정표를 보고 우회전해서 1km쯤 가면 남창교가 나온다. 남창교를 건너면 완도군이다. 여기가 '달도'라는 섬이고 다시 2km쯤 더 가면 완도대교(길이 500m)이다. 완도라 불리는 완도 본섬은 완도읍과 군외면이 있고 그 외 여러 섬이 면이라는 행정구역으로 정해져 있다.

대교를 건너 군외면 소재지에 들어서서 서쪽으로 계속 걷는다. 바다 건너는 오늘 바로 전까지 걸었던 해남 땅이 벌써 과거를 회상하게 만든다. 바로 전까지 달마산을 여러 곳에서 사진을 찍었는데 완도로 건너와서 바라보니 한눈에 다 들어오고 촬영 배경도 매우 좋다. 이전에 찍은 것은 모두 지워도 상관이 없을 것 같다.

계속 남진이다. 원동리, 대문리, 갈문리, 삼두리, 당인리, 청해포구 드라마 촬영장까지 걸었다. 어려서 살았던 시골 동네 풍경을 만나서 이야기를 나누고 코스모스와 이야기를 나누었다. 여기서 오늘 일과를 끝내야 할 것 같아 닫고 완도읍에 가는 버스를 타고 완도읍 버스터미널에 와서 1시 반 넘어 아점을 먹고 터미널에서 쉬다가 완도 시내를 둘러보았다. 시내가 깨끗하고 신도시의 계획도시 같다. 햇볕이 좋아 도시가 반짝반짝 빛이 나는 것 같다. 시가지를 한 바퀴 돌며 구경을 했다. 시내 남쪽 산 위에 있는 완도 타워는 시간이 없어 가보지 못했다(※ 2023년 12월에 올라가 보았다. 사방이 시원하게 보인다. 전망이 아름답다).

내 계획대로 오후의 앞에 가는 버스를 타고 서울로 오는데 충청도부터 차가 많이 밀린다. 천안 분기점도 오기 전에 예정된 도착 시각이 지나버렸다. 벌써 가을 행락철이 시작된 건가. 이번 주도 부지런히 움직여 나름의 목표는 달성한 것 같다.

오늘은

해남군 송지면 통호리(사구미 마을 · 해수욕장) - 영전리 - 묵동리 - 서흥리 - 이진리 - 북평면 남창리 - 남창교 - 완도군 군외면 원동마을 달도 - 완도대교 - 군외초교 - 대문리 모감주나무 군락지 - 일몰 공원 - 갯바람공원 - 당인리 항 - (완도읍 내 구경)까지

오늘도 하늘에 구름 한 점 없는 청명한 전형적인 우리의 가을 날씨였다. 어제와 오늘 너무 급하게 걸었던 게 안 좋아서인지 무릎이 시큰하다.

오늘도 재미있고 신나게 4.2만여 보에 32km를 걸었다.

구 누계 : 213.7만 보. 1,615km.
신 누계 : 217.9만 보. 1,647km.

완도대교와 뒤로 보이는 해남 달마산

완도항

우리 국토 해안선 걸어서 돌기

(37-1회, 2018.10.19. 금요일), (재방문, 2023.12.26.)

우리 국토 해안선을 따라 걷는 56일째

남도의 해안은 서울에서 너무 멀어 하루 전에 집을 나서서 저녁에 해당 지역에서 잠을 자고 그다음 날 새벽부터 답사를 시작한 지 오늘이 세 번째다. 쪼~오금 욕심이 생겨 오후에 출발할 것을 아침부터 출발해서 오후 시간을 이용해보자고 생각했다.

아침 8시 완도행 첫차를 타고 가는데 호남고속도로에 들어감과 동시에 밀리고 여러 군데에서 공사를 하고 있어서 시간이 지체된다. 예정보다 1시간이 지체되어 6시간이 걸린 오후 2시 직전에 완도터미널에 도착했다. 오는 중에 차창으로 본 산야는 깊어가는 가을을 말해준다. 소나무가 많은 충청도에도 중간중간에 노란색이 보인다. 들판은 추수가 절반 이상 끝나가는 것으로 보인다. 가는 시절은 어쩔 수가 없다는 것이 실감이 난다. 폭염에 더워서 길을 갈 수가 없어 한 달 반을 쉬었는데 벌써 아침저녁은 쌀쌀함을 맛보고 있다. 조금 있으면 겨울이 오고 춥다고 야단을 하겠지! 아마도.

아무튼, 완도터미널에서 점심은 김밥 한 줄을 사서 들고 청해포구 촬영장 가는 버스를 2시에 바로 타고 20분 후에 내렸다. 승객들이 시골 동네의 할머니들이 많은데 김밥 먹는 모습을 보고 신기하게 보이는가 보다. 촬영장은 TV 드라마 해신을 주로 촬영한 세트가 있다고 한다. 입구에 들어서는데 누가 제지를 한다.

입장료를 내야 한단다. 지자체에서 관리하는 줄 알았는데 개인 회사가 소유하고 있는 기업이란다. 안으로 들어가도 바닷가로 연결된 길도 없어 다시 나와야 한다고 한다. 보는 것을 생략하고 입구 바로 옆으로 길이 있어 스마트폰 지도로 길을 찾아 완도호와 방조제를 걸어 남행이다. 완도 방조제는 길이가 1,140m이며 왼쪽에 널따란 완도호가 있다. 움푹 들어간 만인데 땅과 땅의 끝을 연결하여 방조제를 만들고 바닷물 출입을 막아 농경지를 보호한 것이다. 농지가 꽤 넓다. 방조제를 넘어가니 화흥포항이다.

완도에는 여객선이 출항하는 항구가 두 군데가 있는데 완도항과 화흥포항이다. 완도항은 동남쪽에 화흥항은 서남쪽에 있다. 완도항에서는 제주도와 청산도 추자도 생일도 금일도 금당도 등의 노선이 있다. 화흥포항에서는 노화도 보길도 소안도 등을 가는 배가 있다.

장도리부터 동쪽으로 10여km는 다도해 국립공원에 포함되어 있다. 이곳은 배를 타고 해안가를 살펴보면 경치가 매우 좋다고 한다. 완도읍 내는 지난번에 보았기 때문에 계속 통과해서 신지대교를 넘어 신지도에 5시간이 지난 7시가 넘은 깜깜한 밤에 들어왔다. 완도 북쪽으로 가서 완도대교를 다시 넘어 해남 북평면과 강진만을 한 바퀴 돌아 강진읍과 마량을 통과하고 장흥으로 갈 수도 있는데 신지대교와 장보고 대교와 고금대교가 지어져 마량으로 들어가 장흥 가는 길과 연결이 되어 있어 이용하고 60~70km를 단축한다. (※ 2023. 12. 26. 재방문 시 완도 북쪽의 완도대교를 건너 해남 북평면과 강진만을 돌아 강진읍과 마량 간을 둘러보았다.)

신지대교는 차도는 4차선이고 보도는 완도읍에서 보면 북쪽인 왼쪽 한쪽에만 넓게 만들어져 있는 게 특이하다.

고금도로 넘어가는 장보고 대교 남쪽의 신지명사십리(薪智鳴沙十里) 해변을 둘러보았다. 명사십리해변은 백사장이 서쪽인 완도항을 바라보고 10리 즉 4km가 남북으로 길게 늘어져 있다. 시간의 여유가 있다면 해변 한 바퀴를 돌아보았으면 좋았을 것인데 그렇지 못한 것이 안타깝다. 어렵게 구한 펜션에 묵고 내일은 고금도와 강진군의 마량을 지나 장흥 쪽으로 걸음을 할 것이다.

■ 완도의 이모저모

□ 관광명소

완도 타워, 청해진 유적지, 완도 수목원, 보길도 윤선도 원림, 슬로시티 청산도, 해신 드라마세트, 신지도 명사십리, 금당 8경, 어촌민속전시관, 해양생태전시관, 장보고기념관,

□ 축제 · 행사

완도국제해조류박람회, 장보고 수산물축제, 청산도 슬로시티 걷기, 해맞이 행사, 청정 완도 가을빛 여행

□ 3도 4색

청산도, 소안도, 보길도

□ 테마체험

일정별 관광, 낚시여행, 명품선 체험

□ 미식

생선회(자연산 광어, 도미), 생선 매운탕, 전복 코스요리, 생선구이, 전복뚝배기, 삼치요리, 해신탕, 황칠오리

오늘은

완도군 군외면 당인리 - 완도읍 대신리 청해포구 촬영장 – 완도호와 방조제 – 화흥포항 · 어촌민속전시관 - 망석항 - 완도읍 시내 - 신지대교 – 신지면 신리 - 명사십리해변까지

오늘도 하늘에 구름 한 점 없는 청명한 전형적인 우리의 가을 날씨였다. 오늘은 워밍업 정도 하려고 했으나 숙소가 애매하게 위치해서 땀 좀 흘린 오늘이다. 덤으로 얻은 결과는 2.8만여 보에 21km를 걸었다.

신 누계 : 217.9만 보. 1,647km.
신 누계 : 220.7만 보. 1,668km.

완도읍 신지대교에서 본 장보고대교

우리 국토 해안선 걸어서 돌기

(37-2회, 2018.10.20. 토요일), (재방문, 2024.1.26.)

우리 국토 해안선을 따라 걷는 57일째

어젯밤 보일러를 신경 써 준 펜션의 사장 덕분에 온돌방에서 찜질하듯이 따끈한 밤을 보내고 5시 40분쯤 출발하며 장보고 대교를 스마트폰으로 확인해 보니 3.7km가 찍힌다. 신지명사십리(薪智鳴沙十里) 해변을 절반쯤 보고 발길을 돌린다. 펜션이 해변 입구 끝에 있어서 왕복 2km쯤을 해수욕장 둘러보는 거리가 추가된 것을 확인하고 장보고 대교를 향해 전진이다.

7시쯤 장보고 대교에 도착하여 부지런히 건너는데 동쪽 하늘에 해가 뜬다. 다리 한가운데서 10여 분간 카메라와 스마트폰을 교대하며 부지런히 촬영에 임하고 건너편 신지대교까지 찍어대고 다리를 건너니까 고금도다. 한 시간 반쯤을 더 가니 고금면 소재지다. 고금도가 무척 크다.

고금면 소재지에서 우측으로 약산이라는 이정표가 있다. 즉 조약도를 말한다. 완도, 신지도, 고금도, 조약도가 다리 4개로 연결되어 강진 마량으로 이어져 육지나 마찬가지다. 옛날엔 배를 타고 갔는데 지금은 자동차로 몇 분 내로 모두 연결된다. 조약도 가는 버스가 정유소에 마치 대기하고 있어서 그 버스를 타고 한 바퀴를 20여 분만에 돌고 제자리로 왔다.

다시 고금도 북쪽으로 전진하는데 청룡리라는 마을에 들어서니 사방이 온통 유자나무에 노란 유자가 주렁주렁 달렸다. 아름답게 보이고 입에 침이 고인다. 어느덧 고금대교에 닿으니 고금도 쪽에 고금대교 준공 탑이 있다. 그곳에서 왼쪽인 서북쪽을 바라보니 마량항이 보이고 그 뒤 서쪽으로 지난주 걸었던 해남 달마산이 주~욱 연결되어 병풍처럼 길게 뻗어 있다. 산세와 경치가 참으로 아름답다.

이어서 다리를 건넌다. 2년 전 10월에 고교 동창들 수십 명이 강진이 고향인 친구의 초청으로 마량에서 숙식하고 고금대교 위에 있었던 아침 해의 일출 사진을 찍은 일이 있었는데 정확히 2년 만에 내가 그 다리 위를 걷고 있다. 그 친구에게 오늘 찍은 사진을 몇 컷 보내고 안부를 물었다.

강진 마량에서 동진한다. 장흥을 향해서. 강진군 마량에서 장흥군 대덕읍 쪽으로는 우리나라에서 소비하는 매생이의 80% 이상을 생산하는데 지금부터 준비하고 키워서 12월 하순부터 식탁에 오른다고 한다. 장흥군 대덕읍 내저리가 주 생산지인데 도로명 주소 길 이름이 '내저 매생이길'이다. 주 길과 제1, 2길 등 꽤 넓은 면적의 동네가 매생이 길이다.

그리고 장흥 땅에는 간척지가 발달해서 간척 논이 무진장 많다. 대덕읍과 회진면의 반 정도가 아마도 간척지 논일 정도로 넓다. 노란 들판이 참으로 보기 좋다. 봄·여름에는 초록색으로도 보기 좋을 것 같다. 거기에는 대덕천을 관리하기 위해 만든 3km 이상의 길이를 가진 대덕방조제 덕분일 것이다. 우리나라는 치산치수가 농사에 맞게 잘 정리가 되어 있다.

그렇게 해서 최근에 엄청나게 발전하고 있다는 회진항에 도착했다. 회진은 수십 척의 소형 배들이 정박해 있는데 외지의 배가 70% 이상이란다. 아담한 항구인데 방파제와 천연적인 자연 여건을 활용하여 안전한 항구를 만든 결과이며 지금도 공사를 크게 넓게 벌리고 있다. 여기에는 수 km 밖에 누워있는 노력도가 회진만으로 들어오는 풍랑을 막아주는 자연조건이 있다. 오늘 여기서 1박을 하기로 하고 숙소를 정했다.

※ 내 생각, 하나

바다의 다리는 연결한 섬들이 문화와 생활환경을 확 바꿔 천지개벽하게 만든 사건들이다. 다리는 반만년이라 하는 우리의 유사 이래, 하늘의 처지만 바라보며 살아온 역사를 바꾸게 하는 일들로 대환영하는 일이다.

고금도는 완도군이지만 2007년에 고금대교가 먼저 개통되어 강진군 마량의 생활권에 접해 살다가 2017년 11월 말 장보고 대교가 개통되어 지금은 남쪽은 완도로 북쪽은 강진군 마량으로 치우쳐서 이용한다고 한다. 버스도 강진 버스가 많이 다닌다. 다리의 중요성을 볼 수 있는 대목이다.

지난번과 어제와 오늘 건너온 완도대교(500m), 신지대교(840m), 장보고 대교(1,305m), 약산 대교(306m), 고금대교(760m)는 우리가 육지에서 생각하고 바라본, 그냥 보통 다리가 아니다. 육지의 다리는 다리가 없다면 상류 쪽으로 계속 올라가면 강을 발로 건너 지나갈 수 있는 곳이 반드시 있다. 그러나 바다의 다리는 다리가 없으면 상류나 하류로 아무리 멀리 올라가도, 내려가도 지나가거나 건널 수가 없다. 배를 이용했다. 섬들의 다리는 주민의 목숨이나 다름없다. 나도 다리 덕분에 많은 곳을 보고 다닌다. 그래서 다리 만든 우리 건설 기술진들에게 큰 감사를 드린다.

그런데 요즈음은 섬 주민들에게 걱정되는 일들이 생겼다고 한다. 육지 사람들이 많아진 자동차로 다리 건너서 놀러 왔다가 가져온 물품으로 먹고, 사용하고 오토캠핑장을 이용하거나 비어있는 곳에서 즐기고 쓰레기만 버리고 간다고 한다. 물론 모두가 다 그렇지는 않겠지만 말이지. 그런 사람들을 많이 본다고 한다. 서로 좋아하는 세상을 기대한다.

오늘은

완도군 신지도 명사십리 - 장보고 대교 - 고금면 상정리 - 농상리(면 소재지) - 약산 대교 - 조약도 일주(차량) - 청룡리(유자 마을) - 가교리 - 고금대교 · 준공 탑 - 강진군 마량면 마량리 - 삼흥리 - 장흥군 대덕읍 내저리 오성금 - 신리 - 내저리(매생이 마을 · 길) - 잠두리 - 대덕천 · 방조제 - 회진면 진목리 삭금 - 선학동마을 - 회진리 · 항까지

오늘도 청명한 전형적인 가을 날씨였다. 한낮은 더웠다. 일교차가 매우 크다. 회진항의 저녁은 바다와 하늘과 공기까지 기상환경이 파랗게 보인다. 이유를 모르겠다. 내 눈만이 그렇게 보이는 것인지.

오늘도 바닷길을 즐겁게 신나게 열심히 걸었다. 4.8만여 보에 36km를 걸었다.

구 누계 : 220.7만 보. 1,668km.
신 누계 : 225.5만 보. 1,704km.

고금대교 풍경

장흥군 회진면 회진항

우리 국토 해안선 걸어서 돌기

(37-3회, 2018.10.21. 일요일), (재방문, 2024.1.27.)

우리 국토 해안선을 따라 걷는 58일째

어제 조금 일찍부터 쉬어서인지 새벽 3시부터 눈이 떠져서 이리저리 뒤척거리고 뒹굴면서 시간을 보낸다. 밖이 약간 시끄러워 의아하게 생각하며 일어나 시간을 보니 5시다. 출발 준비를 끝내고 5시 반쯤 나와서 늘 하는 것처럼 하늘을 쳐다보니 별이 몇 개만 보이고 구름이 상당하다.

선창가 넓은 뜰에 나오니 사람들이 분주하게 오가고 일부는 무엇인가를 열심히 정리하는 분위기다. 옆에 있는 사람에게 물어보니 오늘이 회전 장날이란다. 이른바 오일장이다. 그래서 상인들이 준비하고 있단다. 그리고 오가는 사람들은 낚싯배를 타고 해상에 낚시하러 나가는 사람들이 출항 준비를 하고 있었다. 낚시 인구가 등산 인구를 추월했다는 뉴스를 본 적이 있는데 과연 꼭두새벽부터 열성이다.

장날 풍경을 구경하는 것도 좋은 즐길 거리인데 나는 가야 한다. 어둠 속에서 한참 언덕을 오르다 뒤를 돌아보니 회전항의 불 켜진 항구가 참 예쁘게 보인다. 카메라와 스마트폰의 임무를 한 번씩 수행하고 계속 북동진이다.

30여 분을 걸어가는데 깜깜한 곳 어디서 말소리가 들려서 두리

번거리며 찾아보니 길 건너 버스 정류소의 할미들이다. 아는 체하며 물어보니 회전 장에 갈려고 버스를 기다리는 중이란다. 무엇을 사러 가는지 팔러 가는지는 모르겠다. 나에게는 어디서 와서 이 새벽에 어디로 가는 누구냐고 묻는다. 서울에서 온 걸어 다니는 사람인데 장흥으로 걸어가는 중이라고 이야기를 하니까 장흥을 가려면 회전으로 가서 버스를 타고 다른 길로 가야 한다고 친절하게 가르쳐준다.

장 잘 보라고 인사를 하고 계속 전진해서 고개를 넘으니 하늘에 붉은 구름이 보인다. 여명이다. 조금 더 전진하니 노력항이 불을 밝히고 오는 사람들을 맞이하고 있다. 선착장에 들르지 않고 길 따라 커브를 돌아서 노력항 쪽을 바라보니 언덕 밑에 다리가 보인다. 노력항이 노력도라는 섬이라는 것을 스마트폰 지도를 보고 알았다.

해뜨기 전에 계속 걸어가니 대리라는 제법 큰 동네가 나온다. 왼쪽에는 명덕초등학교가 있고 삼거리에 현수막들이 여러 개가 보이는데 그 초등학교 출신이며 어느 동네 누구와 누구의 아들인 0 0가 카이스트에 교수로 임용되었음을 학교 동문이 축하하며 걸어 놓았다. 사람들이 출세하려는 이유와 자식을 잘 가르치고 잘되기만을 기원하는 이유를 또 한 번 느끼는 순간이다. 어제 어느 마을에는 관세사에 합격했다는 현수막도 보았다.

소설가 한강 씨의 아버지인 한승원 씨의 생가를 지나 마을을 돌아 뒤로 산언덕을 내려가는데 나무 사이로 해가 보인다. 일출을 보기 위해 빠른 걸음으로 내려가 해를 찾았는데 아뿔싸 구름이 끼어서 제대로 보이지 않아 구름 사진만 몇 컷 찍고 2~3분 내려가니 바닷가가 나오면서 해도 잘 보여서 늦은 일출 장면이지만 몇 컷 건졌다.

조금 더 내려가니까 정남진 방조제(1,150m)가 나온다. 건너편 산 위에 탑 같은 건축물이 보이는데 정남진전망대다. 방조제 아래쪽에 경작금지라는 빨간 표지판이 있어서 무슨 말인가 했는데 바로 옆에서 조를 수확하는 부부를 만났는데 아마 불법 농사를 지은 것 같다. 옛날에 읽은 최만식 선생이 쓴 소설을 읽은 그 내용(소작농)이 떠오른다. 방조제를 건너면서 해와 전망대를 포함한 사진을 찍으면서 전망대에 올랐다. 이때가 7시 50분경이다. 직원들 출근 전이다.

그 넓은 공간에 아무도 없다. 나 혼자서 여유 있게 구경을 하고 의미를 생각해 봤다. 문을 안 열어 전망대에는 오를 수가 없다. 20여 분간 여유의 호사를 부리고 하산하는데 동상을 발견하고 살펴보니 안중근 의사인데 복장이 한복 두루마기 차림이다. 안 의사의 동상 중 한복 두루마기는 처음 본다. 안 의사 어머니께서 수의로 한복을 지어 보냈다는 이야기는 듣고 본적이 있다. 고증을 거쳐서 제작했겠지.

정남진전망대를 내려와 오른쪽으로 돌고 왼쪽으로 방조제가 또 나오는데 꽤 길다. 삼산방조제이며 장흥군 관산읍 삼산리와 신동리를 잇는 길이는 3km가 넘는다. 방조제 북쪽 아래 둑에 해송을 많이 심었는데 지금은 키가 작다. 세월이 지나면 좋은 풍광과 여름에 그늘을 주겠지. 그런데 스마트폰 지도에는 삼산방조제 중간에 정남진이라는 포인트가 나온다. 전망대의 둥근 테 모양이 정남진으로 알고 내려왔는데. 아직 의문을 해소하지 못했다. 지도 포인트 부분에 방조제 중간에 조그마한 시설물이 있는 터를 대충 보고 지나쳤는데 뒤에 알았고 다음에 확실하게 알아보리라(※ 위도상 이곳이 정남진이 맞다. 전망대와 2.5km쯤 차이가 난다).

이어서 정남진 항과 사금 마을 해변을 지나 장환도 입구 관산제방을 들어갈 순간 자전거를 타고 오는 노신사를 만났다. 장환도에 살고 있단다. 원래 경기도 구리시가 집인데 폐 학교를 불하받아서 1년 중 상당 기간을 이곳에서 지낸다고 한다. 참 좋은 곳이라며 지역 칭찬이 자자하다. 운이 좋은 분이다. 요즈음은 폐교 매각이 안 된다고 알고 있다. 양쪽 바다를 제방으로 막아서 섬은 육지가 되고 사이의 바다는 논이 됐다.

방조제는 많은 농토를 제공한다. 특히 논농사가 많아 쌀 생산이 대단하다. 농기계들이 바쁘게 일을 하는 덕으로 맛있는 쌀밥을 먹는다. 계속 올라가는 내내 오른쪽은 바다이고 왼쪽은 황금 논이다. 상발리를 통과할 때 왼쪽 산에서 검은 연기가 많이 올라 궁금했는데 산불이란다. 결과가 궁금하다. 벌써 산불이 발생한 것을 보니 깊어가는 가을과 봄이 걱정된다. 불조심을 명심해야겠다.

소등섬을 거쳐서 용산면 쪽으로 계속 가는데 여기는 산속으로 길이 있다. 오른쪽에 바다가 보이긴 해도 경사가 심하고 높은 절벽이다. 산속에서 큰 도로 쪽으로 북진한다. 오른쪽 좁은 바다는 장흥읍 방향으로 깊숙이 들어간 만이다. 북유럽의 피오르드 같은 만이 끝나는 남상천을 통과 덕암 마을회관에서 오늘 일과를 마치고 장흥읍 행 군내버스를 기다리며 3일째를 마친다. 오후 1시가 조금 지난 시간이다. (※2024년 재방문에서 확인된 사항으로 소등섬 근처 남포마을에서 장제도로 들어가는 공사 중이었던 정남진대교가 22년 1월 말 준공되었다. 바닷가 길 수문항까지 10여 km가 단축된다.)

그때까지 오늘도 밥상을 받지 못했다. 30분 후 장흥읍에서 곰탕 한 그릇으로 진수성찬을 대신한다. 서울에서 장흥을 다니는 고속버스는 화순과 능주를 경유하고 광주광역 시내 도로를 이용한다. 오늘도 도로는 많이 막힌다.

오늘은
장흥군 회진면 회진리 회진항 - 노력항 입구 - 대리 - 신상리(한승원 생가) - 관산읍 신산리(정남진 방조제) - 정남진 전망대 - 삼산리(삼산방조제) - 정남진 항 - 신동리 - 사금 마을 - 관산제방 - 고마리 - 장환도 - 죽청 방조제 - 용산면 소등섬 - 풍길리 - 남상천 - 덕암리 덕암 회관까지

오늘도 청명한 전형적인 가을 날씨였다. 한낮은 더웠다. 일교차가 매우 크다. 감기 조심해야 한다.

오늘도 즐겁게 신나게 열심히 걸었다. 3.8만여 보에 28km를 걸었다.

구 누계 : 225.5만 보. 1,704km.
신 누계 : 229.3만 보. 1,732km.

정남진 방조제에서 바라본 정남진 전망대

삼산방조제(실제 정남진은 방조제 오른쪽 솔밭이다.)

우리 국토 해안선 걸어서 돌기

(38-1회, 2018.10.27. 토요일), (재방문, 2024.1.27.)

우리 국토 해안선을 따라 걷는 59일째

어제 비가 와서 오늘부터 하는 것으로 정하고 장흥행 첫차로 시작한다. 오전까지 비가 온다는 예보 때문에 나들이객이 적을 것으로 생각했는데 웬걸! 도로가 엄청 만원이다. 천안에서 논산 가는 고속도로로 가지 않고 대전광역시 회덕으로 돌아서 옛) 호남고속도로 길을 따라서 간다. 운전기사의 정보가 조금 멀지만, 그 길이 낫다는 정보인가 보다. 운전기사 마음 대로를 믿고 따르는 수밖에 없는 팔자 아닌가? 우여곡절 끝에 6시간이 거의 다 돼서 장흥에 도착했다.

사람의 능력과 과학기술 발전을 논하지만, 자연의 한방에 꼼짝 못 하는 것이 사람이다. 오늘도 흐리고, 비가 오고, 해가 나고, 또 흐리고, 해가 나고 변화가 심한 기분으로 차를 타고 내렸다. 자연은 가끔 태풍, 비바람, 눈 폭풍 등으로 인간을 시험하기도 한다. 잘 적응하며 살아야 한다.

차창으로 본 자연환경은 그야말로 순간적으로 바뀐 현상을 보인다. 황금 물결 들판은 온데간데없고 삭막함을 준다. 온 산야의 식물들은 모두 오색 단풍색으로 물들어가고 있다. 그 단풍을 보겠다고 인간들은 도로를 주차장으로 만들고 있다. 인간 자기들도 단풍들고 있다는 사실을 알고 있는지 모르는지. 인간 단풍의 모습을 비 맞지 않는 맑은 가을의 단풍이 되기를 나부터 노력하고 기대해야 한다.

장흥에 도착하자마자 있는 군내버스를 타고 지난번에 끝낸 자리로 이동했다. 덕암 회관을 출발하여 덕암천 변을 따라 걷다가 한승원 작가 산책로라는 길을 만난다. 강변의 길은 한 작가의 시비 여러 개가 세워진 강변의 공원이다. 한 작가가 기거하며 작품 활동을 하는 집을 토굴이라는 별칭으로 낮춰 이름 붙인 해산 토굴이 있다. 또 하천 같은 바다 건너 바라보이는 곳에 그의 생가가 있다. 지난주에 걸으며 보았다.

조금 더 동진하니 수문리 해변이 보이고 언덕으로 올라서니 보성군 회천면이라는 이정표가 보인다. 회천면은 감자가 유명하고 친구 이기홍의 고향마을이 있는 곳이고 85년인가 86년인가 그 친구가 부친상을 당했을 때 비 오는 한밤중에 한 번 와 본 적이 있는 곳으로, 관심이 있던 마을이다.

오늘도 회천면 땅에 들어서는 순간 보이는 것은 진초록으로 자라고 있는 감자가 보인다. 겨울이 가까운데 감자밭이 끝이 없이 넓다. 아직 젊게 보이는 감자 잎을 보아하니 수확 시기가 많이 남은 것 같은데 언제 캘까? 궁금하다. 또 감자밭 옆에는 쪽파가 역시 푸른 빛으로 자라고 있다. 60~70년대에 겨울에 보았던 보리밭처럼 초록빛이 광활하게 펼쳐져 있다. 지방별로 특산물들이 다르게 자란 것을 보면 참으로 희한하다. 우리 조상들이 어떻게 특산물들을 골라 자기화시켰는지 대단하다고 할 수밖에 없다. 이곳 보성군 회천면의 늦가을의 특산품은 감자와 쪽파다.

회천면사무소가 있는 율포해수욕장 해변마을에 3~4년 만에 들어와 한 바퀴 돌아보니 천지개벽이라 할 만큼 엄청나게 변화되어 있었다. 시가지에도 빈 땅이 많았는데 지금은 빈 땅이 없다. 율포 해변 서쪽에는 실거리 야구장도 있다. 시간별로 빌려 쓰는 구장인데 어느 누가 이용하는지 모르겠다. 그런데 들은 바에 의하면 운동하는 사람들이 꽤 많이 보인다고 한다. 율포의 유명한 것 중의 하나인 녹차 해수탕도 2곳으로 늘었다. 늦게 도착해서 어렵게 민박을 구해서 쉰다. 녹차 해수탕 목욕이 생각나고 유혹하지만, 오늘을 정리하고 내일 해야 하는 일 때문에 생략하고 다음을 기약한다.

기홍이 친구 고향마을을 통과할 때 감회어린 전화를 하며 소식을 전했는데 그 친구는 고향에서 향토와 관련된 사업을 하며 사는 후배에게 연락하여 나를 만나도록 해서 4km쯤 같이 걷고 저녁을 대접해 준다. 내가 그동안 살면서 오늘처럼 연포탕을 많이 먹어 본 적이 없다. 배 터지기 직전까지 먹었다. 오늘의 피곤이 싹 날아가 버렸다. 두 분에게 고맙고 또 감사하다. 내일은 낙지 먹은 힘을 발휘해야겠다.

■ 장흥의 이모저모

□ 관광명소

편백수 우드랜드, 정남진 토요시장, 천관산, 제암산, 탐진강, 보림사, 정남진전망대, 소등섬, 선학동마을

□ 축제 · 행사

보림 문화제, 제암산 철쭉제, 정남진 키조개축제, 하늘빛 수목원 튤립 축제, 장흥 물 축제, 개막이 체험, 선학동 메밀꽃 축제, 천관산 억세제, 회령포 이순신 문화축제, 장흥 귀족

호두축제, 정남진 전망대 해맞이 축제

□ 장흥 9미

한우 삼합, 매생이탕, 된장 물회, 키조개요리, 바지락 무침, 굴구이, 하모 샤부샤부, 갑오징어요리, 황칠 백숙

오늘은

장흥군 용산면 덕암마을 덕암 회관 - 덕암천 - 안양면 지천리 - 해창리 - 사촌리 율산마을 해산 토굴 - 한승원 산책로 · 공원 - 장재도 입구 - 수문리 - 용곡리 - 보성군 회천면 전일리 · 전일 백사장 - 군학마을 - 명교 백사장 - 율포 해변까지

오늘도 청명한 전형적인 가을 날씨였다. 바닷가에는 비 온 뒤여서 그런지 바람이 강하게 불었다. 모자가 몇 번이나 날아갔다. 일교차가 매우 크다.

오늘도 즐겁고 신나게 부지런히 걸어 2.6만여 보에 20km를 걸었다.

구 누계 : 229.3만 보. 1,732km.

신 누계 : 231.9만 보. 1,752km.

보성군 회천면 들판의 쪽파밭

보성 율포해변

우리 국토 해안선 걸어서 돌기

(38-2회, 2018.10.28. 일요일), (재방문, 2024.1.27.)

우리 국토 해안선을 따라 걷는 60일째

오늘도 3시 33분에 눈이 떠진다. 밖에 나와서 자면 매번 비슷한 이른 시간에 눈이 떠지는 이유는 왜일까? 지난번과 똑같이 뒹굴뒹굴하며 기와집 몇 채를 짓고 부수고 하다가 일어나 정리하고 5시 30분에 민박집을 나왔다.

하늘은 구름이 조금 있으나 맑음이 확인된다. 어제저녁 늦게 들어왔기에 새벽에 율포해수욕장을 잠시 들러보고 동북쪽으로 전진한다. 여명의 하늘은 참으로 아름답다. 30여 분을 열심히 걷는데 뭐가 후드득 떨어지는 소리가 난다. 비가 내린다. 갑자기 내린다. 난감하다. 완전한 들판이다. 하늘은 말짱하다. 아무 데도 피할 방도가 없다. 그런데 근방 그친다. 조금 더 걸어가니까 또 후드득 소리가 난다. 옷이 젖을 만큼은 아니고 또 그친다. 이러기를 4번을 반복한다.

마지막 4번째는 보성 쪽파밭에서 바다 건너 고흥의 산봉우리 일출을 부지런히 촬영하는데 비가 제법 온다. 3~4분 견디니까 비가 그친다. 그리고 오늘 일출 사진은 잘 안 되어 헛일한 것처럼 포기하고 가는 길을 계속했다. 보성에는 둘레길을 다듬어서 바다와 차밭을 연결한 42.195km를 '다향길'이라 일러 운영하고 있는데 잘 돼 있다. 오늘 나는 2코스와 3코스를 이용했다. 2코스 종점 근처에 행운을 가져온다. 갈대밭이 있어서 촬영에 아주 좋은 피사체를 제공해 주었다. 아침의 불안을 갈대밭으로 위안 삼고 30여 분을 여유롭게 즐기고 가을을 만끽했다.

연동과 회죽천을 지나고 원서당 마을을 지나니 '비봉공룡알화석지'와 득량만 바다낚시 공원이 나온다. 조금 더 올라가니 '비봉공룡공원'이 있다. 바닷가를 오른쪽에 두고 왼쪽에는 밭이다. 밭은 모두 감자와 쪽파밭이다. 장흥군 안양면과 보성군 회천면과 득량면은 쪽파 주 생산단지라 한다. 우리나라 쪽파 생산의 50% 이상이라고 한다. 초록빛 들판이 매우 아름답다. 감자가 꽃이 피었다. 보라색과 하얀색의 감자 꽃이 가을에 핀 것을 처음 보았다.

11시가 지난 시간에 득량만방조제가 앞에 있다. 득량만방조제는 길이 약 4.5km이며 보성군 득량면 해평리와 고흥군 대서면 남정리를 연결한다. 방조제 왼쪽은 갈대밭이 끝없이 펼쳐지고 오른쪽은 만수위의 바다가 넘실거린다. 갈대밭 뒤쪽은 엄청 넓은 논이 자리 잡고 있다. 방조제 가운데 지점에 포구가 있는데 그곳이 다향길 3코스 종점이다. 보성군과 고흥군 경계지점이다.

다향길 종점에 횟집이 보여서 혼자라서 식사가 곤란함을 이야기하고 메뉴에 없는 식사를 부탁해서 아점으로 해결하고 나머지 방조제를 건넜다. 매운탕이라고 준 국이 얼마나 관심 없이 대충대충 건성건성 끓였는지 손가락 두 개만 한 생선이 익지도 않아 먹을 수가 없어서 밥을 물에 말아 김치와 먹었다. 아무튼, 방조제 끝이 고흥이다. 방조제는 땅 좁은 우리나라에 엄청난 논을 제공한다. 그리고 바다 건너 이웃 동네와의 거리를 많이 단축한다. 방조제는 또 걷기로 좋은 길이다. 참 고마운 방조제가 서남해안에 무척 많다.

고흥에 들어서 걷는데 복잡하다. 오른쪽으로 길을 잡는데 바닷가로 길이 연결이 안 된다. 산악이 많고 지형이 험해서 들어가는 길이 있으면 다시 그 길로 나와야 하는 길뿐이다. 아무튼, 들고 날고를 반복하며 대서면의 여러 마을을 지나고 남양면 입구 탄포 삼거리까지 와서 오늘의 일과를 오후 5시쯤 마치고 고흥 읍내 가는 버스를 기다린다.

고흥 북쪽 지역의 생활권은 보성군의 벌교읍이라 한다. 고흥 읍내를 왕래하는 버스보다 벌교 쪽으로 왕래하는 버스가 더 자주 있다. 고흥에는 감나무가 많다. 전국의 감이 올해 흉년인데 고흥에는 평년작은 되는 것 같다. 내가 지금까지 직접 본 감나무 중에서 가장 많이 달렸다. 그래서 균형을 이루면서 세상은 삶을 제공하는 것인가.

오늘은

보성군 회천면 율포 해변 - 다향길 2·3코스 - 연동마을 - 객산마을 - 득량면 비봉마을·비봉공룡알화석지 - 득량만 낚시공원 - 선소마을·비봉 공룡공원 - 해평리 - 갑문 - 득량만방조제 - 방조제 중·소문 - 고흥군 대서면 남정리 - 안남리 장선해변 - 수문동 나루터 - 신기마을 갯벌체험장 - 송강리 - 남양면 침교리 탄포삼거리까지

오늘도 청명한 전형적인 가을 날씨였다. 새벽은 매우 쌀쌀하였다. 비가 적은 양이지만 1시간가량 오락가락 매우 지저분한 날씨였다. 바람도 세게 불었다. 모자가 몇 번이나 날아갔다. 일교차도 매우 크다.

오늘은 길을 찾기 위해 피곤하게 부지런히 걸었다. 오늘은 본래 많이 걷는 날이기도 하다. 걸음 수에 맞춰서 정지하였다. 5.3만여 보에 40km를 걸었다.

구 누계 : 231.9만 보. 1,752km.
신 누계 : 237.2만 보. 1,792km.

득량만 방조제와 갈대

우리 국토 해안선 걸어서 돌기

(38-3회, 2018.10.29. 월요일), (재방문, 2024.2.23.)

우리 국토 해안선을 따라 걷는 61일째

오늘은 월요일이다. 금요일에 비가 와서 토요일에 내려왔기 때문에 오늘까지 걷기로 했다. 어제 좀 많이 걸어서 밤새 잠을 많이 자야 하는데 새벽 2시부터 눈이 떠서 시간을 확인하게 만든다.

오늘은 어제 중단하며 마치고 버스를 탔던 탄포삼거리부터 걸음을 시작해야 한다. 그곳에 가려면 6시에 출발하는 벌교 가는 군내버스를 타야 한다. 터미널 옆에서 잠을 잔 모텔을 정리하고 5시 40분에 나와서 기다리다가 버스를 타고 40분 후에 내려서 남쪽으로 걷기 시작한다.

시내에선 몰랐는데 차에서 내려 도로 바닥을 보니 밤새 비가 내렸다. 도로가 말라가는 상태로 보아 많이는 아니고 먼지 안 날 정도로 내려 상큼한 기분을 준다. 낮에 안 내리고 밤에 내려서 나로선 대단히 고맙다. 길 찾기가 어려워 처음엔 도로 위주로 걷는다. 한참을 내려가니까 중산리 일몰전망대가 나온다. 여기는 저녁때에 와서 봐야 제격인데 아침에 오니 재미없는 판국이다. 나중을 약속하고 계속 남진이다.

남양리에 와서 길 때문에 망설이던 차에 인터넷 카카오 지도를 확대해 보고 자신이 있게 노일리와 방조제를 목표로 남서진을 한다. 내륙의 여러 마을을 통과하면서 지역에 관한 정보가 들어온다. 고흥은 쌀이 많이 나오고 수산물도 풍부하다. 방조제가 많고 삼면이 바다이기 때문이다. 그런데 지금 이 마을들 근교는 석류를 재배하고 있다. 꽤 넓은 밭이 여러 군데서 보인다. 그리고 감나무에 감이 다른 동네보다 많이 달려 있고 키가 작은 감나무들도 여러 곳에서 보인다.

마을을 돌고 돌아 '두원방조제'를 찾아서 통과하고 두원면에 들어왔다. 두원방조제는 과역면 노일리와 두원면 용반리를 이으며 사정천을 통과하는 길이는 약 850m다. 방조제를 지나니 산비탈이 험하고 바닷가로는 길이 없어 길 따라 논이 있는 들판으로 나와서 두원 서북부지역으로 나아가니 옛날부터 고흥의 터줏대감으로 행세하는 유자가 많다.

우리나라에서 생산·소비되는 유자차 대부분이 고흥산이란다. 한참을 걸어가니까 유자차 공장에서 나는 유자 향이 향기롭다. 공장 옆을 지나다가 공장에서 일하는 사람을 맞나 유자차를 직접 살 수 있느냐고 물어보니까 직접 판매는 하지 않고 판매자는 도매상들이 별도로 있다고 한다.

두원면 서북부는 엄지손가락처럼 불쑥 튀어나와 있는데 대부분 산악이고 대전해수욕장이 끝에 있다. 바닷길로 연결은 없고 들어가면 다시 그길로 나와야 하는 외톨이 지역이어서 그쪽은 생략하고(2024년 재방문 시, 해수욕장 가 봄) 두원면 소재지를 통과하여 고흥만방조제를 통과하여 녹동을 거쳐 소록도로 가는 길을 선택해서 전진하여 통과하였다.

고흥만방조제는 고흥군 두원면 풍류리에서 도덕면 용동리까지의 바닷길을 막아 축조한 방조제이며 길이는 2,873m다. 31㎢의 땅을 풍수해를 막아 옥토로 만든 방조제이다. 이 방조제 북쪽은 두원면과 고흥읍이고 남쪽은 도덕면이다. 방조제 남쪽에 아직 공사 중인 휴게 쉼터와 주차장이 크고 완벽하게 정리되어 자리 잡고 있다. 길 건너 산언덕에 짓다가 중단된 커다란 건물이 있는데 수년 전에 호텔을 짓다가 골조공사만 진행된 상태에서 부도가 나서 중단됐다고 한다(※ 2024년 재방문 시 완공하여 '고흥 썬벨리 리조트'란 이름으로 영업 중이다).

고흥만 방조제 남쪽까지 오늘 걷기 일과를 마치고 고흥읍에 가는 버스를 타기 위해 4km쯤 이동해야 해서 옆길로 걷고 있는데 하얀 SUV 자동차가 옆에 서서는 타기를 권유한다. 두원을 거쳐서 고흥읍 내까지 간다면서 타고 싶으면 타라고 하는 운전자는 젊은 청년이다. 그리고 혼자였다. 오늘 일과도 마쳤겠다!? 호기심도 발동해서 차를 탔다.

차를 타고 왜 태워주느냐고 물었더니 걸어가는 나를 천천히 따라오면서 살펴봤는데 분명히 여행객인데 나이도 들어 뵈고 걸음걸이도 시원찮게 보여서 차를 세우게 됐다고 하며 이것저것을 묻는다. 쭉 대답하니까 자기도 해보고 싶다고 한다. 나도 그때 상태가 별로 좋지 않았다. 그제 급하게 26천여 보, 어제 53천여 보, 오늘도 그때 이미 급하게 42천여 보를 걸어서 다리가 정상이 아니었다.

차가 달리는데 조금 가다가 삼거리에서 내가 가야 할 방향과 반대 방향으로 가면서 들릴 곳이 있는데 잠시면 된다고 하면서 동의를 구한다. 그사이에 걷는 것으로는 꽤 멀리 와 버렸다. 동의하고 기다리는데 이야기를 계속한다. 순천에 있는 태양광발전소 관련 회사에서 근무하는데 발전소를 만들어 주고 계속 관리를 해

주는데 오늘은 이 지역을 살펴보고 이상 유무를 확인하는 일 때문에 간다는 것이다.

이야기를 주고받으면서 그동안 다니면서 태양광발전소를 많이 봤는데 그에 관한 평소의 궁금한 것이 많이 있었는데 오늘 해소하였다. 요즈음은 맨땅에 짓는 건 환경문제 때문에 인기도 없단다. 보상금을 많이 못 받는다는 것과 축사나 건물의 지붕이나 옥상 같은 게 좋다는 것도 배웠다.

태양광발전소가 설치된 현장에서 일하는 10여 분 동안 살펴보니까 백엽상 같은 시설물이 여러 동이 있는데 그 시설물 하나하나가 발전소 하나라고 보면 된단다. 공부 많이 했다. 지금도 나는 그 친구 이름도 나이도 모른다. 고흥읍 입구에서 내리고 돌려보내면서 꼭 만나자고 했다. 그때 내가 대접하겠다고 하면서 내 명함을 주고 내렸다. 아주 고마운 인연인데 연락이 왔으면 좋겠다. 몇 주 뒤에 순천에도 간다.

버스터미널에 도착하니 서울 가는 차 시간이 여유가 있어서 전통시장에 들어가서 전라도 팥죽 한 그릇으로 아 · 점을 먹었다. 아침을 간식거리로 때웠다. 시간이 여유 있어서 군청 앞 봉황산에 올라가서 고흥 읍내 구경을 하고 서울행 버스를 찾았다. 오늘은 왠지 기분이 좋았다. 다음 주도 고흥이다.

오늘은

고흥군 남양면 탄포삼거리 - 중산리 - 중산리 일몰전망대 - 남양리 - 과역면 상송마을 - 방태마을 - 외로마을 - 내로마을 - 노일리 - 두원 방조제 - 두원면 용반리 - 금성마을 - 관덕리 - 풍류리 - 고흥만방조제 - 도덕면 용동리까지 오늘도 아침은 흐렸지만, 청명한 전형적인 가을 날씨였다. 새벽은 매우 쌀쌀하였다. 바닷바람도 세다. 일교차도 매우 크다.

오늘의 고흥은 길 찾기가 복잡한 곳이다. 오늘은 서울 가야 하는 날로 마음도 걸음도 바쁜 날이다. 걸음 수에 맞춰서 정지하였다. 4.2만여 보에 31km를 걸었다.

구 누계 : 237.2만 보. 1,792km.
신 누계 : 241.4만 보. 1,823km.

중산리 일몰전망대에서 바라본 풍경

우리 국토 해안선 걸어서 돌기

(39-1회, 2018.11.02. 금요일), (재방문, 2024.2.23.)

우리 국토 해안선을 따라 걷는 62일째

금요일 아침 집을 또 나섰다. 집안이 걱정돼서 정리 좀 하고 오후에 출발해서 내일과 모래 이틀간 계획하고 준비를 하고 있는데 아내가 집안 걱정하지 말고 빨리 끝내기 위해서라도 새벽부터 가라고 해서 염치없이 첫차를 타고 고흥으로 왔다. 누가 뭐래도 자연은 자연스럽게 흐르고 있다.

차창 밖 들판은 이미 늦가을 냄새가 물씬 난다. 추수가 끝난 들판은 황량하고 쓸쓸하기 그지없다. 소 사료인 볏짚 말아 놓은 하얀 둥치만 덩그러니 보인다. 서리 맞은 밭은 풀이 죽은 모습들이다. 금요일이라 도로가 한가할 줄 알고 출발했는데 오늘따라 공사하면서 도로 일부를 막힌 부분이 다섯 군데나 되었다.

고흥에 도착한 시간이 12시 40분으로 생각보다 빨리 왔다고 한다. 고흥만 방조제에 가는 버스는 하루에 3회가 있는데 오전 10시 반에 막차가 이미 가버리고 없다. 할 수 없이 택시를 이용하는 투자를 해야 한다. 1만 3천 원으로 목적지에 도착했다.

기온은 17도로 최상의 컨디션이고 날씨는 하늘에 구름 한 점 없고 바닷바람이 살랑살랑 싫지 않게 분다. 도로 경계석에 걸터앉아서 점심을 먹는다. 가지고 간 인절미 한 조각, 삶은 달걀 1개,

감 1개, 생땅콩 조금, 호두 조금 등 진수성찬이다.

1시 10분 출발이다. 오늘은 한나절이라 꼭 욕심이 생긴다. 며칠을 쉬었으니 몸 컨디션도 괜찮다. 금호 해수욕장과 용동리 해수욕장 · 바다 낚시터가 연거푸 지나간다. 그리고 내륙으로 길이 이어진다. 해발 150m 산을 하나 돌아서 들판을 지나 바닷가 길을 찾아서 걷는데 그 후는 지루한 평범한 시골 동네 바닷가 길이 계속된다. 해수욕장도 항 · 포구도 없는 밋밋한 해안가다. 탁 트인 바닷가 경치가 똑같이 아름답다. 그곳은 모두 갯벌이며 양식 조개들이 많이 사는, 각 동네 어촌계에서 관리한다는 간판들이 많다.

오른쪽 바다 건너 산자락으로 연결된 지형이 보이는데 지난주에 걸었던 보성과 장흥 땅이다. 벌써 하나하나 기억하기가 힘들지만 보이는 지형들이 아스라이 보인다. 그리고 어깨에 힘이 들어간다.

한참을 더 걸어가니 주황색 독크 여러 개가 서 있다. 가까이 가서 보니 조선소다. 우리가 바닷가에서 쉽게 볼 수 있는 고기 잡는 배 만한 것들이 많이 건조하고, 수리도 하는 소형 조선소가 여러 개 있다. 부디 경기가 좋아 일감이 많아 돈 많이 벌기를 바란다.

日暮途遠(일모도원) 날은 저물고 갈 길은 멀다. 4시간쯤 부지런히 걸으니 소록도 대교가 눈앞에 있다. 소록도까지는 2km 정도다. 여기서 욕심이 발동한다. 그리고 소록도에서 숙소를 구해서 해결하면 얼마나 좋고 내일 모래 일이 가벼울 것이란 생각으로 무조건 전진했다.

소록대교는 왕복 2차선인데 인도가 물리적 시설로 구분이 안 되고 노랑 선으로만 1.5m 정도 넓게 그려진 게 다다. 다리가 높다. 길이는 1,160m다. 큰 자동차들이 쌩쌩 달릴 때는 몸을 잘 가

누지 못할 만치 바람이 세다. 그래도 눈은 바다 쪽으로 못 보고 걸음도 차도 쪽 라인에 가깝게 하고 걷는다. 진퇴양난! 한마디로 무서웠다. 땀을 삘삘 흘리면서 목숨을 걸다시피 한 기분으로 우여곡절 끝에 다리를 건넜다.

소록도 안쪽으로 들어가니 주차장이 나오는데 입구에서 관리하는 사람이 뭐 하는 누구냐고 묻는다. 나의 처지를 얘기하니 소록도는 전체가 병원이고 편의 시설이 전혀 없단다. 소록도 지역 방문 시간은 오전 9시부터 오후 5시까지란다. 녹동에 가는 버스는 6시 15분에 막차가 있단다.

내 생각과 꿈이 무너지며 180도 바뀌는 순간이다. 허무하다. 소록도는 섬 전체가 국립병원이다. 도로 서쪽은 환자 지역이고 동쪽은 병원에 종사하는 사람들의 시설이 있다고 한다. 오늘 확실히 알았다. 소록도 동네를 구경할 수도 없다. 출입 시간이 정해져 있어서 지켜야 한다.

소록도는 한과 설움과 원망과 좌절과 냉대와 인내라는 단어로 해설하는 곳인 동시에 희생과 봉사와 배려가 그리고 꿈이 함께 숨 쉬는 곳이다. 그래서 내가 알기로 역대 대통령 부인 3명(육영수 여사, 이희호 여사, 김정숙 여사)이 방문해서 위문할 정도로 정이 필요한 험지이기도 하다.

내 가까이는 처제 강 교수가 소시 때 의료인으로 배 타고 다니면서 열정을 바쳐 근무했던 지역이기도 하다. 그래서 일반 동네로 생각하고 구석구석을 돌아보려고 했다. 오늘 얼핏 상황을 알고 나니 지역에 대해 많이 알게 되는 기분이다. 일반 상식을 알아야 해결되는 일이 많다. 공부는 죽을 때까지 계속해야 한다.

전에 두 번인가 답사를 와서 중앙공원과 박물관들을 보고 간 적이 있는데 이번에 차근차근 걸어서 살펴보려고 했는데 상황을 너무 모르고 달려든 것 같다. 막차 시간 50여 분을 기다리지 못하고 거금대교를 통과 후 거금휴게소로 30분쯤 걸어가 버스를 타고 녹동에 와서 장어탕으로 저녁을 사 먹고 숙소를 구하여 들어 왔다. 거금대교는 2층이다. 위층은 자동찻길이고 아래층은 자전거 길인데 멋있고 예쁘다.

오늘은
고흥군 도덕면 고흥만방조제 남단 - 금호 해변 - 용동해변·낚시터 - 용동리 - 가이리마을 - 신흥마을 - 장수마을 - 장예마을 - 조선소 공장 지역 - 장두항·마을 - 유씨 열부비 - 쌍충사 - 소록도 대교 - 소록도 - 거금대교 - 금산면(거금도) 거금휴게소 - 고흥군 도양읍 봉암리 녹동항까지

오늘은 구름 한 점 없는 청명한 가을 날씨로 하늘과 바다가 같은 색깔이었다. 바닷바람도 세다. 일교차도 매우 크다.

오늘은 소록도 둘러보는 욕심 때문에 오버했으나 많은 정보를 얻었다. 내일 소록도는 건너뛰어 거금도로 간다. 2.7만여 보에 21km를 걸었다.

구 누계 : 241.4만 보. 1,823km.
신 누계 : 244.1만 보. 1,844km.

소록도 대교와 소록도

거금대교 전경

우리 국토 해안선 걸어서 돌기

(39-2회, 2018.11.03. 토요일), (재방문, 2024.2.23.)

우리 국토 해안선을 따라 걷는 63일째

오늘도 어김없이 새벽 3시부터 눈이 뜨인다. 어제에 이어서 녹동에서 버스로 이동해 거금도(금산면)에 도착하여 섬을 한 바퀴 걸어 돌아야 한다. 06시 30분에 출발하는 군내버스를 이용해서 거금대교를 건너자마자 거금휴게소에서 내려 거금 둘레 길을 따라서 걷기 시작했다.

우리나라 섬 중 11번째로 큰 거금도에는 '거금도 둘레길'이 잘 만들어져 있다. 거금대교 남쪽이며 거금도의 북쪽인 거금휴게소에서 서쪽으로 걷기 시작해서 남쪽과 동쪽 그리고 북쪽 면을 따라서 7개 코스 42.2km 마라톤 풀코스 거리이다. 오늘 나는 1, 2, 3, 4코스와 5코스 일부와 7코스 일부를 돌아서 걸었다. 둘레길보다 3km쯤 단축된 거리다. 5코스와 6코스는 산악지형 종단으로 돼 있는데 나는 해안선 코스로 돌아서 내 취지에 맞게 걸음을 한 것이다.

처음 지도를 받았을 때는 어떻게 해야 할지 생각을 많이 했는데 지도를 처음부터 끝까지 자세히 읽어보니 해답이 나온다. 거금도 둘레길이 아주 잘 다듬어져 있어 길 가다가 길 찾는다고 신경 쓸 필요가 없이 둘레길 코스만 찾아 열심히 걸으면 되었다. 좀 편하게 걸은 날이다. 그리고 거금대교는 어제 걸어서 거금휴게소까지 걸었다.

오후 5시경 아침에 출발한 장소에 도착했다. 고금대교는 우리나라 바다 교량 중 유일무이한 이층다리다. 위층에는 왕복 2차선으로 자동차가 다니는 소록대교와 같고 아래층은 자전거 길 2차선이 준비되어 있다. 자전거 길이 아주 좋다. 양옆에 촘촘하게 사선의 기둥들이 안전하게 지어져 있다.

다리 길이는 2,028m이다. 그리고 거금대교 북쪽에서 1,150m의 자전거 길 겸 산책로가 소록도 주차장으로 연결되어 있다. 이 길을 이용하여 소록도에 들어서서 녹동과 고흥을 가는 버스를 타고 6시 넘게 도착하여 고흥으로 옮겨 왔다. 내일 교통편을 현지 이동과 서울 가는 것 등 2가지를 고려하여 고흥이 낳을 것 같았기 때문이다.

거금대교가 보이는 '일정 마을' 양파밭에서 일하는 농부를 만나 이런저런 이야기를 나누는데 내가 서울 산다고 하니까 정치하는 사람들과 가까이 사니까 싸움 좀 못하게 하라고 걱정을 한다. 그리고 요즘 일자리 때문에 말이 많은데 보다시피 여기는 일자리가 천지이며 사람이 없어서 걱정인데 왜 그렇게 걱정을 하는지 모르겠단다.

펜대 굴리는 일자리만 찾기 때문이란다. 젊은이들이 농사일도 해야 하는데 하지 않고 뜬구름만 좇는 친구들이 많다면서 개탄스럽다고 한다. 일면 맞기도 하고 또 일면 그렇기도 하다. 또 오늘은 1929년 11월 3일 학생 독립운동을 했던 기념일이다. 그때는 학생들이 집단으로 독립운동도 했다. 이렇게 사람마다 자기 하는 일에 따라 의견이 다양하다.

※ 거금도는 박치기왕으로 국민에게 희망과 즐거움을 주고 일제의 악몽을 조금이나마 씻어 준 김일 선생님(선수)의 고향이다. 섬 가운데 있는 면 소재지인 어전리에 '김일기념체육관'이 있다. 2024년 재방문 시에 가서 보았다. 레슬링 꿈나무들이 겨울에 다른 지역보다 따뜻해서 전지훈련을 많이 온다고 한다. 남쪽 해변에 휴게시설들이 많이 들어서 있고 해넘이 전망 공원을 군청에서 짓고 있다. 버스 기사가 나의 처지를 알고 친절히 안내해 주고 거금도 여러 곳을 설명해 주었다. 참 친절한 버스를 만나 호강하며 버스순회를 했다. '금산버스'회사의 김준영 기사님에게 감사하단 말을 전한다.

오늘은
고흥군 금산면(거금도) 금진리 거금 휴게소(둘레길 안내소) - 고라금 해변 - 거금 해양낚시공원 - 배천 전망대 - 거금휴게소 신양 선착장 - 신양 방조제 · 간척지 - 신전리 전리 마을 - 우두 - 연소 해변 - 고흥 7경 전망대 - 옥룡 벽화마을 - 공고지 쉼터 - 익금 선착장 · 해변 - 금장 선착장 · 해변 - 시비공원 - 오천 몽돌해변 - 오천 선착장 - 소원 동산 - 청석마을 - 거금 생태숲 - 남천마을 - 명천 행복마을 - 월포마을 - 신평마을 - 동정마을 - 일정마을 - 석교마을 - 신교마을 - 금진마을까지

오늘은 높은 구름이 낀 맑은 청명한 가을 날씨다. 바람은 보통이었다. 일교차는 오늘도 매우 심하다.

오늘은 연결로 때문에 걱정을 많이 했으나 거금도 둘레길 때문에 그런대로 순탄한 하루였다. 5.5만여 보에 41km를 걸었다.

구 누계 : 244.1만 보. 1,844km.
신 누계 : 249.6만 보. 1,885km.

거금도의 김일 체육관 전경

거금도 앞바다 풍경

우리 국토 해안선 걸어서 돌기

(39-3회, 2018.11.4. 일요일), (재방문, 2024.2.24.)

우리 국토 해안선을 따라 걷는 64일째

새벽에 휴대전화기를 검색하는 데 어제 매진이라던 서울행 4시 고속버스에 자리가 났다. 인터넷 예약을 취소한 것일 것이다. 평상시처럼 일찍 일어나서 고흥터미널에 가서 표를 사고 다시 녹동으로 이동해서 어제 예매한 5시 반 표를 취소하고 동진이다. 새벽부터 바쁘게 움직였다.

녹동에도 구항과 신항이 있다. 구항에서 1km쯤 동쪽에 신항이 생겨서 여객선 터미널과 각종 화물을 처리한다. 제주 가는 배도 신항에서 출발한다. 그리고 신항 주변에 신 주택단지들이 자리하며 고층 아파트도 있다. 7시쯤 멀리 바다 뒤 산꼭대기에 커다란 해가 떠서 달려든다.

1시간쯤 더 동진하니 봉동방조제가 나온다. 봉동방조제 끝 도로 건너편에 '오마간척한센인' 추모공원이 있다. 올라가 설명 안내문을 읽어보았다. 왼쪽으로 꺾어서 돌아가니 '오마방조제'가 나온다. 방조제는 걷는 나에게는 속도를 낼 수 있고, 시간을 줄일 수 있어서 좋아하는 코스 중 하나여서 열심히 걸었다.

오마방조제를 지나니까 풍남해수욕장 · 풍남항 · 풍남마을이 나온다. 풍남항과 마을과 갯벌의 해안선이 엄청 길다. 해변에 묵직

한 건물이 많아 살펴보니 해초류 가공공장이다. 곡선으로 돌아가는 해변인데 끝나는 부분에서 사진을 옆으로 찍는데 다 안 들어간다. 엄청나게 넓다.

풍남항을 지나 언덕을 오르는데 나와 비슷한 복장을 하고 반대로 오는 사람이 있다. 일단 반가웠다. 얘기를 주고받는데 포항에 사는 사람인데 강원도 고성 통일 전망대로부터 오는 중이란다. 나와 똑같이 주말을 이용해서 걷는다고 한다. 이번 주는 금요일 저녁에 순천까지 와서 자고 오늘은 녹동까지 걸을 계획이란다. 부인과 같이 걸었는데 부인이 발을 다쳐서 혼자서 하고 있으며 발이 낳으면 같이 할 것이란다. 나와 생각이 같아서 둘이서 박장대소했다. 그리고는 한 사람은 바다를 왼쪽에 두고 또 한 사람은 바다를 오른쪽에 두고 반대 방향으로 계속 걷는다. 주경태 선생 오늘 임무 잘 마치고 포항까지 잘 가시는지!? 무탈함을 기원한다.

동네 2개를 통과하니 도화면이다. 도화는 우리나라 지도에서 고흥처럼 또 남쪽으로 뻗어 내려간다. 길을 찾아 남쪽으로 내려가는데 바닷가와 산 능선과 고개를 4번씩 반복해서 넘고 지나가고 했다. 땀을 뻘뻘 흘리고 옷이 젖어서 불편할 정도로 날씨도 더웠다. 평야 지대가 나와서 들판을 가로질러서 큰 도로를 만났다. 다리도 뻐근해서 여기 내촌마을에서 마치기로 하고 버스를 기다린다.

서울 올라오는데 단풍의 절정기인 남부지방 단풍을 구경하고 올라오느라고 도로가 무척 막힌다. 휴게소에서 본 관광버스도 엄청나게 많다. 다음 주부터는 좀 한가할까? 이왕 이렇게 된 거 나온 사람 모두 확실하게 재충전이 잘 돼서 활기차고 아름다운 사회건설에 보탬이 되면 좋겠다.

지방마다 특산품이 있는데 녹동지역과 도덕면과 풍양면 도화면 즉 오늘 걸어온 바닷가는 쌀은 물론이고 양파, 마늘 그리고 취나물이 지천이다. 특히 취나물은 이곳의 신 특산품이다. 아마 곧 출하될 것이라 한다. 겨울의 취나물 향기가 베어오는 듯하다. 해남의 배추밭과 같이 옛날 보리밭처럼 초록색 들판이 참 아름답다. 지금도 열심히 일하고 있는 이들의 소득이 원하는 만큼 높았으면 좋겠다.

고흥을 비롯하여 요즘 농어촌 버스는 지자체에서 가장 자주 가는 곳이 한 시간 간격이고 두 시간마다, 세 시간마다, 오전에 한 번 오후에 한 번 즉 하루에 두 번 다니는 동네도 있다. 거기에 손님도 별로 없다. 나 혼자 타고 가는 경우도 여러 번 있었다. 물론 나는 휴일에 주로 이용을 해서 평일 사정은 잘 모르겠지만. 또 도로가 잘 닦아져 있는데 시골 버스는 그 도로로 안 다닌다. 그래서 버스 타는 게 몹시 어렵다. 동네에서 사람을 만나서 물어보면 좋은데 사람 만나기가 또한 무척 어렵다.

□ 오마 방조제

오마도(五馬島)는 해안을 낀 다섯 개의 섬(고발도, 분매도, 오마도, 오동도, 벼루섬)을 연결한 모양이 말(馬)의 형태를 닮았다 하여 붙여진 이름이다. 고흥군 도양읍 봉암반도와 풍양반도에서 각각 오마도와 오동도를 연결하는 둑을 쌓아 농지조성을 하는 것이었다. 1962년부터 소록도에 살던 음성 치유 한센인들 2,000여 명이 2개 조로 나누어 한 조가 한 달씩 교대하며 방조제 막는 일을 했다. 간척공사는 '내가 살 땅을 내가 만든다.'라는 소록도 원생들의 벅찬 꿈을 안고 추진되었다. 소록도로부터 12km 떨어진 이곳에 간척지가 생기면 간척지에서 살도록 한다는 취지의 국책 사업으로 2년여간 맨손으로 돌을 깎아서 물막이 방조제 3개(835m, 338m, 1,560m, 오마방조제, 봉동방조제)와 갑문을 만들었다.

그런데 80% 정도 진척되었을 때인 1964년 주변 토착 주민들이 한센인과 같이 못 산다는 이견을 내고 야단을 피우자 때마침 치러질 선거를 의식한 정부에서 현지 주민들 편을 들어주었다 한다. 간척지 면적은 1,000여 헥타르 즉 330만여 평이라고 한다. 한센인들은 다시 소록도로 돌아가 나오지 못하고 방조제는 주체가 전남도로 넘어가 묵혔고, 다시 고흥군이 사업을 맡아 진행해서 1988년 완공했다고 한다. 육지에 나와 간척한 농지에서 살겠다는 일념으로 맨손으로 열심히 일하면서 가졌던 희망이 물거품이 된 그들이 무슨 낙으로 살았을까? 생각하니 눈시울만 붉어진다. 죽 쑤어서 개 준다는 말이 있는데 소록도 한센인들의 처지가 그렇다고 생각한다. 맞나?

이렇게 희망과 소망이 절망으로 바뀔 수도 있다는 사실과 힘없는 사람들의 권리와 약속이 물거품이 되는 시기도 있었다는 사실을 알게 되기도 했다. 오마도는 끝내 피와 땀의 보람도 없이 [당신들의 천국(소설의 제목)]으로 남아, 지금도 바다 건너 소록도를 바라보고 있다. 방조제가 섬과 섬을 그리고 기존 육지와 연결해서 무척 길다.

오늘은

고흥군 도양읍 녹동항 - 녹동 여객선 터미널 - 봉동방조제 - 도덕면 오마리 · 오마 1. 2방조제 - 은전마을 - 동적마을 - 백석

마을 - 서흥마을 - 풍양면 풍남리 · 항 · 해수욕장 - 남당마을 - 강동마을 - 여의천마을 - 대통마을 - 도화면 가화마을 - 원도동 · 야생동물농원 - 구암 선착장 - 상용마을 - 목선 선착장 - 상동 · 하동마을 - 저수지 - 활개바위 - 내촌마을 구암삼거리까지

오늘은 구름도 없는 청명한 가을 날씨다. 9시가 지나니까 덥다. 겉옷을 벗어 배낭에 넣고 행군하였다. 바람은 보통이었고 일교차는 15도 이상으로 매우 크다.

오늘은 서울 올라가는 날. 나들이객이 많고 고속버스도 매진이라는 사이트를 보고 새벽부터 바빴다. 고흥이 지루할 것 같다. 다음 주도 고흥. 오늘은 4.1만여 보에 31km를 걸었다.

구 누계 : 249.6만 보. 1,885km.
신 누계 : 253.7만 보. 1,916km.

녹동항 전경

우리 국토 해안선 걸어서 돌기

(40-1회, 2018.11.9. 금요일), (재방문, 2024.2.24.)

우리 국토 해안선을 따라 걷는 65일째

오늘도 고흥으로 간다. 고속버스가 만석이다. 내가 마지막이다. 금요일이라 한가할 줄 알고 예약 없이 그냥 나왔는데 하마터면 못 탈 뻔했다. 바다의 파란색 희망을 품고 버스가 출발이다. 날씨는 잔뜩 흐리다. 운행 중 비가 내리기도 한다.

그런데 옆자리에 시골 할미가 같이 앉아 가는데 할미의 전화벨 소리가 계속 울려댄다. 아침에 잠을 설쳐서 잠시나마 느긋하게 잠을 청하려고 자리를 잡고 눈을 감고 있는데 말이지. 처음엔 짜증이 났는데 5번인가 계속 울리니 그때는 호기심이 생겨 귀를 세우고 들어보았다. 자식들이 엄마가 염려되어서 하는 전화다.

그래서 몇 가지 질문을 했다. 고흥군 도덕면에 사는데 76세이고 자식은 4남매인데 모두 서울에 살고 있단다. 얼마 전부터 숨이 차고 돌아다니기 힘이 들어서 사흘 전에 서울에 올라와서 자식들이 예약한 삼성 서울병원에서 검사와 치료를 하였단다.

오늘 새벽 둘째 딸이 터미널에 데려다주어 84세의 영감이 있는 집으로 가는데 어제와 그제 본 서울에 있는 자식들과 형제들이 안부 전화를 계속해서 받다 보니 옆에 있는 나에게 미안하다고 한다. 그러면서 비타민제 두 알을 내민다. 비타민제는 자식들이 사주었다고 한다. 자식들이 엄마를 그렇게 생각해 주고 염려하는 촌로가 참 행복한 사람이라고 생각한다. 치료가 잘 돼서 건강하게 자식들 효도 받고 재미나게 살기를 바란다.

비교적 제시간에 고흥에 데려다준다. 간단히 비빔밥으로 10여 분 만에 점심을 해결하고, 다행히 나로도행 버스가 바로 있어서 타고 나로도 우주센터로 향했다. 고흥에는 나뭇가지같이 삐죽 뻗은 자락이 몇 군데 있다. 소록도와 거금도 자락, 도화면의 지죽도 자락, 나로도 두 군데 섬 자락, 동쪽의 적금도 자락 등이다. 오늘은 오후에만 시간이 가능해서 4~5시간 정도를 걸을 수 있다. 오늘 코스는 단독으로 운영하고 내일은 지난번에 연결해서 걸어도 문제가 없다고 생각했다. 고흥!? 하면 우주센터를 꼭 가보고 싶은 곳이기도 하다.

나로도는 내나로도와 외나로도로 두 군데의 섬이 북남으로 자리하고 있다. 행정구역은 육지에서 가까운 내나로도는 동일면으로, 육지에서 먼 곳에 있는 외나로도는 봉래면으로 명명되어 영위되고 있다. 그렇게 크지도 않는 섬이 비교적 이른 시간인 1995년에 준공된 다리로 특색은 없는 것이 육지의 어느 하천 다리처럼 평범한 시설로 놓인 다리다.

고흥에서 1시간 만에 외나로도 종점에 내려주는데 우주센터까지는 7~8km 떨어져 있다. 버스터미널에서 우주센터과학관까지는 대중교통편인 버스가 하루에 2회뿐이어서 버스가 없다. 택시를 이용하여 우주센터까지 갔다. 도착 후 과학관이라는 공간을 한 바퀴 돌아보는데 교육과 소개하는 시설들이 들어있고 발사대가 있는 핵심 공간은 3km를 더 가야 하는데 통제지역으로 외부인은 출입금지로 보지 못하고 택시를 타고 왔던 북쪽으로 걷기 시작했다.

출발과 동시에 오르막길인데 대관령 옛길을 걷는 기분이다. 경사가 심하고 꼬부랑 커브도 6개 정도 되는 것 같다. 땀을 뻘뻘 흘리고 고생 좀 하면서 고개를 올라 정상에 올라오니 편백나무 숲 간판이 있다. 꽤 많이 들어가야 해서 그냥 통과하였다. 고개를 완전히 넘는데 5km 정도다.

왼쪽으로 바다를 끼고 계속 걸으니 외나로도 즉 봉래면 소재지가 나온다. 여기서 나로2대교까지는 2km가 안 된다. 다리를 건너는데 길이는 450m이고 도로 폭도 좁고 인도는 더 좁고 턱이 약간 높은 표식으로 돼 있다. 아주 무서운 다리 중의 하나로 꼽는다. 불행 중 다행은 다니는 차량이 많지 않다는 것이다.

다리를 건너니까 내나로도 즉 동일면이다. 계속 북으로 전진이다. 소영마을, 동일면 소재지, 동포마을, 덕흥리를 거쳐 380m의 나로1대교를 건넜다. 나로2대교와 똑같다. 나로도를 종단만 하면 10여km쯤 될 것으로 생각하고 단독행군으로 해서 시간에 맞추었는데 웬걸 18km가 넘는 거리로 늦은 시간까지 고생 좀 했다. 특히 나로1대교를 건널 때는 6시가 거의 된 시간으로 어두워서 더 힘이 들었다. 그래도 한 번도 와 보지 못했던 우리나라 어느 동네 한 군데를 내 눈으로 확인하고 걸었다는 사실에 만족하는 기분을 맛보았다. 감사한 일이다. 고흥읍으로 이동해서 내일을 대비한다.

오늘은

고흥군 봉래면 나로도 우주과학관 - 예내리 - 교동마을 - 신금리 - 봉래면 소재지 - 나로2대교 - 와교마을 - 소영마을 - 동일면 소재지 - 동포마을 - 덕흥리 - 포두면 남성리 나로1대교 북쪽까지 오늘의 고흥 날씨는 비가 온 뒤끝으로 깨끗한 날씨였다. 한낮은 걸을 때 더위를 느꼈으나 해가 진 뒤에는 약간 쌀쌀함을 주는 일교차가 크다.

오늘은 계산과 판단 착오로 고생 좀 했다. 고흥이 지루하다. 오후 시간에 2.4만여 보에 18km를 걸었다.

구 누계 : 253.7만 보. 1,916km.
신 누계 : 256.1만 보. 1,934km.

나로도 우주과학관

우리 국토 해안선 걸어서 돌기

(40-2회, 2018.11.10. 토요일), (재방문, 2024.2.24.)

우리 국토 해안선을 따라 걷는 66일째

고흥 버스터미널에서 지죽도 가는 버스가 6시에 출발한다. 지난주에 지죽도로 가는 도중에 구암삼거리에서 돌아와서 오늘은 지죽도로 가서 올라오는 코스를 택했다. 구암삼거리에서 지죽도까지는 외길이기 때문에 이러나저러나 같다.

440m의 지죽대교를 새벽에 건너고 도화면 소재지 쪽으로 나오다가 우측으로 난 길을 찾아 나선다. (※ 2024년 재방문 시 지죽도를 낮에 먼 뒷길까지 확실하게 보았다. 서쪽에 포구가 길고 고깃배들이 많다. 김 양식하는 그물 같은 망도 무척 많았다.)

논길을 따라 북쪽으로 나오다가 발포마을 쪽으로 접어들어 스마트폰 지도를 보니 외길이다. 외길을 걷고 또 걸어서 이순신 장군의 숨결과 발자취를 더듬어 찾기로 한다. 숙연해진다. 9시가 지나니 덥다. 겉옷을 할 수 없이 배낭에 넣고 발포마을 쪽으로 들어갔다. 충무공 사당인 충무사와 발포 만호성을 보고 다시 그 길로 나온다. 예나 지금이나 전략 전술에서 지형이 중요하다. 발포리와 발포 만호성은 대단히 중요한 지형으로 보인다. 마을 앞 큰 나무 밑에 충무공이 머무르시던 곳이라는 표지석이 높다랗게 서 있다.

또 충무공이 발포만호 때 오동나무 사건을 통해 청렴과 공무원의 자세를 가르쳐 준 교훈은 크다고 할 것이다. 그곳이 여기다. 400년 전에도 이런 공무원이 있었는데 지금은 그런 사람이 훨씬 많아야 하는 것 아닌가 생각한다. 그런데 실상을 생각해 보니 씁쓸하다. 앞으로는 잘 되겠지! 하는 믿음을 마음에 심고 돌아 나오며 걷는다.

충무사에서 나와서 발포해수욕장으로 들어간다. 크진 않지만, 솔밭이 그런대로 괜찮아 보인다. 다시 계속 동진해서 왼쪽으로 해발 535m의 마복산을 기준 삼아 남성리를 통과하고 나로도 입구를 지나 이젠 북쪽행이다. 험준한 산악이다. 마복산 자락이다. 결론적으로 해창만 방조제 들어갈 때까지 3시간 이상을 마복산을 왼쪽에 끼고 그 둘레를 도는 것이다. 산 덩어리가 크고 웅장하여 모든 것을 안고 감싸며 사람들을 살아가게 한다. 내일은 고흥의 명물 팔영산 오른쪽을 걸을 것이다.

몇 개의 마을을 지나서 드디어 해창만 방조제에 들어선다. 총면적 2,747ha. 포두면 옥강리와 오도(梧島) 사이, 오도와 영남면 금사리 사이를 길이 3,462m의 물막이 방조제로 막아 광대한 갯벌을 농경지화 한 사업으로, 1963년에 착공, 1969년 6월에 방조제 및 3개의 배수갑문을 준공하였다고 한다. 소문을 옛날부터 들어서 대략적인 윤곽은 알고 있었는데 오늘 직접 눈으로 확인하니 감개무량하다. 계획을 누가 했을까? 궁금하다. 잘했다.

선대 어른들 행동을 보고 자란 우리는 땅을 갖는다는 것은 대단한 일이다. 시골에 살아도 땅 한 평 없이 사는 사람들을 많이 보았다. 그래서 땅에 관심이 대단하다. 그 땅을 만든 곳이다. 옥강리 쪽의 작은 방조제를 지나니 무슨 좋지 않은 냄새가 난다. 여기저기 살펴보니 간척지 쪽에 소를 키우는 축사가 꽤 크게 지어져 있다. 거기에서 나는 냄새다.

방조제를 따라 전진하는데 오토캠핑장이 보이고 편의 시설이 차려진 건물들이 여러 개가 있다. 사람들도 많이 보인다. 지난번에 걸어서 통과했던 새만금 방조제는 어떻게 할 수가 있었을까! 라는 생각을 갑자기 하고 수많은 방조제가 우리에게 식량을 제공하는 원초적 자산임을 생각해 보며 땅의 중요성을 되새긴다. 방조제 언덕과 뜰이 깨끗하고 완전한 공원이다.

방조제 북쪽 멀리 높은 산이 눈에 들어온다. 고흥의 그 유명한 해발 607m의 팔영산이다. 그런데 팔영산을 남서쪽에서 바라보면 정상 왼쪽이 서울의 우이령 동쪽에 있는 오봉과 비슷해서 의아해했다. 고흥은 이번에 처음 와본 곳으로 모든 게 생소하고 신기한 일들이 많다. 방조제 밖 바다에는 양식하는 시설과 장비들이 엄청나게 많이 산재해 있다. 방조제가 끝나는 지점부터 고흥군 영남면이다. 오후 늦게 그림자를 길게 만드는 시간에 동네들을 지나서 영남면사무소에 도착했다.

남열리 해돋이 해변을 향해 걷는데 농사꾼 트럭이 옆에 서서 타라고 한다. 걷는 일이 주 임무라서 사양하는데 권함이 강해서 호기심이 생겨 남열 해변까지 몇백m 타고 이동했다. 이름은 영남의 농부라고 하라며 전화번호를 교환했다.

※ 2024년 재방문 시 비보를 듣고 울었다. 인명은 재천? 황망하고 어이가 없는 일을 맞았다.

대한민국 한 바퀴 걸어 돌기 제2탄으로 시내 · 군내버스 여행을 하는 중 고흥에 왔다. 5년 전 한 바퀴 돌 때 영남면 남열리 해맞이공원에서 누구를 만났다. 걸음을 마치려는 오후 시각에 바닷가를 걷는데 차가 옆에 선다. 무조건 차에 타라고 한다. 새까만 농부다. 차는 진흙 논에 들어갔다 나온 것 같이 복잡하고 지저분하다. 구수한 말이 호감을 준다.

걸어가는 내 모습을 보고 몇백m를 따라 왔단다. 안 돼 보였던지 무조건 타야 한단다. 차를 타고 공원 주차장까지 몇백m를 이동하고 이런저런 이야기를 나누고 헤어지며 내 사정을 듣고는 저녁이 다가오는데 구경하고 숙소를 구하다가 구하지 못하면 연락하란다. 전화번호를 교환하고서. 부인이 순천에 여고 동창회에 갔는데 아무래도 오늘 못 올 것 같으니 걱정하지 말고 둘이서 저녁을 보내자고 한다. 이름을 물으니 영남 농부라 하라고 한다. 처음 본 나그네에게 후한 대접이 아닌가.

조금 이동해 구경하고 민박집이 있어 구하고 저녁 얻어먹고 쉬고 있는데 전화가 왔다. 어디냐며 차를 가지고 오겠단다. 그날 행적을 쓰고 사진을 정리하기에 바빠서, 둘러대며 못가겠다고 하고는 가르쳐주지 않았다. 일정을 끝내고 집에 돌아와 며칠 후에 고맙고 미안하다고 전화했다. 그때부터 내 SNS에 친구가 되고 드나들었고 정이 들었고 이름도 그 사람 SNS에 들어가서 박포강 씨란 것을 알았다. 나이도 비슷하다. 사는 동네는 고흥군 영남면 금사리로 이순신 장군과 관련 있는 마을이라고 자랑이 대단했다. 계속 소식을 주고받았다.

몇 년 전부터 농사 끝내는 가을이 되면 자기가 지은 것이라며 쌀을 한 가마씩 보냈다. 해창만 간척지에 논농사를 200여 마지기를 짓는다며 같이 먹어도 되고, 내 SNS 글에 농부들과 농사 이야기를 걱정하며 좋게 말해줘서 고맙다고도 말했다. 나는 친구네 과

수원 과일과 내가 쓴 책을 보내기도 하며 나름 재미를 붙인 오래된 친구처럼 생각하며 지냈다. 농부에 자부심이 매우 큰 사람이다. 지금 농촌 문제에 대해서 생각이 많다면서 정책이나 시스템에 관한 부족함을 이야기하기도 했다.

지난 설 명절에는 동네 앞바다에서 직접 채취했다며 감태와 굴을 한 보따리 보내줘서 잘 먹었다. 감태가 많아, 먹고 남아서 집에서 김 같이 건조기에 말려 만들어 지금도 내가 먹고 있다. 굴도 전과 회로 먹고도 남아서 젓도 담갔다. 이 내용을 사진을 찍어 보냈더니 잘했다는 인사도 받았다.

이번 고흥 여행에서 다시 만나 인사를 나누고 그 부부에게 저녁이나 한 끼 대접하려고 미리 약속을 위해서 전화를 했다. 신호가 여러 번 울리고 젊게 들리는 여성이 받는다. 내 있는 곳이 고흥 버스터미널이라 시끄러운 곳이었다.

내가 인사를 하며 누구냐고 하니 아버지가 돌아가셔서 안 계신다는 말이 들린다. 나는 박 씨가 부친상을 당했다는 것으로 이해하고 조문을 가야겠다는 순간적인 생각으로 박포강 씨 좀 바꿔달라고 하니까, 박포강 씨 그분이 아버지인데 돌아가셨다는 것이다. 박 씨 딸이 전화를 받은 것이다.

말문이 막힌다. 이럴 수가!! 14일 전이고 설날인 2월 10일 전화를 통했는데 2월 11일 날 사고로 하늘나라로 주소를 옮겼다는 것이다. 말이 안 나온다. 황망하고 황당하고 어이가 없기를 이루 말할 수가 없다. 이럴 수가. 이를 두고 인명은 재천이라 하는가? 이런 인명과 운명 싫다.

멍한 생각이지만 고흥을 도는 일정 소화를 위해 군내버스로 남열리를 가는 중에 금사리 근처에서 우연히 그런 이야기를 하니까,

그분을 안다는 중년 남자가 있다. 좋은 분이라고 하며 읍내에 살아서 그런지 사망한 지는 모르고 있다. 성당에 다니고 주변에 좋은 일 많이 하셔서 군내에서 명망이 높으신 분이라고 말한다. 금사리에 내려 집을 물으니 지금 아무도 없어서 나는 차 시간이 맞지 않아 돌아오고 말았다.

"영면을 기원합니다. 삼가 금사리 박포강 씨의 명복을 빕니다. 그곳에선 농사일 그만하시고 쉬시기 바랍니다."라고 읊조렸다.

인생 초로라더니 너무하지 않는가! 하는 생각으로 하루를 힘들게 보냈다. 집에 와서 초록색 감태 김을 보니 마음이 착잡하여 눈물이 흐른다. 인생 참 어이가 없다. 어찌해야 할지 몰라 마음이 착잡하기만 하다.

오늘은

고흥군 도화면 지죽리 - 지죽대교 - 도화헌미술관 - 내촌리 - 큰개포 들 - 둥글섬 - 덕흥삼거리 - 수덕마을 - 발포삼거리 - 발포리 · 발포항 · 발포만호성 · 충무사 - 발포해수욕장 - 덕중리 - 덕산마을 - 석수포 - 포두면 익금마을 · 익금선착장 · 익금해수욕장 - 남성마을 - 나로도 입구 - 동래도 선착장 - 달성마을 - 우산마을 - 옥강리 - 봉암마을 - 내초마을 - 해창 방조제(신오마을, 별나로 마을) - 영남면 사도마을 - 금사리 마을 - 만호삼거리 - 어승고개 - 고흥군 영남면 양사리(영남면사무소)까지

오늘의 고흥 날씨는 전형적인 가을 날씨였다. 기온은 잘 모르겠는데 땀을 좀 흘리는 걸음을 많이 했다. 오늘 걸은 지역은 지죽도에서 발포까지와 마복산 그리고 해창 방조제로 큰 3덩어리로 구

분하여 볼 수 있다.

오늘도 욕심을 부려 고생 좀 했다. 고흥이 낯익어지려 한다. 5.2만여 보에 40km를 걸었다.

근 누계 : 256.1만 보. 1,934km.
신 누계 : 261.3만 보. 1,974km.

발포만호성과 충무사

우리 국토 해안선 걸어서 돌기

(40-3회, 2018.11.11. 일요일), (재방문, 2024.2.24.)

우리 국토 해안선을 따라 걷는 67일째

오늘까지 걸음 누계 2,000km를 돌파했다.

민박집에서 5시 50분쯤 출발해 남쪽 해안에 있는 남열리 일출을 보고 촬영을 하겠다고 깜깜한 밤에 부지런히 이동한다. 20여 분쯤 지나 소지품을 하나하나 평소 버릇대로 확인하는데 오른쪽 주머니가 허전하다. 아뿔싸, 지갑이 없다. 어제저녁에 방값을 계산하고 바로 다른 행동을 하면서 냉장고 위에 올려놓은 기억이 난다. 무조건 돌아서서 민박집으로 뛴다. 15분여 만에 도착해서 지갑을 찾아 다시 나서는데 다리에 힘이 빠지고 터덜터덜한다.

일단 일출 촬영은 접고 정신을 가다듬고 심호흡으로 조정하고 목표를 향해 서서히 전진이다. 처음에 일출을 7시 20분으로 맞춰 행동했으니 35분 이상 늦은 시간에 현장에 도착하니 원님은 떠나고 불다 만 나팔만 바람에 나뒹구는 형태라. 고흥 10경 중 9경이 날아가는 순간이기도 하다.

아쉬움을 뒤로하고 이쯤 해서 지갑을 다시 찾는 것도 큰일 했다고 자위하고 계속 북동진을 한다. 꽤 유명한 남열리 마을과 해수욕장을 통과하고 가파른 도로를 올라 우주 발사전망대를 찾았다.

장흥에서 전에 정남진전망대를 생각하며 우주 발사전망대 건물에 들어서니 문을 열지 않았다. 7층 꼭대기는 카페란다. 문 열 시간이 30여 분이 남아서 노천에서 보이는 것을 위주로 보고 사진 몇 컷 찍고 준비를 열심히 하는 여직원에게 질문하여 설명으로 9일 못 보았던 우주센터 발사장을 윤곽만 보이는 것을 확인하고 바로 내려와서 북진 계속이다. 약 2km쯤 이동하니, 용바위가 나온다. 아무리 봐도 용을 인식하지 못하고 전진하는 데 만 열중했다.

오늘도 서울 올라가는 날이라 몸과 마음이 바쁘다. 팔영대교 입구를 통과하였다. 팔영대교는 2022년까지 11개의 섬에 다리를 놓아 고흥과 여수를 직접 연결하고 여수 화양면과 돌산도를 연결하여 관광벨트를 만드는 첫걸음 사업으로 준공한 다리여서 통행도 잦지 않고 아직 큰 의미가 없어서 오늘은 통과다. 나중에 모두가 완공되면 꼭 걸어보리라. 다짐한다. (※ 고흥 팔영대교로부터 여수 화양면까지 5개의 다리가 2020년 12월까지 완공되어 자동차가 다닌다.).

한참을 북진하는데 방조제로 들어가는 길이 나온다. 내려가니 점암면 강산 방조제가 있다. 고흥에는 방조제와 간척지가 많다. 이 방조제는 고흥군 점암면 강산리와 여호리를 잇는 길이가 1,240m다. 방조제를 통과 후 살펴보니 주변 산이 희뿌옇다. 안개인지 미세먼지인지 알 수가 없다. 더 해안 길이 없어서 내륙의 길을 찾아서 걷는다.

오늘도 아침은 간식거리로 해결하고 식당을 찾을 수가 없어서 11시쯤 점심도 또 간식거리로 해결하며 전진을 거듭하였다. 신기마을을 지나는데 대봉 감나무가 주홍색 감을 매달고 서 있는데 새빨간 홍시 하나가 울타리 밖으로 나와 있어서 백사 이항복 대감을 생각하며 손을 뻗으니 닿는다. 잡아서 손을 내리니 내 손에 감 홍시가 있다. 먹었다. 아주 정말로 참말로 맛있었다. 너무너무 잘 먹었다. 배가 불러온다.

홍시의 힘을 받아서 걸은 결과 오후 1시 반쯤 과역 버스터미널에 도착하여 고흥행 버스를 기다리며 숨을 고른다. 이렇게 해서 고흥의 큰 줄기는 마치고 다음에 10~20여km만 더 연결하면 벌교에 도달한다. 고흥터미널에서 늦은 점심을 백반으로 먹고 노인들의 대합실 파티를 구경하고 서울행 버스를 타고 간다. 오늘도 도로는 많이 막히고 밀린다. 지금은 시제 철이어서 차량이 많이 나와서란다.

그리고 3시 31분 금호고속 차표를 샀는데 관광버스다. 고속버스가 부족해서 하청을 준 것인지 어떤 이유인지 궁금증이 하나 생겼다. 지난번 추석 연휴 때 신안군 지도읍에 갈 때도 관광버스여서 명절 때문에 그렇겠지 생각하고 지냈는데 일요일인 오늘도 마찬가지다.

기상변화와 지구 온난화 등으로 생태계에 변화가 많다. 고흥에 석류를 지난번에 소개한 데 이어 오늘은 커피 이야기다. 고흥군에서 제작한 지도에도 커피 단지 등의 표시가 4~5개 있다. 커피를 직접 재배해서 볶아서 만들어 주는 커피 카페 등도 있다고 한다. 즉 우리나라에서 커피가 생산된다는 것이다. 내가 직접 본 것은 아니고 소개받은 바다. 오늘 걷는 코스에서 간판을 세 군데서 보았으나 나는 커피를 별로 좋아하지도 않고 시간이 촉박해서 가보지 못하고 간판만 보고 걸음을 독촉하여 지나치고 말았다. 커피를 좋아하고 관심이 많은 사람은 체험할 수 있는 프로그램도 있다고 한다.

■ 이야기 하나

내가 고흥에 내려가서 걷는 볼일을 보고 일요일에 서울에 올라가기 위해 고흥 버스터미널에서 일요일 오후에 차를 탄 지 오늘로 연 3번째다. 오후에 차를 기다리며 대합실에서 사진을 정리한다든지 출발 준비 일을 할 때마다 노인들 5명이 둘러앉아서 소규모 파티(?)를 한다. 막걸리를 과일을 깎아서 안주로 먹을 때도 있었고, 맥주를 마른안주에 먹을 때도 있었다. 오늘도 같은 시간 같은 장소에서 감을 깎아서 주거니 받거니 하면서 대화를 재미있게 한다.

궁금해서 물어보니까 대답을 한다. 평균 나이가 90세 이상인데 5명 중 4명이 홀아비란다. 아니!? 여자들이 오래 산다는데 이분들은 남자들이 속을 많이 썩여서 할매들이 일찍 돌아가신 거냐고 농담으로 이야기하니 3명이 그런 것 같다고 대답을 하며 웃는다. 이들은 원래 고흥의 어느 산악회 회원이었는데 나이가 70이 넘은 때부터 산악회 행사에 나오는 걸 젊은 사람들이 싫어한다는 사실을 눈치로 알았다고 한다.

그래서 하나 빠지고 둘 빠지고 하면서 심심해하던 차에 그들이 하나둘 다시 모여 산행을 했던 시간인 일요일 오전에 모임을 시작한 것이 5명이 되었다고 한다. 고흥 버스터미널에 모여서 1,000원짜리 군내버스를 타고 버스가 가는 종점까지 가서 놀고, 점심 사 먹고 다시 버스터미널에 와서 각자 집으로 돌아가는 차가 올 때까지, 시간에 맞춰서 터미널에서 헤어지기 전 마무리 파티를 한다는 것이다.

오늘도 거금도 거금휴게소에서 점심을 먹고 주위를 구경하고 오면서 감을 사서 다시 여기에 와서 있노라고 한다. 이러기를 20

년이 다 되었단다. 이들은 고흥읍에 1명, 포두면에 2명, 점암면에 1명, 도화면에 1명으로 네 군데서 모였다가 다시 네 군데로 헤어진다고 한다. 회비는 1만 원 정도라고 한다. 아주 재미있는 어른들이라고 칭찬(?)을 해드리고 다음은 할머니들을 섭외해서 같이 다니시라고 했더니 여자가 끼면 돈이 많이 든다고 난색을 보인다.

다음은 나에 대한 질문이 쏟아진다. 어디 사냐? 무엇 하러 다니나? 왜 그러고(?) 다니나? 묻는 말에 쭉 대답하니까 다음에 오면 자기들한테 오란다. 혼자 사니까 숙식을 제공하겠단다. 한발 늦었지만 감사하다고 이야기하고 100세까지 계속하시라고 말씀을 드리는 찰나에 서울행 버스가 녹동에서 와 대기하고 있다. 그들의 행복한 동행과 소규모 파티가 계속하기를 바란다.

오늘은

고흥군 영남면사무소 - 남열리 일출 공원 - 남열리 마을 - 우주발사전망대 - 영남 용바위 - 우천리 - 간천마을 - 신성마을 - 우두마을·해변 - 팔영대교 입구 - 강산마을 - 점암 강산방조제 - 방내마을 - 점암면 여호리 마을 - 화전마을 - 신전마을 - 과역면 신기마을 - 고흥 커피사관학교 - 석촌마을 - 커피마을 - 과역 버스터미널까지

오늘도 고흥 날씨는 전형적인 가을 날씨였다. 기온은 아침 출발할 때 5도였다. 미세먼지는 보통으로 나왔고 9시가 넘어가니 더위가 느껴져 겉옷을 벗어 배낭에 맡기고 땀을 흘리는 걸음은 어제와 비슷하다.

오늘 아침 지갑 사건으로 컨디션이 별로였다. 그래도 마치는 날 기본은 한 셈이다. 잘못된 걸음을 포함하여 4.2만여 보에 31km를 걸었다. 이로써 총 누계 2,000km를 넘었다.

구 누계 : 261.3만 보. 1,974km.
신 누계 : 265.5만 보. 2,005km.

남열리 우주 발사전망대

우리 국토 해안선 걸어서 돌기

(41-1회, 2018.11.17. 토요일), (재방문, 2024.1.27.)

우리 국토 해안선을 따라 걷는 68일째

어제 금요일에 좋은 사람들과 어떤 일을 하는 관계로 금요일에 시작을 못 하고 토요일인 오늘 첫 지하철과 첫 고속버스를 타고 순천으로 왔다. 원래 하던 대로 한다면 또 1박 2일 코스라면 고흥으로 가서 벌교를 거쳐 순천 쪽으로 와야 하는데 이번에는 반대로 했다. 이유는 일요일 오후에 고흥 버스터미널에 들어가기 위해서다. 고흥에 일요일에 가야 하는 이유가 있어서다.

절미하고 6시 10분에 출발했는데도 도로는 밀려 예정된 시간보다 40분 늦은 10시 20분에 순천 버스터미널에 도착해서 길목인 순천만 습지로 갔다. 오늘 가용한 시간을 계산하면 많아야 6~7시간이다. 그래서 30여km쯤을 걸을 것 같다.

오늘 종점은 벌교에서 마치기로 계산했다. 계속 가는 길은 가다가 아무 곳에서나 끝내면 되는데 오늘은 목표를 정해서 가는 길이어서 어렵다. 내일 갈 고흥 버스터미널 도착시각에 맞추어서 역으로 계산해서 순천만 습지로부터 시작했다. 습지 매표소에 사람들이 꽤 많다.

습지 관람하는 광장 안으로 들어가서 구경을 하고 밖으로 나가서 해안선으로 연결하는 길이 없다. 정보를 동원해서 찾아보고 직원들에게 물어봐도 이 안에서 나가는 길이 없단다. 유료이기 때문에 출입문이 또 있지 않다는 사실을 알고 전에 관람했던 걸 대체하여 가름하고 오늘 보는 것은 생략했다. 습지 입구에서 벌교 쪽 도로를 따라가다가 논길을 통해 해안으로 들어가려는데 AI(조류독감) 때문이라며 논길로 들어가는 길을 모두 막아버려 논이 끝나는 지점에서 해안으로 들어가서 서쪽으로 전진을 했다.

오늘 걸어온 길은 둑이 대단히 많았다. 총 걸은 걸음과 거리의 70% 이상은 될 것으로 생각이 된다. 방조제와 둑이 있으면 논이 많이 있다. 그리고 걷는 내내 바닷가에 물이 빠진 갯벌만 보고 걸었다. 순천만은 바닷가이지만 배로 고기 잡는 어촌은 별로 없고 대부분 어패류를 잡아 모아 가공 생산하는 마을과 논농사를 많이 하는 그런 지역이라 할 수 있다.

그리고 습지에서 시작해서 벌교에 도착할 때까지 갈대가 많이 있는 지역이다. 오늘 걷는 해안가는 갯벌에 갈대가 자라서 생태계를 보호하는 습지로서 자연의 보고라고 한다. 내 생각으로는 남해고속도로 다리 북쪽으로 펼쳐지는 벌교 천의 갈대가 매우 아름답고 씩씩한 맛을 주었다.

그리고 순천과 벌교지역은 짱뚱어와 꼬막이 유명하다. 벌교에서 저녁밥을 짱뚱어탕으로 했다. 추어탕 맛이다. 꼬막 정식은 혼자는 안 된다고 하여 먹을 수 없어서 옛날에 점심을 먹은 추억을 되새기며 대신했다.

벌교는 조정래 작가의 소설 태백산맥의 무대인 고장이다. 옛날부터 있는 단선 철도의 다리인 벌교 '철 다리'와 보성여관이 현재도 있고 유명하다. 마침 철 다리에 기차가 지나가는 장면을 보았다. 사진을 찍었는데 휴대폰을 먼저 들어 애매한 사진이 되고 말았다. 화면 정지 조작 때문에 연속 촬영이 안 돼 한 컷만 겨우 찍고 말았다.

식당에서 여관에 관해 물어보니 보성여관이 인기가 있고 오래된 여관이라고 해서 알아보니 방이 없다고 한다. 영업하는 여관에 만원으로 방이 없기는 오늘이 처음이다. 실망하고 다른 집을 구했다. 여관에서 TV 뉴스를 보니 오늘이 태백산맥기념관 개관 10주년 행사가 벌교에서 있어서 조 작가와 관계자들 수백 명이 참석했다고 하니 그 일행들이 묵은 거는 아닌지 모르겠다. 가는 날이 장날이라고. 아쉬움을 뒤로 하지만 오늘 고흥으로 가서 벌교로 왔더라도 오늘의 여기이다. 아무튼, 새벽부터 늦게까지 동동거린 하루였다.

■ 보성의 이모저모

□ 관광명소

보성 차밭, 한국차박물관, 태백산맥 문학관, 율포해수욕장관광지, 비봉 공룡공원, 제암산 자연휴양림, 일람산·용추계곡, 대원사, 주암호

□ 테마 여행

코스별 여행, 산·둘레길 여행, 길 따라 여행, 해수 풀장·해수센터, 체험 여행,

□ 축제와 행사

보성벚꽃축제, 보성 녹차 마라톤, 보성 다향 대 축재, 전어축제, 서편제 보성 소리 축제, 벌교꼬막축제, 보성 차밭 빛 축제, 율포 해변 활어 잡기

□ 보성 9미

보성녹돈, 녹차 떡갈비, 벌교 꼬막, 한정식·녹차 정식, 전어회, 바지락회, 짱뚱어탕, 보성 양탕, 낙지·주꾸미

오늘은

순천시 대대동 순천만 습지 - 별량면 장산둑·장산마을 - 새우양식장 - 순천만 짱뚱어 마을 - 우명마을 - 화포해변 - 죽전 방조제·마을 - 창산마을 - 거차 뻘배 체험장 - 마산마을 - 고장마을 - 신덕마을 - 신송마을 – 별량 염전 - 구룡마을 - 보성군 벌교읍 장호마을 - 호동마을 - 진석마을 - 벌교생태공원 - 벌교천 - 중도방죽 - 벌교 철다리 - 벌교역까지

오늘의 순천과 벌교 날씨는 전형적인 늦가을 날씨였다. 활동이 없으면 쌀쌀함을 느끼는 정도의 날씨다. 걷기에는 아주 좋은 환경으로 겉옷을 벗어 배낭에 맡기고 땀을 약간 흘리는 정도여서 좋았다.

오늘도 열심히 걸었다. 순천으로 와서 걷는 시간이 좀 길어서 기본은 한 셈이다. 4.1만여 보에 32km를 걸었다.

구 누계 : 265.5만 보. 2,005km.

신 누계 : 269.6만 보. 2,037km.

순천만 습지

벌교 철다리와 기차

우리 국토 해안선 걸어서 돌기

(41-2회, 2018.11.18. 일요일), (재방문, 2024.2.23.)

우리 국토 해안선을 따라 걷는 69일째

잠을 설치고 3시 이후에 잠이 들어 눈을 떠보니 5시다. 스마트폰으로 날씨를 검색해보는데 보성지역 현재 기온이 영하 1도로 표시되어 긴장하며 출동 준비를 한다. 가지고 온 내 밥상인 단팥빵 1개와 삶은 달걀 1개, 사과 반쪽, 단감 반쪽, 견과류로 아침 대용식을 먹고 6시쯤 출발이다.

밖으로 나와 어둠을 헤치고 몇 발자국 걸으니 벌교역 광장이 보이고 여명이 동쪽에 희미하게 손짓을 한다. 그러나 방향감각이 무뎌 길을 못 찾고 기어코 스마트폰 지도를 보고 왔다 갔다를 반복한 후 해결한다. 돌고 돌아 국도 2호선 IC를 통과한 후 고흥 쪽이 아니라 동쪽 해안선을 찾으러 10시 방향 대포리 쪽으로 전진을 하는데 도로가 잘 닦아져 있다. 오늘도 과역 버스터미널까지 걷고 버스를 타고 고흥 버스터미널에 가서 볼일을 보고 서울 가는 버스를 타야 한다.

1시간쯤 걸었는데 무슨 향기로운 향토 냄새(?)가 난다. 확인해보니 왼쪽 언덕 아래 커다랗고 넓게 지어진 소를 키우는 축사가 있다. 우리가 맛있게 한우고기를 먹는데 그 한우를 키우는 곳은 그다지 환영을 못 받고 있다. 그래서 신규로 한우 축사를 허가받는 일은 무척 힘들다고 한다.

보성에는 군립 노인 요양 전문병원이 많이 보이고 충남 서산과 태안에서 보았던 '노인보호구역'이라는 도로 표시가 다시 보인다. 지방에는 노인이 참 많다. 출발 2시간 후에 대포리를 통과하고 언덕을 넘으니 고흥군 동강 땅이다. 동강면 죽암마을을 통과하니 죽암방조제가 나온다. 방조제는 대강천을 지나는 동강면 죽암리에서 남양면 월정리까지 600여m다. 하늘에는 구름이 잔뜩 끼어 있다. 오늘 늦게 비가 온다는 예보다. 손이 약간 시리고 사진 찍기가 기분 좋게 느껴지지 않는다. 겨울 분위가 나는데 다행히 오늘은 바람은 불지 않는다.

방조제를 통과하는데 어디서 쇳소리와 마찰음이 꽤 심하게 귀를 자극한다. 두리번거리면서 주위를 살피는데 방조제 건너편 끝에서 나는 소리다. 가까이 가서 살피는데 꼬막을 선별하고 소형포대에 담아 대형 트럭에 싣는데 선별기에 퍼 담는 일을 포클레인이 하고 있다. 꼬막이 건축 공사장에 모래와 자갈을 쌓아 놓은 형국으로 있다. 시장에서 1~2kg씩 사다 먹은 나는 깜짝 놀라지 않을 수가 없다. 입이 떡 벌어진다. 그런데 이게 갯벌에 종패를 뿌리고 키워서 수확한다는 것이다. 비료와 농약은 바닷물이 대신 책임을 지고 해결하는 과학 영어작업이다. 과학기술이 이래서 필요한 것인가?

해안가를 계속 전진하여 오른쪽은 산을 끼고 왼쪽은 바다를 안고 남진을 하여 월정해안의 방풍림을 지나고 오도방조제를 지나면서 넓은 논을 구경한다. 오도방조제는 남양면 신흥리에서 과역면 연동리를 이어주는 1,167m다. 지금까지 계속했던 방식의 반대 방향으로 걸으니 약간 어색하다.

고흥에는 방조제가 참 많다. 논이 1,000만 제곱미터 넘는 방조제의 간척지가 세 군데가 있다고 한다. 고흥읍의 고흥만 방조제, 포두면의 해창만 방조제, 도덕면과 풍양면의 오마방조제가 그것이다. 특히 오마방조제와 간척지는 한센인들의 목숨과 바꾼 땅인데 그들은 한 평도 소유하지 못하고 있다고 주민 중 한 사람의 증언이다.

요즈음 부동산 관련 뉴스가 많이 나오는데 우리 조상들은 땅에 대한 신념이 강하다. 그래서 황무지와 바다를 깎고 메워 땅을 만들었고 거기에서 먹을 것을 길러내는 숭고한 정신이 있으며 목숨과 같이 한 경우도 많다. 내가 알고 있는 상식 가운데 멀리는 고려가 망하고 조선이 탄생한 것도 땅 때문이다. 동학 혁명도 땅에서 시작했고, 최근 고위급들 인사청문회에서 곤란을 겪는 이들도 땅이 끼지 않는 사람이 없을 정도다.

그런데 지금의 농어촌에는 땅은 있되 경작하고 관리할 사람이 없다. 늙은 부모가 어려서부터 어렵게 일구거나 매입을 해서 농사짓고 살다가 사망 후 그 땅이 놀고 있다. 집은 비었고 논밭이 잡초만 무성하게 만들고 있다. 도시에 사는 자식이 내려와서 땅을 관리할 생각이 없다고 한다. 땅을 팔라고 해도 팔지 않는다고 한다. 도시의 땅값과 가격 차이가 심해서 팔아도 도시 사람들의 계산으로 돈 몇 푼 되지 않고, 또 자식 본인이 나이 더 먹고 은퇴하면 혹시라도 오겠다는 생각으로 그냥 땅을 묵히고 있다고 한다. 안타까운 일이다.

나는 내 땅이 아닌 우리 땅의 가장자리를 밟아보고 냄새도 맡아보고 지역별 땅에서는 대략 무엇들이 나오는지 보고 다닌다. 참 신기하다. 산언덕 하나 강물 하나 사이인데 나오는 농산물이 다르다. 특산물이 다르다. 누가 인위적으로 만들었는지, 조상들은 어떻게 알고 품종들을 선택해서 가꾸었는지 신기하지 않는가. 그러나 그것은 수많은 시행착오 끝에 나온 결과물일 것이다. 요즈음은 또 기상의 변화로 다른 나라의 특산품들이 우리 땅에서 가꾸어 성공한 예도 나오고 있다. 그 사람들이 선구자이다.

지금까지 한 바퀴를 다 돌아본 고흥은 우리나라의 반도 중 세 번째로 큰 반도란다. 태안반도, 변산반도, 고흥반도 순이라고 한다. 고흥은 또 8가지 특산품과 9가지의 맛있는 식품 즉 9미, 그리고 열 군데의 경관이 있다. 나는 이 중 경관만 6~7곳 경험하고 나머지는 하나도 직접 경험을 하지 못한 것 같다. 특히 먹는 문제는 혼자라는 핸디캡을 극복하기 힘이 든다. 이렇게 고흥을 마치고 다음은 순천부터 여수 쪽이다.

오늘 역 행군을 하면서까지 일요일 오후에 고흥을 찾은 이유는 이 글 67회에 소개한 바 있는 평균 나이 90세의 5총사 때문이다. 오늘 최저 기온이 영하에 가까워 걱정했는데 역시 오후 2시 반에 고흥역 터미널에 언제나처럼 보무도 당당하게 나타났다. 거금도에서 점심 먹고 오는 길이란다. 지난주에 들은 이야기가 사실임을 확인하였다. 취재를 1시간 가까이했다. 실버넷뉴스에 기사로 올릴 예정이다. 일요일마다 고흥 버스터미널에서 여행 후 마무리 송별 파티를 하는 5총사의 건투를 빌고 계속하기를 기원한다.

■ 고흥의 이모저모

□ 고흥의 10경

팔영산 팔봉, 소록도, 고흥만, 나로도 해상경관, 비자나무

숲, 영남 용바위, 금산 해안 경관, 마복산 기암 절경, 남열리 일출, 중산 일몰

□ 고흥문화제

고흥 분청문화박물관, 능가사, 금탑사, 소록도 마리안느 마가렛 사택, 발포 만호성 오동나무 터 · 청렴박석

□ 우주항공

고흥 우주 발사대, 나로우주센터 우주과학관, 국립 청소년 우주센터, 우주 천문과학관

□ 축제

고흥 우주항공 축제, 남열 해맞이 축제, 과역 참살이 매화 축제, 녹동 씨푸드 패스티벌, 해창만 캠핑 페스티벌, 유자, 한우 축제, 미르 마루길 걷기 축제

□ 섬&바다와 길

연흥도, 쑥섬(애도), 시호도, 우도, 진지도, 녹동항, 나로도항, 거금도 둘레길, 고흥 마중길, 미르 마루길 탐방로

□ 등산길

팔영산, 천등산, 마복산, 운암산, 봉래산, 적대봉, 거금 생태숲

□ 캠핑 체험

해창만, 팔영산 자연휴양림 · 캠핑장, 마복산 목재문화체험장, 거금 해양낚시공원, 발포역사전시 · 체험관, 동일 동포갯벌생태체험장, 대서 신기 거북이마을, 고흥 능가사

□ 8품과 9미

8품 : 유자, 석류, 해미 · 수미, 마늘, 참다래, 꼬막, 미역, 유자골 순환 한우

9미 : 참장어, 낙지, 삼치, 전어, 서대, 매생이, 굴, 유자향주, 붕장어

오늘은

보성군 벌교읍 벌교역 - 국도 2호선 IC - 군립요양병원 - 제일교회 동산묘지 - 수차마을 - 봉황마을 - 영등마을 - 박석마을 - 장동마을 - 대포리 마을 - 고흥군 동강면 죽암마을 - 죽암 방조제 - 남양면 구암마을 - 선정마을 - 월정해변 - 덕동마을 - 신흥리 - 오도방조제 - 오도리 · 오도간척지 - 슬항마을 - 독대마을 - 화덕마을 - 호덕마을 - 과역 버스터미널까지

오늘 벌교와 고흥 날씨는 흐려서 온종일 해를 보지 못했다. 활동이 없으면 쌀쌀함을 느끼는 정도의 날씨로 11시쯤 겉옷을 벗어 배낭에 맡기고 땀을 약간 흘리는 정도였다.

오늘도 열심히 걸었다. 서울 올라가는 생각과 90세 5총사 생각으로 정신없는 걸음이 많았다. 평상시 기본은 한 셈이다. 4.1만여 보에 31km를 걸었다.

구 누계 : 269.6만 보. 2,037km.
신 누계 : 273.7만 보. 2,068km.

벌교읍 갈대밭

고흥 동쪽바다 갯벌

우리 국토 해안선 걸어서 돌기

(42-1회, 2018.11.24. 토요일), (재방문, 2024.2.25.)

우리 국토 해안선을 따라 걷는 70일째

어제 오후 11시 50분 심야 고속버스를 타고 순천으로 내려왔다. 막차인데 자리가 만석이다. 이번은 좀 천천히 달려서 새벽에 될 수 있으면 늦은 시간에 도착해 주길 바라면서 잠을 청하고 내려오는데 휴게소라고 볼일 보라는 멘트가 나와 시계를 보니 새벽 2시가 조금 지난 시간이어서 정안휴게소로 착각하여 잘 되었다는 생각하고 차에서 내려와 살펴보니 전북 오수휴게소이다. 아 실망이다.

오수에서 순천은 1시간이면 닿는 거리다. 예정 시간보다 오히려 빨리 달리고 있다. 아무튼, 새벽 3시 20분에 순천에 내려준다. 용기를 내서 심야에 왔지만, 막상 도착하니 앞이 깜깜하고 대책이 나오지 않는다. 난생처음 심야버스를 타 보았는데 난감이란 말이 맞는다.

터미널 주변을 돌아 목욕탕을 찾는 데 없다. 20여 분을 돌다가 터미널 안으로 들어와서 몇 바퀴 돌아보는데 별천지를 발견했다. 터미널 중앙에 흡연실 같은 박스 같은 공간이 있는데 난방기가 가동되어 따뜻한 공간이었다. 아주 훌륭한 공간이었다. 의자에 무조건 누워서 잠을 잤다. 주위가 시끄러워서 눈을 뜨니 5시 반이다. 첫차를 타러 온 사람들로 벌써 시끌벅적한 대합실이 되었다.

가지고 있는 간식거리로 아침을 해결한다. 그런데 또 아뿔싸! 삶은 달걀을 식힌다고 내놓고 가져오질 않았다. 터미널 안의 편의점에서 삶은 달걀과 따뜻한 두유를 하나 사서 같이 먹고 6시 직전에 걸어서 출발이다. 주황색 가로등의 불빛이 안개가 있어서인지 어슴푸레하고 처량하게 보인다.

순천은 바닷가와 개천 길이 뻔해서 스마트폰 지도를 앞세우고 남동진하며 국가 정원을 목표로 하고 습지와 연결하기로 계획하고 계속 걸었다. 순천 동천을 동쪽으로 통과해야 여수로 가는 길이 나온다. 계속 남쪽으로 내려가 국가 정원에서 좌회전하려 하는데 국도 2호선이다. 내가 가는 쪽에는 건널목이 없다. 길을 건너고 건너서 동천에 도착해서 직접 국도의 동천교를 건너려 하는데 도로는 진입 금지이고 갓길도 없고 인도표시도 전혀 없어 난감하다.

긴장하며 습지 내려가는 길로 접어들어 조금 내려가는데 지도에는 없는 자전거 전용 도로가 있다. 휘파람을 불면서 안전하게 여수 방향이며 국가 정원 입구에 이른다. 날이 밝아지고 주위가 분간되기 시작한다. 자전거 길이 계속 연결되어 있다.

해룡천까지 와서 둑길을 따라 계속해서 남진했다. 얼마를 걸으니까 순천 유스호스텔이 나온다. 모두가 한옥으로 지어져 있다. 한번 이용해 보고 싶다는 생각을 하고 다시 계속 둑길을 따라 남진이다. 걸어 돌아다니면서 경험해 보고 싶은 자원들이 많은데 모두 뒤로 미룬다.

남해 고속도로 밑을 통과하고 방조제 같은 길을 통과하고 수문을 통과하니 지방도로와 마을이 나오는데 율리마을이다. 계속 남진하다가 철새도래지에 들르기 위해 우회전해서 용산전망대를 지나쳐 마을로 들어서는데 구동마을이다.

마을에 들어서는데 비파나무가 몇 그루 있는 공간에 실버 한 사람이 텃밭 일을 하고 있어서 언제나처럼 인사를 했다. 어디서 오느냐고 물어서 오늘은 순천터미널에서 오고 있고 원래는 서울에서 왔다고 얘기를 했더니 문밖으로 나오면서 식사했느냐고 묻는다. 아침 먹은 사정을 얘기했더니 무조건 밥 먹고 가란다. 손을 잡고 끌어당긴다. 집에 들어서면서 집 안에 있을 가족들을 생각하며 걸음을 멈칫하니 집에 아무도 없고 자기 혼자란다.

집안을 둘러보니 여기저기 흩어져 있는 모습이 깔끔하진 않고 무슨 연구실에서 자료를 나열해 놓은 것처럼 책과 종이가 많다. 전직 농림수산부에서 인삼 생산에 대한 책임을 지고 정책을 수립하고, 조사하고 시행했던 자칭 인삼 박사로 정년퇴직 한지 한참이란다. 방안의 모든 자료는 인삼 관련 자료이며 순천지방에 인삼을 심어서 보급하겠다고 한다. 현관에 '太山不讓土壤'이라는 족자가 걸려 있다.

서울 강남구 개포동에 사는데 혼자 내려와 있다고 한다. 부모님이 사시던 집인데 다 돌아가시고 5년 전부터 내려오기 시작해서 지금은 1년 중 절반 이상을 이곳(순천시 해룡면 구동마을)에서 지낸다고 한다. 자신은 오늘 아침 식사는 하였으니 나에게 식사를 하라면서 생선 매운탕에 손수 키운 파를 뽑아서 송송 썰어 많이 넣어 주며 먹으라 한다. 밥을 많이 먹었다. 밥에 돈부 같은 것이 들어있어서 맛이 아주 좋았다. 식사를 마치자 자기 동네와 철새가 있는 동네까지 안내해 주고 헤어진다. 채 옥석 씨 감사합니다. 서울에서 만나요. 그리고 순천에 인삼 보급 꼭 성공하여 인삼 사러 순천에 가기를 기원한다.

구동을 떠나 바닷길을 가는데 바다가 만조가 돼 둑이 낮아 바닷물이 넘실대면서 출렁거리는 것이 너무 가까워서 무서울 정도다. 그리고 하늘에서 비가 내리기 시작한다. 많이는 아니고 빗속을 가도 되고 안 가도 되는 정도의 비다. 그때부터 무려 4시간 동안 내리다 멈추기를 수 없이 반복한다. 매우 지저분하게 내리는 여우비(?)다.

순천시에서 지정해서 표시한 '순천-남도 삼백 리 길'이란 둘레길을 따라서 걷는데 와온 해변까지 2.5km 가는 도중에 물이 만조가 되어 지정된 길이 없어져 버렸다. 옆길로 빠져나가려 하는데 철책 펜스로 길을 막고 사유지라는 표시가 있다. 그래도 나는 옆 공간을 이용해 빠져나가는데 반대쪽 부분이 또 막혀 있다. 큰일 날 뻔한 사건이다. 그래도 그동안 노하우를 이용하여 교묘하게 빠져나갔다. 주인에게 미안!

바닷가 안에 있는 도로를 따라가는 것보다 많이 돌아서 '와온'에 도달하니 11시 반쯤 되었는데 비가 제법 내린다. 한발 한발 조금씩 조금씩 멈추지 않고 가다 보니까 비를 다 맞아버렸다. 와온에서 큰 컨테이너를 발견하고 짐을 하역하는 것을 보았다. 하역 물건이 굵지 않은 대나무가 가득하다. 중국에서 수입해 왔단다. 꼬막을 양식하는 데 이용한다는 데 어떻게 사용하는지는 모르겠다. 대나무는 우리나라에도 엄청 많은데 말이지. 인건비 때문인가?

이런저런 생각을 하다 걷다 보니 여수라는 가로 이정표가 보인다. 여수 땅에 들어서서 희망을 품고 걷는데 지루하니까 이것저것 다 잊어버리고 묵묵히 비 맞으며 걷기만 했다. 사곡의 여자만 근방을 지나는 2시쯤부터 해가 비춰서 젖은 옷과 신발이 마르기 시작하는 것 같았다. 지형상 내륙 산악지형을 걷다가 또 바닷가와 가사리 방조제를 건너고 꼬불꼬불 해안선을 걸었다. 가사리 방조제는 여수시 소라면 가사리와 화양면 이천리 신추마을을 잇는 길이 530m이다. 옥적-석교 사이를 걸으면서 숙박 시설을 검색해서 알아보았다.

그런데 멀리 있고, 별로 없고, 있는 것도 토요일이라 비싸다. 방을 못 구할 것 같아서 화양면 소재지에는 있을 것 같아서 반대편이지만 거리상으로는 그리 멀지 않아서 버스를 타고 그곳으로 갔는데 숙박 시설이 안 보인다. 중심지에는 아예 없다. 지도에 나온 여인숙은 없어진 지 오래란다. 낭패다. 한참을 찾아 헤매다가 길가에서 장기를 두고 있는 택시기사에게 물어 6시 이후에 산 위에 있는 모텔을 겨우 구해 신세를 졌다.

내일 새벽에 택시를 이용해서 석교 삼거리로 가야 해서 택시 예약도 했다.

■ 순천의 이모저모

□ 서부권역 관광지

송광사 · 송광사 천자암 쌍향수, 선암사 · 승선교, 전통야생차체험장, 고인돌공원, 주암호 · 상사호, 낙안읍성 · 민속자연휴양림 · 낙안향교, 시립 뿌리 깊은 나무박물관, 순천자연휴양림, 검단산성, 순천 문학관, 와온 · 화포해변, 옥천서원, 에코 촌 유스호스텔, 조례호수공원, 죽도봉공원

□ 동부권 관광지

순천만 국가공원, 순천만 습지, 순천드라마촬영장, 그림책도

서관, 기독교 역사박물관, 향동 문화의 거리

□ 축제

정원 갈대 축제, 낙안 민속문화 축제, 순천만갈대축제, 별빛 축제

□ 체험

순천생태마을, 용오름마을, 참 한솔 교육농장, 잠실주말농원, 배꽃 피는 마을, 순천꽃마차마을, 거차 뻘배 체험장. 순천만 짱뚱어마을, 순천 향매실마을

□ 순천의 즐길 거리

트롤리버스, 청춘 창고, 아래장 야시장, 장안창작마당

□ 순천의 맛

닭구이, 국밥, 짱뚱어탕, 꼬막 정식, 한정식

오늘은

순천시 고속버스터미널 - 순천만 국가정원 - 순천 동천 - 해룡면 대안리 에코촌 유스호스텔 - 동천둑과 수문 - 율리마을 - 가장마을 - 계당마을 - 선학마을 - 농주마을 - 구봉마을 - 노월마을 - 유룡마을 - 와온 해변마을 - 하사마을 - 여수시 율촌면 두봉마을 - 두랭이 마을 - 광암마을 - 봉전마을 - 소라면 복촌마을 - 진목마을 - 장착마을 - 궁항마을 - 달천마을 - 대곡마을 - 가사리마을 - 가사리 방조제 - 화양면 오천마을 - 이대마을 - 중촌마을 - 마상마을 - 옥적마을 - 석교리 석교 삼거리까지

오늘의 순천 날씨는 새벽은 맑았다. 날이 밝아지면서 구름이 잔뜩 끼어서 해가 뜨는 걸 못 보았다. 그리고 추었다. 손이 시리고

곱아 글씨를 잘 못 썼다. 겉옷을 벗어 보지 못했다. 완연한 초겨울 날씨다. 거기에 비가 내려 최악의 하루였다. 해는 나는데 뿌옇게 보이는 것은 왜일까? 안개? 미세먼지? 모르겠다. 그리고 엄청 피곤하다.

오늘도 열심히 걸었다. 그러나 속도와 컨디션이 좋지 않은 날이다. 신발에 흙이 죽처럼 많이 묻은 지역도 여러 군데 있었다. 5.1만여 보에 39km를 걸었다.

구 누계 : 273.7만 보. 2,068km.
신 누계 : 278.8만 보. 2,107km.

순천시 해룡면 와온 앞바다

우리 국토 해안선 걸어서 돌기

(42-2회, 2018.11.25. 일요일), (재방문, 2024.3.8.)

우리 국토 해안선을 따라 걷는 71일째

아침 6시에 택시를 타고 백야도로 갔다. 세포리 삼거리에서 5km 정도 떨어진 백야도와 백야대교는 외길이다. 정상대로 한다면 한낮에 백야대교와 백야도의 외길을 왕복해야 한다. 그렇게 하면 무척 지루하다. 새벽에 차로 건너가서 어두울 때 해치우면(?) 좀 낳을 것 같은 생각으로 모험하고 싶었다. 석교 삼거리까지 20여km이기 때문에 어제의 심적 불편과 몸 상태를 고려해서 오늘은 이것으로 끝내고 싶었다.

택시가 백야대교로 가는 길목이 차 안에서도 무서움이 엄습한다. 간밤에 비가 내렸다. 안개가 무척 짙다. 천지 구분이 안 되는 기분이다. 산자락을 지날 때는 구름이 앞서서 가는 기분이다. 다리를 건너서 화정면사무소(백야도의 행정 지명) 앞에서 내렸다. 깜깜한 밤에 백야도를 걷기 위해 찾아왔다. 그리고 다리에 접근하기 위해 서서히 북진이다.

다리에 올라서는데 안개구름이 다리를 지나간다. 가로등 불빛은 주황색인데 오늘은 유난히 진하게 보인다. 한 마디로 그라운드 컨디션이 제로다. 바닷물은 새까맣다. 다리가 다리를 건너는데, 내 다리가 힘이 빠진다. 갓길은 그런대로 나 있어서 정신을 바짝

차리고 난간 대를 잡고 325m를 꽤 길게 느껴진 시간에 건넜다. 혹시 밤에 바다 다리를 건널 사람이 있다면 하지 말라고 강하게 말리겠다. 바다 다리는 육지 강의 다리와 차이가 크다.

다리를 건너고 급경사와 꼬불꼬불한 길을 걷는데 구름인지 안개인지는 계속이다. 북진에 북진을 거듭하여 세포리에서 왼쪽으로 틀어서 서진한다. 백야대교 북쪽으로부터 5km 정도까지 도로 공사를 하고 있다. 세포리에서 서진하는 도로도 공정리까지 도로 공사가 한창이다. (※ 2024년 다시 와서 보니 공사가 모두 끝나고 깨끗하고 길도 넓다.)

여수 화양면 남쪽 면 끝부분에 동쪽 끝과 서쪽 끝에 꼬리가 2개가 있다. 동쪽 끝 꼬리는 세포리에서 백야대교와 백야도를 거쳐서 6개 섬에 6개의 다리(화양면 세포리 - 백야대교 - 백야도 - 화정대교 - 제도 - 제도대교 - 개도 - 개도대교 - 월호도 - 월호대교 - 화태도 - 화태대교 - 돌산도)를 놓아서 돌산도로 연결된다. 백야대교는 그중에서 제일 먼저 완공된 다리란다.

서쪽 끝 꼬리는 공정리에서 지금 짓고 있는 화양대교로 부터 4개 섬에 5개의 다리(화양면 공정리 - 화양대교 - 조발도 - 조발대교 - 둔병도 - 둔병대교 - 낭도 - 낭도대교 - 적금도 - 팔영대교 - 고흥군)를 연결하여 고흥에 연결하여 남해안 관광벨트를 만든다고 한다.

고흥군 쪽으로는 내년(2019년) 말에 완공되고 돌산도 쪽은 2021년까지 완공된다고 한다. 인제 바다를 유람선 타고 구경하던 것을 다리를 건너는 관광이 이루어진다고 한다. 그 가운데에 여수가 있다. (※ 2024년 봄에 본 결과는 고흥 쪽은 2021년 완공됐고 돌산도 쪽은 아직 공사 중이다.)

아무튼, 세포를 통과하고 서진을 조금 하니까 공사는 계속이고 장등마을과 해수욕장이 나온다. 한참을 가니까 청해 연수원이라는 시설이 나온다. 시설들이 매우 많고 넓다. 시설 내에 '가든'이란 식당과 카페도 있다는 간판도 보인다. 마침 단지에서 사람들이 나와서 물어봤더니 민간시설이며 누구나 이용할 수 있으며 총면적은 수만 평이라는 것이다.

궁금해서 여수에서 만든 관광 지도를 살펴보니까 '화양 관광단지'라고 표시된 그 지역이다. 휴대폰을 검색해보고 알아차렸다. 10여 년 전에 여수에 놀러 왔을 때 모 종교재단에서 땅을 수백만 평을 매입했다는 말을 들은 적이 있는데 그 지역이 지금 그 일대임을 알 것 같다. 자동차로 다니면서 보는 것보다 걷는 것이 지형과 지역을 잘 알 수 있다.

수문마을을 지나는데 중년 여성이 있어서 청해 연수원이 뭔가를 물어보니까 모른단다. 그래서 내가 혹시 모 종교재단의 관련되는 곳이냐고 얘기를 하니까 내 말이 끝나기도 전에 그렇다고 이야기한다. 아무쪼록 좋은 쪽으로 관광산업을 부흥하고 잘해주어 국가와 지방의 발전과 기업의 발전도 아울러 이룩하기를 바란다.

청해 연수원 지역을 통과할 때 날씨가 맑아지면서 일출을 볼 수 있었다. 화양면의 남쪽 지역 마을 장수리 바닷가를 지날 때는 완전히 맑은 가을처럼 느껴질 만큼 좋은 날씨였다. 화양면의 서쪽 꼬리 부분인 공정리에 다다르니 고흥으로 가는 화양대교 공사가 한창이다. 주 탑 2개를 높게 세우고 그 주 탑에서 다리 상판을 조금씩 늘려가는 방식으로 공사를 하고 있으며 내년 4월이면 개통이 된단다. (※ 2021년 고흥까지 준공돼 차가 다니고 있다.)

북쪽으로 계속 전진하니까 어제 인터넷에 없었던 펜션들이 많이 보이고 새로 짓는 펜션 단지도 몇 개가 보인다. 날씨는 비가 온 다음 날의 상쾌함을 맛보면서 신나게 걸었다. 바다가 나오고 다시 산이 나오고를 두 번씩 반복하니 목표지점 석교 삼거리가 나온다. 버스 정류소에서 간식거리를 먹으면서 쉬고 있는데 남쪽으로 가는 버스가 온다. 긴장하며 물어보는데 세포리를 지나 여수 시내로 간다고 한다. 세포리란 말에 무조건 탔다. 여수는 버스비가 은행 카드로 처리가 된다. 전라남도는 영광부터 이제껏 은행 카드가 통용이 안 돼서 현금처리를 하였는데 짐을 하나 덜었다.

세포리까지 차를 타고 가면서 이런 생각 저런 생각을 하면서 휴대폰 지도로 세포리에서 화양면 소재지까지 거리를 계산 해보니 차도는 8.5km 도보 길은 9.7km가 측정된다. 무조건 내렸다. 구) 도로를 이용해서 북쪽으로 걸었다. 기분이 엄청나게 좋은 날이다.

오늘은 서울 가는 날이라 여수의 버스 종합터미널까지 가야 한다. 여수는 시내버스가 여수 시내를 운행하면서 사이사이 시골까지 노선을 연장하여 차가 다녀서 교통편이 괜찮은 편임을 어제 오후에 들어 알아서 오늘 써먹었다. 세포리를 출발한 지 1시간 55분 만에 화양면사무소에 도착하였다. 꽤 빠른 속도로 걸었다. 20분 기다리다 여수 시청 가는 버스를 타고 여수로 행하여 2시 20분쯤 여수 터미널에 도착했다.

오늘은 일진이 좋아 차 시간이 맞았고 욕심이 합쳐져서 하루에 두 코스를 뛴 경우를 만들었다. 세상일은 혼자서 또는 혼자 인력만으로 절대 안 된다. 노력과 자연과 환경이 맞아야 한다는 것을 깨달은 하루로 기분 좋게 마쳤다. 여수에는 동백나무가 많다. 모든 동백나무가 꽃망울을 머금고 터뜨릴 준비를 하고 있다. 급한 놈은 활짝 핀 놈도 있다.

그런데 오늘도 서울 오는 차는 더디다. 고속도로에 자동차가 많이 나와서 도로가 자동차로 막히고 밀려서다. 기다리는 수밖에 별도리가 없다.

오늘은

여수시 화정면 백야리(백야도) 화정면사무소 - 백야선착장 · 백야대교 - 화양면 안포리 세포삼거리 - 장등마을 · 해수욕장 - 화양 관광단지 · 청해 연수원 - 장척마을 - 수문마을 - 장수마을 - 자매마을 - 공정마을 · 화양대교 - 쌈지공원 - 가정마을 - 벌가리마을 - 구미리마을 - 이목마을 - 서촌마을 - 석교다리 - 서촌리 석교삼거리 ⇒

세포리 삼거리 - 석계마을 - 원포마을 - 벌게마을 - 안포마을 - 소장마을 - 나진마을(화양면사무소)까지

걸음 시작 2시간쯤 뒤에는 쾌청한 날씨였다. 오후에는 약간 더워서 겉옷을 벗어 배낭에 맡겼다. 어제와는 아주 다른 날씨가 되어 컨디션이 좋은 하루였다.

오늘은 욕심을 부려 역 행군도 했는데 결국은 또 내일의 유연을 위하여 무리한 활동의 하루였다. 4.3만여 보에 32km를 걸었다.

구 누계 : 278.8만 보. 2,107km.

신 누계 : 283.1만 보. 2,139km.

여수시 화정면 백야도 항

화양면 서쪽 풍경

우리 국토 해안선 걸어서 돌기

(43-1회, 2018.12.01. 토요일), (재방문, 2024.3.8.)

우리 국토 해안선을 따라 걷는 72일째

여수 가는 심야 고속버스를 타기 위해 어젯밤 11시가 넘은 시간에 지하철을 탔다. 차 안에 사람이 꽤 많은데 십중팔구가 검은색 옷이다. 확실히 겨울이 왔음을 실감한다. 새벽 3시 30분에 여수 터미널에 내려준다. 예정된 시간보다 40여 분 이상 단축된 시간이다. 야간에 과속?

차에서 내려 대합실에 들려서 볼일을 보려고 문을 여는데 모든 문이 잠겨있다. 안에 불은 켜져 있고 편의점은 청소하고 있다. 황당하다. 유리창 너머 바라보기를 10여 분 만에 남자가 지하에서 올라와 화장실을 보고 나오는 것이 보인다. 문을 두들기며 문을 열어 달라고 하니 말 한마디 없이 들어가 버린다. 또 황당하다.

터미널 외곽을 한 바퀴 돌아보니 주차된 차들 때문에 보이지 않는 건너편에 화장실이 있다. 다시 터미널 건물에 오니 젊은 여성이 서성인다. 서울 가는 첫차를 타기 위해서 조금 빨리 나왔는데 황당하다는 눈치다. 편의점에서 청소하는 사람을 불러 이야기한다. 4시 반에 문을 연다고 한다. 25분이 남았다. 배회하면서 기다렸다. 끝까지 기다려 4시 반에 들어가 고객 대기실에서 1시간 쉬고 화장실 정리하고 세상 공부했다고 자위한다. 시내버스를 타고 돌산대교(1984년 준공, 450m) 입구에서 내려 대교에 들어갔다.

여수의 돌산도도 고흥처럼 복주머니같이 밑으로 뾰족하게 되어 있어서 다시 제자리로 돌아오는 특성 때문에 돌산을 단독으로 해도 무리가 없어서 돌산을 먼저 수행한다. '여수 밤바다'를 생각하며 다리 오른쪽 인도로 들어갔는데 아뿔싸 잘 못 들어갔다. 야간에 여수 시내에서 돌산도 쪽으로 건널 때는 왼쪽으로 가야 함을 일단 들어가서야 알았다. 왼쪽이 여수 시내의 중심지라서 불빛이 있는 동네를 볼 수 있다.

인도는 사람이 건널 수 있도록 잘 돼 있다. 450m를 다 건너가서 즉 돌산도에 들어와서 반대쪽으로 100여m를 다시 올라가서 휴대폰과 카메라의 체면치레를 할 수 있었다. 돌산도는 우리나라 섬 중 크기가 10번째라고 한다. 9위는 울릉도이고 11위는 지난번 완보한 고흥에 있는 거금도이다.

돌산도를 서쪽인 오른쪽으로 돌아야 한다. 한참 가다 보니 강남금이라는 시가지가 나온다. 버스 정류소에서 가지고 있는 간식거리로 아침을 해결한다. 송편, 사과, 단감, 삶은 달걀, 과자류 약간이다. 10여 분 만에 해결하고 남진을 계속한다.

돌산도는 자세히 살펴보면 섬이 2~3개인 것처럼 보인다. 굴전이란 동네의 땅의 폭이 100여m밖에 안 되어 양쪽에 바다가 있고 무슬목이라는 동네도 땅 폭이 100여m밖에 안 되고 양쪽으로 바다가 보인다. 아슬아슬하게 이어진 땅으로 다리를 필요치 않고 도로를 놓고 차를 이용하여 여수 시내와 연결돼 있다.

무슬목해변에서 1개 밖에 없는 도로를 따라 남진하니 도실 삼거리가 나온다. 오른쪽으로 돌아 평사리를 지나는데 돌산 갓을 수확하고 빈 땅을 트랙터로 갈아엎고 정리하는 농부가 있다. 인제 무엇을 심을 거냐고 물으니까 내년 봄에 무언가 심는단다. 땅을 갈아 놓아야 산소를 포함한 공기가 들어가서 땅에 힘을 불어넣어 주고 또한 힘을 갖게 하는 영양소가 생긴다고 한다. 내년 봄에 또 갈아서 농사를 짓는다고 한다. 땅도 쉬어야 하는데 사람도 반드시 쉬어야 한다는 농부의 설교(?)다. 지극히 맞는 말씀인 것 같다.

조금 더 내려가니 모장마을이다. 여기서부터 항대, 금천, 송시 마을까지 우리나라 굴의 2대 생산지라고 한다. 통영은 큰집의 형님 동네이고 이곳은 작은집의 아우 동네라고 한다. 양식 굴을 채취해서 정리하고 먹기 좋게 손질하여 소비자에게 제공한다고 한다. 굴을 정리하는 시설이 셀 수 없을 정도로 많다.

통영은 굴을 깐 '알굴'을 주로 취급하고 여수 돌산은 '각굴'이라는 안 깐 굴을 주로 취급한다고 한다. 그리고 돌산 서쪽 지역의 산과 밭쪽으로는 갓과 시금치가 무척 많이 자라고 있다. 갓은 김치를 가공해서 판매하는데 시금치는 뽑아서 깨끗이 정리하여 소비자에게 바로 제공한다. 중간에 만난 농부는 시금치가 팔리지 않아 고민이 많다고 하소연이다. 고흥, 보성, 순천과 여수 돌산도 등의 해안가에 시금치를 많이 재배한다. 부디 잘 팔리고 풍년이 들어 모두에게 유익한 농산물이 됐으면 좋겠다.

성두마을에서 남쪽으로 계속 가는 길이 없다. 동쪽으로 돌아가야 한다. 산악길을 종단하다가 중간 부분 율림치(성두휴게소) 고개에서 갈등이다. 향일암 쪽으로 바로 가는 돌산 종주 산악길을 이용하여 등산코스로 향일암으로 갔다. 향일암을 관람하고 절 동네에서 숙소를 구하고 하룻밤을 쉰다. 향일암에 대해서 확실히는 잘 모르겠고 신라 시대에 원효대사가 창건하였고 모든 시설과 내용이 돌로 되어 있다는 사실이다. 그래서 모든 것들이 무겁게 느껴진다. 역사보다는 현실과 현물을 좋아하게 된 나의 상황이다.

등산 중 젊은 최용환 씨 커플을 만나 같이 걸으면서 막바지의 힘을 줄이는 데 일조했다. 최 씨는 나에게 혼자 다니는 데 대해 질문을 한다. 나의 상황과 설명을 듣더니 자기도 미래에 우리나라를 걸어서 일주하고픈 생각을 해 왔는데 지금부터 조금씩 조금씩 나누어 우리 국토 한 바퀴 돌기를 해도 되겠다는 꿈을 갖게 되었다고 한다. 부디 건강하기를 바란다.

돌산도에는 돌산 종주길 32km와 여수 갯가길 4개의 코스 55.1km가 표식 되어 있다. 오늘 종주길 3km를 포함하여 걸어서 향일암에 도달했고 자연경관이 빼어난 동쪽 지역은 내일이다.

오늘은

여수시 남산동 돌산대교 입구 - 돌산대교 - 돌산읍 돌산공원 - 강남금 - 마상포 - 우두마을 - 굴전마을 - 무술목 해변·마을 - 도실마을 - 평시리마을 - 모장마을 - 항대마을 - 금천마을 - 송시마을 - 서외마을 - 군내마을 - 동내마을 - 예교마을 - 대복마을 - 신기항·마을 - 작금마을 - 성두마을 - 율림치 - 향일암까지

오늘의 여수 날씨는 아침저녁에는 쌀쌀하고 한낮은 포근한 일교차가 크다. 일출 시각과 오전에는 구름이 끼어서 해를 구경하기 어려웠으나 오후에는 맑은 하루였다. 고개를 오르고 산행을 할 때는 더워서 겉옷을 벗어 배낭에 맡겼다.

오늘도 열심히 걸었다. 욕심을 내 3km를 등산하면서 힘을 쓰고 향일암에 도착. 5.1만여 보에 37km를 걸었다.

구 누계 : 283.1만 보. 2,139km.
신 누계 : 288.2만 보. 2,176km.

향일암 원통보전

향일암의 원효스님 좌선대

우리 국토 해안선 걸어서 돌기

(43-2회, 2018.12.02. 일요일), (재방문, 2024.3.9.)

우리 국토 해안선을 따라 걷는 73일째

자다가 눈을 뜨니 2시 27분. 이번 이런 일을 하면서 밖에서 잠을 자면 2시, 3시 사이의 반을 전후하여 꼭 눈을 뜬다. 이유를 모르겠다. 다시 잠을 청해 또다시 눈을 뜨니 5시 27분. 화장실과 배낭을 정리하고 휴대폰의 날씨를 확인하니 흐림이고 비 올 확률 10%를 보면서 부랴부랴 방을 나왔다. 5시 50분이다.

몇 걸음 걷는다. 하늘을 쳐다보니 반달과 샛별이 총총히 떠 있다. 갈등이 생긴다. 휴대폰은 6시에 흐림이고 실제 하늘은 맑고 밝다. 향일암에 올라가 일출 사진 촬영하느냐? 휴대폰을 믿고 북진의 걸음을 걷느냐? 고민이다. 그러나 내 걸음은 나도 몰래 왼쪽으로 돌아 북진의 걸음을 걷고 있다. 그동안 나는 아침에 컴컴하면 무조건 부담 없이 걷는 것이 자연스럽게 전진 방향으로 되어 나아가고 있다. 오늘도…

일단 길목에 있는 일출광장에 갔다. 아무도 없다. 내심 안심(?)을 하고 돌아서서 인포항을 바라보며 앞으로 전진이다. 항·포구는 그 시간에 사람들이 꽤 있는데 인포 광장의 오늘은 사람이 없다. 계속 걷는데 향일암 휴게소가 나온다. 주차장과 광장에 자동차와 사람이 전혀 없고 도로가 한산하다.

도로 따라 계속 북으로 가는데 30분쯤 후에 노란색 미니버스 1대가 사람을 많이 싣고 나와 반대로 간다. 향일암 일출을 보러 가는가? 7시 전후까지 향일암 쪽으로 무수히 많은 차가 과속을 하며 들어간다. 여수 시내에서 자고 일출 보러 오는 사람들이 이 시간에 이동한단다. 나중에 안 사실이지만 나의 고교 동창 몇 명도 그 시간에 향일암에 일출을 보러 갔는데 결국 보지 못하고 돌아섰다는 얘기를 몇 시간 뒤에 내가 올린 어제 글과 SNS 사진을 보고 전화가 와서 들었다. 인포항 지역을 벗어나니 도로는 대단히 좁다. 갓길이 전혀 없는 옛날식 도로다.

또 한참을 걸어서 첫 마을이 나오는데 소율이라는 마을이다. 아직 주위가 분간할 수 없도록 어둡다. 멀리 산 위에 풍력발전기가 우뚝 서 있다. 어제 율리치(성두휴게소) 고개에서 향일암으로 직접 산행으로 가지 않고 도로를 따라 계속 왔다면 이 소율마을로 내려와서 오늘 지금까지 온 길을 걸어갔을 것이다. 순간적으로 손익을 따져보니 어제 산행이 힘은 좀 들었지만 큰 손해(?)는 아닌 것으로 결산했다. 산행에서 만난 최 선생 커플은 영업 외 수익인데 본 영업 수익보다 훨씬 큰 수익으로 또 결산했다.

한참을 더 걸으니 대율마을이 나오는데 바닷가에 정자가 있다. 주위는 많이 밝아졌다. 정자 앞쪽의 바다가 시원하다. 출발 1시간 15분 만인 7시 5분쯤이다. 신발 벗고 올라가 전(廛)을 벌리고 아침을 먹었다. 삶은 달걀 1개, 사과 반 개, 단감 반개, 단팥빵 1개, 송편 몇 개, 땅콩 호두와 물병이 널려 있으니 꽤 넓은 자리다. 열심히 먹고 있는데 마을 주민 부부가 운동하러 나오면서 내 꼴을 보고 얘기를 몇 마디 나누고는 웃으면서 지나간다.

그 시간에 전화기 진동이 울려서 확인하니 천명달 회장이 어제 써 올린 내 일기에 댓글이다. 지금 걷고 있느냐고. 10분 만에 조찬을 마치고 출발하면서 천명달 회장과 통화를 했다. 무탈을 염려하는 충고를 듣는 찰나에 언덕을 오르는데 동쪽에 태양이 떠오른다.

통화를 반강제적으로 빨리 마치고 셔터와 작업질이다. 휴대폰과 카메라를 번갈아 가며 놀이를 열중한다. 해가 구름과 같이 둥실 떠서 같이 유영을 한다. 같은 자리에서 20여 분 이상 셔터와 놀았다. 휴대폰·카메라와 사람의 눈과 다름을 알았다. 사람이 보는 것과 카메라에 찍히는 위치가 다르다. 갈대 사이로 넣은 해를 보고 알았다. 좋은 경험이다. 해가 중천에 떠서 촬영을 마감하고 계속 북진이다.

돌산도에 갯가 길이라는 둘레길이 표식 되어 있다. 총 5개 노선인데 1개는 어제 본 화태도와 화태 대교를 연결한 것을 빼면 동쪽에 4개가 있다. 바닷가에 최 근접하도록 등산로와 오솔길을 합친 것으로 오늘 경험한 바에 의하면 주로 숲속에 있다. 방죽포에서 무슬목까지 15km를 걸었는데 후회막급이다.

돌산도 동쪽 면에는 자동차도로가 해안선에 쭉 연결되어 있는데 그 도로에서 가까이는 1m 미만, 멀리는 십여m까지 떨어져서 길이 나 있다. 그런데 등고선을 따라 그대로 길만 만들어져 있어 업~다운이 심해 완전 등산코스에다 잡풀들이 많아 손질이 전혀 안 된 막 길이다. 한여름 등산코스로는 그만이겠다. 숲속에 길이 있으니 말이다. 하늘도 보이지 않는 숲속 길이 많다. 도로 바로 옆의 갯가길 때문인지 일부 동백나무 가로수를 몽땅 베어버렸다. 꽤 많은 숫자의 동백나무로 생각된다. 그것을 보고 얼마나 아까운지 눈물이 날 지경이다.

어제 서쪽의 시금치 얘기를 했는데 동쪽은 갓이 많다. 여기서 생산한 돌산 갓이 그 유명한 돌산 갓김치로 만들어져 보급된다고 한다. 요즈음은 생 갓으로 바로 서울 송파구 가락동 시장으로 가는 경우도 많다고 한다. 그리고 두문포에서 개동마을까지 6km 이상에 마을과 시설물이 하나도 없는 급경사 지역으로 형성된 지역이 특이하다. 우슬목에서 굴전 마을까지는 도로와 건축물 공사로 무척 위험하다. 길을 어제 걸어봐서 안다. 그리고 땅이 좁아 길도 외길이다.

돌산도 들고 나는 다리가 두 개다. 서쪽엔 돌산대교(1984년 준공, 450m) 동쪽엔 거북선대교(2012년 준공, 744m)다. 거북선대교를 건너는 길을 가기 위해서 도로로 올라갔다. 굴전 마을을 지나 상·하동마을을 통과하고 진목마을의 해변을 지나고 어젯밤에 불이 난 모텔이 있는 우두마을을 거쳐 거북선대교를 건너고 바로 이어진 자산터널까지 걸어서 통과했다. 낮에 거북선대교를 건너면서 왼쪽의 케이블카인지 곤돌라인지를 보고 여수 밤바다와 하늘에서 보는 여수 시가지를 이해하였다. 나는 다리 위에서 보고 아름답다고 생각하게 되었다. 그림을 그려 놓은 마을도 보였고 건물에 페인팅해 놓은 것도 보았다. 나중 언제 케이블카를 꼭 한번 타 봐야겠다. 이렇게 돌산도 일주를 마친다. 다음은 화양면사무소 동네에서 계속 동진해서 여수 시내와 순천과 광양, 남해로 연결하는데 이렇게 할까 저렇게 할까 걱정과 고민이 없게 되었다.

고속버스터미널에 와서 표를 사놓고 점심을 터미널 바로 옆에 있는 한식 뷔페식당에서 하였다. 어제 서쪽 지역에 많이 심어진 시금치가 안 팔려서 걱정이라는 농부 이야기를 했는데 오늘 식사한 식당에서는 시금치 겉절이가 있었다. 맛이 좋았다. 여러 번 가져다 먹었다. 좋은 메뉴라고 이야기하며 농부 이야기를 하니까 시금치 값이 비싸다고 이야기한다. 공급과 수요의 아름다운 조화는 없을까?

- 나를 기막히게 한 이야기 한 토막 -

2일 전 밤 심야 고속버스를 타기 직전 서울 강남터미널에서 배낭을 열어 볼 일이 생겨서 열어보았다. 그때 배낭 제일 위에 있는 모자를 꺼내놓고 그냥 가버린 것을 여수에서 아침 출발 행장을 갖추다가 사실을 발견했다. 기분이 나쁜 상태에서 시작했다. 돌산읍 군내마을에서 모자를 하나 사서 쓰고 다녔다.

서울에 도착해서 지하철을 타러 가다가 갑자기 모자 생각이 나서 혹시나 하고 대합실에 다시 돌아와서 그 자리에 가보았는데, 없다. 안내소에 가서 유실물 이야기를 하니까 접수하고 관리하는 곳을 알려줘서 가보니까 접수 대장을 확인하더니 몇 가지 질문을 한다. 대답하니까 캐비닛에서 찾아서 보여준다. 그런데, 그런데 그게 맞다. 내 그 모자다. 맞는다고 하니까 대장에 서명하고 가져가란다.

혹시나 했는데 기가 막힐 일이 내 앞에서 벌어지고 있다. 얼마 전까지만 해도 상상도 할 수 없는 우리나라의 일이 아닌가. 가격은 저렴한 모자지만 기분이 엄청 좋았다. 피로가 달아나는 듯하다. 이렇게 우리 사회는 하나씩 발전한다고 생각하니 어깨가 올라간다. 그리고 일이 생기면 포기하지 말고 부딪혀 볼 일이라는 생각이다.

오늘은

여수시 돌산읍 율림리 향일암 - 일출광장 - 임포항 - 향일암

휴게소 - 소율마을 - 대율마을 - 기포마을 - 백포마을 - 방죽포·마을 - 두문포·마을 - 개동마을 - 월양마을 - 무슬목 마을 - 굴전마을 - 상동·하동마을 - 진목마을 - 우두마을 - 거북선대교 - 종화동 자산터널까지

오늘의 여수 날씨는 어제보다 아침부터 포근했다. 그러나 동이 트면서 하늘엔 구름이 해를 막아 덮어버렸다. 새벽엔 움직이지 않으면 손이 시릴 정도였다. 많이 껴입은 옷과 목에 두른 머플러를 9시부터 벗기 시작했고 '갯가 길'을 걸을 때는 땀을 많이 흘려 옷이 젖었다.

오늘도 열심히 걸었다. 3.8만여 보에 28km를 걸었다.

구 누계 : 288.2만 보. 2,176km.
신 누계 : 292.0만 보. 2,204km.

돌산도에서 본 여수 시내

우리 국토 해안선 걸어서 돌기

(44-1회 2018.12.08. 토요일), (재방문, 2024.3.8~9.)

우리 국토 해안선을 따라 걷는 74일째

심야 고속버스 단골이 되었다. 어젯밤 12시에 서울 강남터미널에서 탄 버스가 새벽 3시 반에 여수에 내려준다. 대합실 문 걸어 잠근 것은 지난번과 같다. 그래서 오늘은 터미널 옆 기사식당에서 4시부터 아침을 먹으면서 추위를 피하는 시간을 보내다가 5시 40분에 화양면 소재지 가는 버스를 타고 6시 5분에 내려서 갔던 반대 방향으로 걷기 시작했다.

여수 시내 쪽으로 걷는데 아무것도 보이지 않는다. 수도권은 한파주의보가 내려서 추위를 예상하고 준비를 하고 왔지만, 꼭두새벽에 여수 바닷가 추위도 만만치 않았다. 스마트폰 날씨에 영하 3도라는 예보를 알고 걷는데 무척 추웠다. 칠흑 같은 새벽에 바닷가를 걷는다는 것을 다른 사람이 하겠다면 말리겠다. 오늘은 정말 추웠다.

시간이 조금씩 지나가니 여명이 손짓하고 해가 만들어 주는 동쪽 하늘 구름 색깔이 주홍색과 검은 구름이 섞여서 서서히 물든다. 조금 지나니까 하늘이 무섭다. 적과 흑이 싸우고 있는 것처럼 보이고 강렬한 색깔이다. 날씨는 흐린 쪽이 강하다. 추위를 앞세우고 여수 시청 쪽으로 전진을 계속한다. 도로가 바다에 붙어 있는데 다시 바다에 데크 다리를 놓아 꽤 길게 연결되어 있다. 소호동동 다리란다. 이것도 고려 시대 일본 왜구와 관련이 있다고 한다. 우리나라는 유사 이래 일본과의 문제는 아직 해결되지 않는 게 참 많다.

소호 선착장의 꽤 큰 건물에서 화장실을 보고 나오는데 갑자기 해가 환하게 비춰준다. 해가 뜬 것이다. 돌산도 산 위에 뜬 것 같다. 계속 흐리다가 갑자기 해를 본다. 이것도 큰 행운이다. 사진을 번갈아 찍는다. 잠시 후 사라진다. 검은 자국만 남는다.

여기부터 오동도 입구까지 바닷가에 이순신 장군과 관련된 각종 시설과 명명들이 많다. 이순신 마리나, 이순신 공원, 이순신 광장, 이순신 어머니가 사신 곳, 전라좌수영과 거북선, 이순신 동상, 진남관 등이 전부 이충무공의 넋과 공을 기리는 것들이 아닌가! 여수는 또 하멜의 기념관과 설명을 들을 수 있는 시설도 있다.

여수는 신구가 조화를 이뤄 발전하는 도시라고 할 수 있다. 옛 여수시의 서쪽은 지난번에 언급한 레저시설들과 남쪽은 11개의 섬을 다리 11개로 연결하여 해상관광을 육로를 이용해서 할 수 있도록 준비하고 있다. 대단하고 큰 역사가 아닐 수 없다. 웅천 바닷가에는 큰 시가지가 만들어지고 있다. 대형 건설사에서 대도시에서 유행한 주상복합아파트가 수천 세대 내년 상반기 완공을 목표로 지어지고 있다. 거북선대교 옆의 해상케이블은 하늘에서 바닷가 도시를 한눈에 볼 수 있어서 좋을 것 같다. 나중에 기회를 만들어 우리나라에 몇 군데 있는 해상케이블카를 꼭 타봐야겠다.

그리고 남해안의 조류가 빠르다는 것을 또 한 번 보고 실감했다. 이순신광장을 지나는데 썰물의 시작인데 흐르는 바닷물의 속도가 굉장히 빠르다. 장마 때 홍수가 나서 내려가는 물 같다. 지난번에 보고 촬영한 울돌목의 흐르는 물 속도와 별반 다르지 않다. 이런 곳에서 일하면서 살아가려면 강인한 사람이 될 수밖에 없을 것 같다.

그리고 옛 여수시 동쪽이며 오동도의 북서쪽에는 2012년에 치른 바 있는 엑스포의 잔상들을 잘 보존해서 그때 그 뜻을 기리는 모습들이 어디에 있는 선진국에서 본 별천지의 모습이다. 진짜 엑스포 광장과 오동도 주변은 내 머릿속은 천지개벽이다. 60년 전에 초등학교 시절 수학여행을 온 적이 있고 십몇 년 전에 친구가 여수 일터에 있을 때 와서 본 모습들 하고는 '모든 것이 천지개벽이다!'라는 것 외에는 설명이 안 된다. 대단하다.

엑스포 할 때 나는 와 보지 못했다. 그리고 내일 돌아서 올라갈 여수 북쪽 지역은 공업지역인 국가산업단지가 조성된 땅이다. 우리나라 석유화학공업의 메카라고 알고 있다. 여수와 우리나라를 부강하게 만드는 원조이다. 옛 시가지와 돌산도를 포함한 지역이 여수이고 북쪽과 서쪽 지역은 여천이었는데 도농지역을 합쳐 기능 도시로 만드는 시기에 통합되어 오늘에 이르고 있다.

여수 오동도를 지나 동쪽으로 접어드는데 지형이 산악지역이다. 오동도 들어가는 방파제 같은 길은 아주 넓은 도로가 되었고 코끼리 차량인가 두꺼비 차량인가가 사람을 실어 나르고 있다. 꽤 많이 밀려있다. 엑스포역을 지나자마자 구도로에 마래 제2터널이 있는데 왕복 1차선이다. 길이는 630m다. 일제강점기에 제1, 제2터널이 맨손과 정으로 만들었는데 1터널은 폐쇄되고 2터널만 있다고 한다. 폭과 높이가 4.5x4.3m다. 신호등을 이용하여 한쪽이 지나가고 시간이 지나면 또 다른 쪽이 지나가는 순간 일방통행이다. 사람은 위험해서 걸을 수가 없다. 마침 빈 택시가 대기하고 있어서 기본요금만 주고 택시를 이용하였다. 터널 통과하면 여수사건 위령비가 있고, 만성리 검은 모래 해수욕장이다.

만성리 검은 모래 해변을 지나 또 다른 도로들이 경사가 심해 오르내리는 데 힘이 들었다. 추운 날이었는데도 땀도 좀 많이 흘린 하루였다. 오천동 마을에 중소기업들이 모인 오천 산업공단이 있다. 동쪽으로 바다 건너에 경남 남해 땅의 실루엣이 보인다. 동네가 2km 이상 떨어져서 형성되고 펜션이나 모텔 민박집 등이 드물 정도로 산악지형이다.

신덕마을·해변 한가운데서 민박형 펜션을 구해 쉬고 있다. 펜션에 나 혼자인 것 같다. 70년대 군 전방지역 여인숙 같은 시멘트 블록에 슬레이트 지붕으로 된 단층집이다. 이거라도 있어 얼마나 고마운지!!! 너무 추워서 사람들이 보이지 않는다. 식당이 없어서 동네 구멍(?)가게에서 라면을 구해서 저녁과 내일 아침을 해결해야겠다. 불쌍하기 짝이 없다.

오늘은

여수시 화양면 나진리(면사무소) - 나진마을 - 송소마을 - 응달부락 - 소호동 소저마을 - 소호 요트 마리나 - 소호동동다리 - 예율마루 - 안산동 항도마을 - 장성마을 - 안산마을 - 웅천동 웅천 공원·해수욕장 - 트라이애슬론경기장 - 신월동 신월나루터 - 히든베이호텔 - 넙네리마을 - 국동항 포구 - 여수항 - 돌산대교 북단 - 여수 연안여객터미널 - 여수수산시장 - 이순신 광장 - 종포마을·하멜등대 - 거북선대교 북단 - 오동도 - 여수엑스포장·엑스포역 - 마래 제2터널 - 만성리 검은 모래 해변 - 오천동 오천산업단지 - 모사금해변 - 소치마을 - 신덕동 신덕마을까지

오늘의 여수 날씨는 바람은 약했다. 동이 트면서 하늘엔 구름이 해를 막아 덮어버렸다. 그래서 더 추웠다. 잔뜩 많이 입고 목에 두른 옷과 머플러를 산악지역 고개를 넘을 때 오후 1시부터 벗기 시작했다.

오늘도 열심히 걸었다. 너무 추워서 집중이 안 되고 불편했다. 다른 것 생각할 겨를도 없었다. 5.0만여 보에 38km를 걸었다.

구 누계 : 292.0만 보. 2,204km.
신 누계 : 297.0만 보. 2,242km.

여수시 이순신 광장

우리 국토 해안선 걸어서 돌기

(44-2회, 2018.12.09. 일요일), (재방문, 2024.03.09.)

우리 국토 해안선을 따라 걷는 75일째

어제의 추위를 생각하며 새벽 5시 반에 라면을 끓여 먹는다. 스마트폰으로 날씨를 알아보니 영하 2도다. 어제와 비슷한 시간인 6시쯤에 밖으로 나와 긴장하며 출발했다. 그런데 웬걸. 어제와 비교할 수 없을 정도로 온화한 날씨다. 역시 자연은 아름답고 하느님은 사람이 지탱할 수 있는 정도만 고난을 준다든가?

아무튼, 컴컴하지만 활기차게 포구를 돌아서 지도에 자원비축기지라고 써진 곳으로 몇백 미터 이동하니까 왼쪽에 어마어마하게 큰 탱크들이 보인다. 석유공사의 비축기지 시설이란다. 기지 우측에 도로가 4차선으로 닦아져 있다. 한참을 걷는데 오른쪽 바다 건너 불빛이 무더기로 보인다. 경남 남해군인데 어떤 곳인지는 알 수가 없다.

계속해서 북진하는데 터널이 나타난다. 도로가 왕복 4차선인데 터널은 2개로 나누어져서 2차선씩이며 주황색 불빛을 강렬하게 비추고 있다. 터널로 들어갔다. 꽤 긴 터널인데 완전히 통과할 때까지 자동차가 한 대도 지나가거나 오지 않았다. 터널을 통과하니까 경비초소와 출입을 통제 관리하는 곳이 보인다.

하여튼 민박 마을에서 나와 4시간 이상, 약 20여km를 회색의 공장과 기름탱크와 그리고 크고 작은 파이프라인만을 보면서 북쪽으로, 서쪽으로, 남쪽으로 걸었다. 어마어마하게 큰 공단이다. 국가 중요 시설들이 중간중간 끼어있으며 경고판들이 겁을 준다. '접근금지'와 '사진 촬영금지' 등의 문구가 사람을 긴장하게 만든다. 얌전하게 그대로 지키며 걸었다. 지난 초여름 평택항에서 카메라를 지우라는 지시(?)를 받은 일을 생각하며 웃었다.

이곳은 동네 이름도 없고 버스 승차장도 많이 떨어져 띄엄띄엄 있다. '한구미 고향비'라는 큰 돌 표지판이 있는 것으로 보아 옛날부터 살던 사람들이 공단이 만들어질 때 고향의 땅과 집을 비우고 떠나 이주한 것으로 보인다.

양쪽으로 공장들만 있는 도로를 따라 4시간가량 걸으니 큰 도로가 나오고 마을이 나온다. 공장만 있어서 지도를 대충 보고 판단하는 바람에 고생 좀 했다. 여수시에서 만든 지도에도 표식도 없고 해서 공장 끝나는 곳까지 나와서 쌍봉천을 건너려고 길을 찾아보니 공단 말미 중간에 서쪽 바다 쪽에 다리가 있음을 발견하고 다시 역행군하여 먼저 있는 다리를 건너서 북서진을 하다 보니 깊숙이 들어가서 다시 나와야 하는 바보 같은 행군을 하게 되었다.

더 위쪽에 있는 다리는 방조제와 연결되어 있어 그 길로 갔다면 많은 거리를 단축하여 갈 수 있는데 말이지. 그래서 나만 고생했다. 지금까지 보고 지나온 많은 대형 공단에서도 도로가 바닷가에 붙어서 있는 공단은 별로 없지 않았는가. 그런데 여기는 바닷가에 남쪽에서 북쪽으로 수 km의 도로를 만들고 하천에 다리까지 만들어 놓았다. 세상일이란 알 수 없는 일들이 많다.

대충 보고 대충 판단은 금물이다. 잘 못 되면 개고생이다. 이

공단도 일부가 바다를 매립하여 만들어져서 바닷가의 형상이 다르다. 큰 지도와 아주 작은 세밀한 지도를 번갈아 보면서 확인하고 판단해야 함을 느낀 오늘이다. 우여곡절 끝에 남해 촌과 구족도라는 곳을 돌고 여수비행장 남단을 돌아서 '손양원 목사 공원' 이라는 표지판을 넘기고 여수애양병원을 지나 여수비행장 동쪽과 북단을 돌아 비행장 서쪽에 있는 입구로 나와서 율촌산단 · 순천왜성 쪽으로 전진할 수 있었다.

잘 못 했던 것을 발견하고 나면 갑자기 힘이 빠진다. 힘 빠진 몸과 컨디션으로 북진을 계속해서 율촌산업단지 입구에서 오전에 돌아 나왔던 여수 산업단지공단을 쳐다보니 오늘이 일요일인데도 수도 알 수 없이 많은 굴뚝에 하얀 연기가 모락모락 올라가고 있다. 그리고 멀리 동쪽으로 광양항이 보이는데 크레인이 엄청나게 많이 보인다. 그것들이 우리가 이 만큼 잘살게 되는 계기가 되었고 앞으로도 큰 역할을 할 것으로 생각하고 희망을 품으며 오늘을 정리하고 순천으로 향했다. 순천에서 서울 가는 버스는 40분 간격으로 있다.

여수의 길거리는 동백꽃이 많이 피어 있다. 가로수 사이에 울타리처럼 심어진 개량종 동백들이 꽃을 가지고 웃어준다. 또 여수와 순천지방은 비교적 교통편이 좋은 편이다. 인구가 많은 시가지와 농어촌 마을로 연장 연결되어 운행하는 버스들이 많은 노선을 다니고 차량 횟수도 많다. 그래서 다른 곳에 비해서 크게 염려하지 않고 다녀도 된다는 장점이 있다. 이것으로 여수의 돌기를 마친다. 다음은 순천의 해룡면 잔여 구간을 돌아 광양과 경상남도의 하동·남해로 이어진다.

오늘 걸은 공단 중간지점에서 묘도대교와 묘도를 거쳐 이순신

대교를 놓아서 광양으로 연결이 된다. 전국에 다리가 정말 많다. 교통의 편리함을 위해 만들었다. 그런데 이순신대교가 사람이 걸어서 통과는 안 된다고 한다. 만약 다른 대교처럼 도보 통과된다면 바로 수십 km를 단축하여 광양으로 가서 남해 땅도 오늘쯤 들어갈 수도 있었을 텐데 말이지. 안타깝다. 조금 더 많이 걸어야 할 것이다.

한 가지 생각

공단의 굴뚝에서 연기가 난다는 것은 사람들도 일한다는 것인데 아침에 공단 내 도로를 따라 걸을 때 출근하는 사람들을 별로 보지 못했다. 많은 커다란 화물차들만 분주하게 움직이는 것을 보았을 뿐이다. 고용 없는 성장과 생산기구의 자동화 때문? 현실을 나는 잘 모르겠다. 그러나 궁금하다.

■ 여수의 이모저모

□ 여수의 10경

오동도, 거문도·백도, 향일암, 금오도 비렁길, 여수세계박람회장, 진남관, 여수 앞바다와 산단 야경, 영취산 진달래, 여수 해상케이블카, 여수 이순신대교

□ 관광명소

만성리 검은 모래 해변, 여수 평화 테마촌, 해양 레일바이크, 손양원 목사유적공원, 하멜전시관, 여자만 갯벌, 고소동 천사 벽화 골목, 흥국사, 돌산대교·돌산공원, 전남 해양수산과학관

□ 축제 체험과 행사

향일암 일출제, 여수 영취산 진달래 체험, 여수 밤바다 낭만 버스커 거리문화공연, 여수 거북선 축제, 여수 동동북 축제, 여자만 갯벌 체험

□ 여수 길 이야기(걷기 여행)

금오도 비렁길, 거문도 녹산 등대 가는 길·동백꽃 숲길, 봉화산 삼림욕장 체험장, 사도 바닷길, 돌산 종주길, 하화도 꽃섬길, 개도 사람 길, 여수 밤바다 코스

□ 여수 10미

돌산갓김치, 게장백반, 서대회, 여수한정식, 갯장어회·샤부샤부, 굴구이, 장어구이·탕, 갈치조림, 새조개 샤부샤부, 전어회·샤부샤부

오늘은

여수시 신덕동 신덕마을(항) - 한국 석유비축기지 - 낙포부두 - 월내부두 - 여수 국가산업단지공단 - (GS칼텍스) - 소라면 쌍봉천 - 덕양역 - 율촌면 손양원 목사공원 - 여수애양병원 - 구암마을 - 덕산마을 - 신산마을 - 율현마을 - 내려마을 - 외진마을 - 조화마을 - 율촌 산업단지공단 입구(순천왜성)까지

오늘의 여수 날씨는 새벽은 조용하고 생각보다 춥지 않았다. 9시가 넘어서 바람이 불기 시작해 손이 시렸다. 다시 11시가 지나니까 온화한 날씨로 변했다. 그 이후 껴입은 옷을 벗어야 할 정도로 온화했다.

오늘도 열심히 걸었다. 길을 잘 못 보고 고생 좀 한 오늘이다. 4.7만여 보에 36km를 걸었다. 이렇게 해서 오늘 여수에서 300만 보를 넘었다. 신발 창갈이를 해야겠다.

구 누계 : 297.0만 보. 2,242km.
신 누계 : 301.7만 보. 2,278km.

멀리서 본 여수 산업단지 모습

나의 변(辯/辨)

주말이면 우리나라 해안가를 시작으로 도보 답사를 한다며 걸었다. 하루에 3만 보~6만 보, 20km~40km 이상을 걸었다. 총 555만 보 4,198km였다. 재미있을 때도 있고 힘들 때도 있었다. 나를 아는 친구들은 왜 그런 일을 하느냐고 측은하게 또는 이상하게 보는 이들도 있었다. 아예 만류하는 친구도 있었다. 내 나름대로는 커다란 이유가 있어 걸었다.

2018년 초 이런 생각으로 걸음을 시작했다.

언제부터인가 친구들과 만나서 얘기를 하다 보면 내일 모래면 70이라는 이야기를 입에 달고 살았다. 특히 어렸을 때부터 알고 지낸 친구들과 만남에서 더욱 그러하다. 아마 수년 전부터 이런 현상인데도 실감을 못 하다가 친구들이 하나둘 내 곁을 영원히 떠나는 일을 당하면서 정신이 번쩍 들었다. 아 내년이면 70이구나!! 그런 것을 생각할 때마다 의기소침해지고 소극적이고 수동적인 태도를 보이는가 하면 초라하게 느끼는 때도 있다.

현재 우리 또래 대부분 친구의 상태 즉 신체적인 면과 정신적인 면을 살펴보고 정리를 해보면 다음과 같은 것들이 나타나고 있다.

1. 머리는 하얗게 변하고 머리카락 숫자는 부쩍 줄어들고 남은 머리카락도 가늘고 약해져서 힘이 없다.

2. 눈이 늙어 침침하고 잘 안 보여 목을 길게 빼고 인상을 찌푸리면서 사물을 살펴 겨우 본다.
3. 귀는 잘 안 들리고 들려도 가물가물 희미하게 들리기 때문에 대화할 때 목소리가 커져 주위에서 핀잔을 받기 일쑤다. 대화 중 말을 듣고 되묻는 경우가 많다.
4. 피부는 주름살이 깊어 쪼글쪼글하고 힘이 없을 뿐만 아니라 건조증이 생겨 가려움이 심해서 긁기 바쁘다. 사람 미치도록 힘들게 만드는 일도 있고 검버섯의 꽃을 대다수가 가지고 있다.
5. 허리가 한두 번 삐끗해서 치료를 받지 않는 사람이 없을 정도로 요통을 호소하고 신경계통의 질환까지 겹쳐 고생하는 친구들이 많다.
6. 다리는 힘이 빠져 터덜거리며 떨리고 여러 관절이 성치 못하다. 발바닥이 아파서 걸음도 조심해서 걸어야 하는 경우가 많아 활동에 제한을 받는다.
7. 손도 말썽이다. 손목, 어깨관절, 손바닥, 손가락이 아파서 하고 싶은 일들을 못 해서 속상해하는 사람도 많다.
8. 고혈압 당뇨를 포함한 각종 성인병으로 면역력이 떨어져 뭐가 어쩌고, 뭐가 저쩌고 하는 신체적인 노화의 증상을 진단받고 약을 한 주먹씩 먹어야 하는 합병 질환을 갖고 지낸 이도 있다.
9. 기억력이 감퇴해 뇌 회전이 늦거나 금방 했던 일들을 잊어버린다. 소지품을 잊어버려 신세 한탄하고 울고 싶을 때도 있다. 짜증을 자주 내며 성질이 이상하게 변하기도 한다. 치매 걱정도 한다.

10. 노인이 되면 본인들은 모르고 남들이 아는 특유의 노인 냄새(?)가 난다. 어린아이들과 젊은이들이 싫어한다. 이걸 알아차리면 속이 많이 상하고 힘이 빠지기도 한다.
11. 고질적인 통증이다. 편두통을 포함한 이름도 어려운 한두 가지 만성 통증을 갖지 않은 사람이 없을 정도로 많다. 그들은 마음이 위축되어 활동에 제한을 받는 일도 있다.
12. 치과 계통의 질환으로 먹고 싶고, 젊었을 때 먹었던 좋아하는 음식물을 제대로 섭취하지 못해 힘들어하는 사람도 많다. 인공 치아를 가진 사람도 많다. 치과 치료에는 건강 보험 적용도 적어 비용도 많이 들어간다.
13. 식습관이 변한다. 음식물을 먹을 때 천천히 먹을 수밖에 없어 시간이 오래 걸리고 흘리기도 하는 등 부실하다. 배변 활동이 지연되기도 하는 불편함을 겪는다.
14. 겉 신체뿐만 아니라 내장기관도 약해져 취침 중 화장실을 이용하게 돼 양질의 수면을 하지 못해 항상 피곤하고 면역력이 약해지는 사람도 많다.
15. 순발력이 떨어져 씁쓸한 경우가 많다. 걸음을 빨리 걷거나 무거운 짐을 옮길 때나 근력 운동에 힘을 쓰지 못한다. 균형을 잡아야 할 때도 잘 못 잡고 넘어지기도 잘한다.
16. 평소에 자신도 모르는 노약 증상들의 희귀성 질환을 앓고 있으면서도 잘 살피지도 못하고 사는 예도 있다. 항상성의 원칙인 자가 자연 치유력도 떨어져 회복도 더디다.

이런 고질병의 증상들을 우리는 대개 2개 이상 중복으로 갖고 있으면서 시련을 겪고 있는 사람들이 많다.

그런데 문제가 있다. 의학이 발달해 평균 수명은 늘어난다는데 병원에 진료를 받으러 가면 일부 질병은 치료가 안 되니 더 아프지 않게 또는 나빠지지 않게 관리나 잘하며 살라고 하는 병들이 많다는 사실이다. 목숨 떨어지는 일과 직접 이른 시간에 관련은 없다 하더라도 삶의 질이 말이 아니다.

아무튼, 이런 마당에 곰곰이 생각해 보니 나도 여러 가지 상황이 해당한다. 무엇인가 해봐야겠다는 생각이 들었다. 이제 돈 버는 일은 끝났다. 늦게 시작한 강의도 나이도 있고 오랫동안 서 있는 게 힘도 들어 그만두게 되었다. 그래서 향후 내 인생 중에서 오늘이 제일 젊은 날이라는 것을 인식하고 그냥 대충대충 보낼 수 없다는 막연한 생각을 하게 되었다.

그러던 차 고교 동창 한 사람이 대한민국 100대 명산 등산을 도전하여 40~50개를 이미 성공했다는 이야기를 들었다. 명산을 등산하는 이유가 80세에 설악산을 종주하기 위해 연습하는 것이며 꾸준히 등산해서 목표를 꼭 달성하고 싶다고 한다. 또 내가 아는 교수 한 사람이 아들과 함께 스페인 산티아고 성지 순례 길을 걸으러 간다고 하는 소식을 들었다. 명산 등산하는 친구에게는 자극을 받았고, 외국에 나가 걷는 것은 폐기에 칭찬을 보내면서 한편으로 부러웠다.

지난 연말 들은 뉴스에 우리 국민의 출국한 누계 인원이 2,600만 명 이상으로 전 국민의 50%가 넘었는데, 일본의 18%, 중국의 14%보다 훨씬 높다는 것이다. 나도 20여 년 전부터 매년 1회 이상 외국 여행을 했던 게 반성이 되었다. 우리나라가 금수강산이라는데 너도나도 외국으로만 가는구나!? 라는 생각이 들었다.

그래서 나는 지금부터 우리나라를 둘러보자고 결심했다. 결심을 굳히고 어디부터 갈 것인가? 어떤 방법으로 돌아볼 것인가? 이것저것을 생각하니 TV에서 본 적이 있는 인천에 사시는 초등학교 교사였던 황00 선생이 생각났다. 그분이 우리나라 바닷가를 연해서 한 바퀴를 걸었다는 것을 떠올리며 나도 우리나라 해안선을 우선 걸어서 돌아보기로 했다. 그 거리가 4,000km 이상이라는 것만 안다. 도전하기로 하고 성공 여부는 시간이 지나는 동안 열심히 하는 결과로 미루기로 하고 시작했다.

10여 년 전의 마라톤 후유증으로 발바닥이 족저근막염으로 아팠고 아직 완쾌가 안 됐다. 그러나 시작했다. 한겨울인 1월 21일 한강하구인 김포시 하성면 전류리포구 선착장에서 출발했다. 단 일주일에 토요일과 일요일 2일간만 걷는 걸 원칙으로 했다. 릴레이식으로 연결하여 걷는 것이다.

그 이유는 집에서 계속 밥을 얻어먹으려면 5일간은 집을 봐야 할 것 같고, 발바닥도 아프니까 말이다. 아내에게 같이 하자고 제의하니 내가 너무 빨리 걸어서 못 따라다닌다며 못하겠단다. 물론 다른 생각이 있다는 것을 짐작은 한다. 손주들 돌봄 때문인 이유가 더 크다. 한편으로 나만 나다니게 돼 미안하게 생각한다. 이런 생각으로 걷기를 하고 있다고 아는 사람이면 누구에게나 이야기하고 다닌다. 약간의 부담을 자신 스스로 마음에 주기 위해서.

걷고 또 걷고 있다. 그동안 여러 가지를 경험했다. 매우 아름답고 자랑하고 싶은 땅이고 내가 살고 싶은 동네도 많았다. 아직은 참 잘하고 있다고 스스로 생각한다. 지금까지 살아온 과거도 많이 생각이 났고, 자랑스러운 일들도 있었고, 무척 후회스러운 일들도 머리를 지난다. 혼자서 걸으면서 추억에 잡혀 웃기도 하고 울기도 한다.

과거는 참 중요하다. 오늘이 내일은 과거가 되는 것이 아닌가. 그래서 오늘을 잘 살아야 한다. 오늘이 앞으로 내 인생에서 가장 젊다. 내일은 어찌 될지 모른다. 그래서 열심히 걸어 보겠다. '인생은 한 걸음, 한 걸음 그냥 걷기만 하면 된다.'라는 어떤 노스님이 말이 생각난다. 나도 한 걸음, 한 걸음 그냥 걷기만 하고 싶은데 끝까지 그렇게 될까? 그러나 기대하며 기다린다.

2018.3.10.(재확인, 2024.6.3.)

(2권에 계속, 76회~126회)

대한민국 한 바퀴 걸었다 · 1

초판 인쇄 2024년 07월 05일
초판 발행 2024년 07월 10일

지 은 이 박중호
발 행 처 도서출판 **필통**
발 행 인 최정자
주　　인 서울특별시 중구 충무로 54-10 (을지로 3가)
전　　화 02-2269-4913　**팩　스** 02-2275-1882
출판등록 제301-2009-162호

I S B N 978-89-94866-38-3
가　　격 18,000원